高职高专"十二五"规划教材

物流服务营销

WULIU FUWU YINGXIAO

金 涛 张利分 主编

化学工业出版社
·北京·

内容提要

本书是高职高专工学结合、课程改革规划教材，是在各高等职业院校积极践行和创新先进职业教育思想和理念，深入推进“校企合作、工学结合”人才培养模式的大背景下，根据新的教学标准和课程标准组织编写而成。

本书以对学习者的综合职业能力培养为主线，在分析物流企业市场营销的主要工作任务及任职要求的基础上，紧密结合当今物流市场营销领域的实践，根据物流市场服务活动的基本过程和一般规律进行编写。重点讲述了认识物流服务营销、物流服务市场调研、物流服务市场分析、物流服务市场细分和定位、物流服务营销策划、物流客户关系维护等内容。

本书可作为高等教育物流管理、工商管理等经济管理类专业的教材，也可作为工商企业物流营销从业人员的培训教材。

图书在版编目（CIP）数据

物流服务营销/金涛，张利分主编．—北京：化学工业出版社，2014.6（2020.9 重印）

高职高专“十二五”规划教材

ISBN 978-7-122-20340-3

Ⅰ.①物… Ⅱ.①金…②张… Ⅲ.①物资企业-市场营销学-教材 Ⅳ.①F253

中国版本图书馆 CIP 数据核字（2014）第 071599 号

责任编辑：蔡洪伟　　文字编辑：林　丹

责任校对：吴　静　　装帧设计：张　辉

出版发行：化学工业出版社（北京市东城区青年湖南街 13 号　邮政编码 100011）

印　　装：涿州市般润文化传播有限公司

787mm×1092mm　1/16　印张 10　字数 249 千字　2020 年 9 月北京第 1 版第 2 次印刷

购书咨询：010-64518888　　售后服务：010-64518899

网　　址：http：//www.cip.com.cn

凡购买本书，如有缺损质量问题，本社销售中心负责调换。

定　　价：35.00 元

编写人员名单

主　编　金　涛（湖北交通职业技术学院）
　　　　　张利分（湖北交通职业技术学院）
副主编　方　凌（南京金陵中等专业学校）
　　　　　郭向红（湖北交通职业技术学院）
参　编　汪玉卉（湖北交通职业技术学院）
　　　　　唐云山（湖北交通职业技术学院）
　　　　　王　荣（招商局物流集团物流咨询及教育研究总监）

前言

随着我国经济的发展，物流行业的竞争越来越激烈，物流经营者逐渐认识到保持核心竞争力的焦点是抓住市场，提升物流企业的营销水平成为其获得竞争优势的必然选择，因此物流市场营销的教育就提到了非常高的地位。

本书是在各高等职业院校积极践行和创新先进职业教育思想和理念，深入推进“校企合作、工学结合”人才培养模式的大背景下，根据新的教学标准和课程标准组织编写而成。

本书根据我国高职院校学生的特点和培养目标，以物流营销的基本知识和基本操作技能为主，同时贯穿物流市场营销全过程中的物流市场分析、调研、物流市场细分及定位、物流营销策划、物流客户服务方面内容的介绍，力求对物流市场营销的基本理论作较为全面、系统、科学的阐述，使学生对物流市场营销的基础知识和业务流程有一个较为全面的认识。本教材在编写过程中，突出以下特点：

(1) 充分汲取各高职高专院校在探索培养高等技术应用型人才方面取得的成功经验和教学成果，从岗位分析入手，确定课程内容。

(2) 校企合作，案例经典。本书聘请了物流企业资深专家参与教材设计、编写工作，以物流市场营销岗位为中心，围绕物流市场营销的业务流程展开内容，同时，教材采用了大量经典实用案例，体现可操作性，突出实战性。

(3) 简练性与创新性。本书在结构上进行了适当的取舍和调整，重点研究物流市场调研及分析、物流市场细分及定位、物流营销策划、物流客户管理这几部分。每个学习任务由情景设置、技能训练目标、相关理论知识、技能训练等主要内容精炼构成，内容新颖，有一定的创新性，既为读者拓展相关知识提供了前沿资料，也为教学活动提供了课堂讨论素材。

本教材共分七个部分：第一部分为认知物流服务营销；第二部分为物流服务市场调研；第三部分为物流服务市场分析；第四部分为物流服务市场细分和定位；第五、六部分为物流服务营销策划；第七部分为物流客户关系维护。

本教材由金涛、张利分担任主编，多位编者合作完成。编写分工为：湖北交通职业技术学院汪玉卉编写第一部分；湖北交通职业技术学院金涛编写第二、七部分以及第五部分的工作任务四、第六部分的工作任务三；南京金陵中等专业学校方凌编写第三部分；湖北交通职业技术学院张利分编写第四部分；湖北交通职业技术学院郭向红编写第五部分的工作任务一、二、三；湖北交通职业技术学院唐云山编写第六部分的工作任务一、二；物流市场营销实践部分由招商局物流集团物流咨询及教育研究总监王荣指导编写。全书由金涛统编定稿。

本教材在编写过程中借鉴、引用了大量的国内外文献，在此对作者表示真诚的感谢。由于编者水平有限，加之编写时间仓促，书中难免存在疏漏和不足之处，恳请广大同行和读者批评指正，以便修订时日臻完善。

编者

2014 年 3 月

目 录

项目一 认知物流服务营销

【内容简介】

在进行物流服务营销活动之前，非常有必要对市场营销、服务以及物流营销的历史发展，有非常清楚的了解，从而为后面的物流营销知识的理解和运用奠定良好的基础。本部分学习情景基于这种思想，先是通过对市场营销定义及历史的分析，让我们了解现代营销和传统营销的本质区别，接下来讨论了服务营销的定义、层次和特点，最后重点阐述了物流的相关基本知识以及物流服务营销的含义及运用特点，目的在于了解物流服务营销的特殊性和复杂性。

【教学目标】

1. 知识目标

(1) 了解市场营销的定义和历史

(2) 了解服务营销的定义和层次

(3) 了解物流相关的基本知识

(4) 掌握物流服务营销的定义及特殊性

2. 技能目标

(1) 能清楚掌握现代营销的特点

(2) 能清楚掌握服务营销的层次和特点

(3) 能清楚掌握物流的基本知识

(4) 能清楚识别物流服务营销和其他服务营销的区别

【案例导入】

快递巨头中国争霸

中国快递市场近几年增长的规模年均达到26%以上，而按照美国服务业联盟（USCSI）的预计，未来3年中国快递业市场将以至少每年33%的速度持续增长。此外，也有权威人士认为，未来10～20年，全球快递业的增长率可能达到年均12%～14%，而中国则会在此基础上再翻一番，成为全球增长最快的地区。

（一）扩建服务网络

2003年以来，四大国际快递巨头在中国都有不同程度的市场动作。2005年之后，四大巨头更是全力扩大各自业务规模。

联邦快递（FedEx）目前是拥有往来中国内地航班最多的国际快递公司，服务城市数量将近220个。预计联邦快递在5年内，依托大田集团既有的服务网络，把在中国的服务城市拓展到220个左右。

与此同时，UPS也在网络铺设上大下功夫。和联邦快递不同的是，UPS采取了初步独资的方式。现在网络主要覆盖经济相对比较发达的长江三角洲、珠江三角洲以及渤海湾地区。

两家国际快递巨头目前在中国服务网络方面的优势差别不是很大，大田集团的网络架构可能偏重于中国北部城市。目前，联邦快递通过北京、上海、深圳 3 个口岸来服务近 220 个城市。而 UPS 也将通过其网络为全国 200 多个城市提供直接服务。

（二）在细分市场中谋位

面对中国迅速增长的快递市场，欲争夺分享这块大蛋糕的力量主要来自四个方面：一是国有性质的快递企业，EMS 为其典型代表；二是国际快递巨头，即联邦快递（FedEx）、UPS、敦豪（DHL）、天地快运（TNT）等；三是民营快递企业；四是数量极多且现状相对比较混乱的小型快递企业。

国际快递巨头在中国快递市场上瞄准的方向是众多进入中国的跨国企业。企业的全球化进程进一步加快、国内出口形势良好，是快递巨头们看好这个方向的理由。目前，国际快递公司在中国经营的主要业务还是国际速递业务，操作的都是一些商务快件。对于国内业务领域而言，他们尚未能全面涉足。除了最重要的政策因素之外，网络和人员仍然是他们面临的主要困难。这也是他们在网络开发和建设上投入巨大的原因。根据联邦快递自己的定位，公司在中国主要服务于高科技、高附加值，以及流通时间短、时效性强的行业。

（三）差异性竞争

从运作模式的角度来看，联邦快递和 UPS 在中国基本都是引进他们的美国模式。联邦快递是一家具有 30 多年历史，飞快地在航空运输领域起家的国际快递企业。UPS 则是一家拥有近百年历史的公司。目前联邦快递在中国每周拥有 23 个航权。每周运作 17 个航班通过北京、上海、深圳 3 个口岸进出中国。

引进海外模式的同时，国际快递公司在中国进行着本土化管理。目前联邦快递大约 65%的总监和管理人员是本地人。长期以来，公司通过招聘“文化匹配”的管理人员到合适的位置来降低文化差异的影响。

虽然中国快递市场巨大，但几大国际快递企业要在这块颇具潜力的市场上获得自己的优势，仍需要进行差异化竞争。敦豪依然尽力发展其国内快递业务；天地快运与中国邮政长期合作，近日亦有相关举措，首先是正式启动直复营销计划，其次可能在不久的将来与中国邮政建立合资公司；UPS 依靠其完整的业务结构，在物流、供应链服务上加强力量；联邦快递在中国快递业务发展中投入很大，因而保持了比较稳定的利润增长。

毋庸置疑，国际快递巨头为中国快递业无论是在运作模式还是管理模式的现代化中都注入了一股强大的推动力量。由商务部、中国物流与采购联合会和中国物流信息中心共同发布的一份研究报告显示，在 2004 年时中国社会物流总成本就达到了 2.9 万亿元，社会物流总成本占 GDP 的比重就达到了 21%，远高于发达国家水平。与发达国家相比，中国物流业的差距主要表现为物流成本规模小，经济运行中物流含量偏低。除此之外，大多数企业尚未意识到物流真正能够带给企业的优势。这些企业的观念仍停留在依靠自己备有的仓库、车队来完成储存、运输任务的阶段。企业本身规模小，这种运作必然导致物流成本居高不下。

【分析】

1. 国际快递巨头在中国市场上是如何开展物流服务活动？
2. 跨国物流公司的物流服务策略给中国物流企业的启示。

工作任务一　市场营销概述

一、情景设置

在老师统一指导下，对相关服务企业的市场营销部门进行调查，了解营销方面的相关资料，并以小组为单位组织研讨、分析，在充分讨论的基础上，形成小组的课题报告。

二、技能训练目标

了解市场营销的定义、重点理解现代市场营销的核心，以及与传统营销的区别。

三、相关理论知识

市场营销又称为市场学、市场行销或行销学。简称“营销”，台湾常称作“行销”，是指个人或集体通过交易其创造的产品或价值，以获得所需之物，实现双赢或多赢的过程。它包含两种含义，一种是动词理解，指企业的具体活动或行为，这时称之为市场营销或市场经营；另一种是名词理解，指研究企业的市场营销活动或行为的学科，称之为市场营销学、营销学或市场学等。

（一）市场营销的涵义

美国销售学会（American Marketing Association）于1985年对市场营销进行了定义。市场营销是帮助消费者购买某种产品或劳务，从而使双方利益都得到满足的一种社会管理过程。

“现代营销学之父”菲利普·科特勒对市场营销的涵义定义为：市场营销是指企业的这种职能，认识目前未满足的需要和欲望，估量和确定需求量大小，选择和决定企业能最好地为其服务的目标市场，并决定适当的产品，劳务和计划（或方案），以便为目标市场服务。

菲利普·科特勒在其出版的《营销管理》第8版序言中曾经说到：毫不奇怪，今天能取得胜利的公司必定是那些最能使它们的目标顾客得到满足，并感到愉悦的公司。这些公司把市场营销看成是公司整体的哲学，而不仅仅是某一部门的个别职能。

相关专家认为可以从几个方面理解市场营销的涵义。

(1) 市场营销分为宏观和微观两个层次。宏观市场营销是反映社会的经济活动，其目的是满足社会需要，实现社会目标。微观市场营销是一种企业的经济活动过程，它是根据目标顾客的要求，生产适销对路的产品，从生产者流转到目标顾客，其目的在于满足目标顾客的需要，实现企业的目标。

(2) 市场营销活动的核心是交换，但其范围不仅限于商品交换的流通过程，而且包括产前和产后的活动。产品的市场营销活动往往比产品的流通过程要长。现代社会的交易范围很广泛，已突破了时间和空间的壁垒，形成了普遍联系的市场体系。

(3) 市场营销与推销、销售的含义不同。两者包含的内容也不同，市场营销包括市场研究，产品开发，定价，促销，服务等一系列经营活动。而推销、销售仅是企业营销活动的一个环节或部分，是市场营销的职能之一，不是最重要的职能。

(4) 市场营销学是一个完整的体系。企业要从整体的角度和战略的高度来谋划营销方案，在深入的市场分析和准确的市场定位基础上，制订营销方案。营销策略与策略之间要相互匹配，通过营销策略的组合，谋求整体效果的最优。

(5) 营销活动贯穿于企业活动的全过程。市场营销不是企业某一方面的活动，而是贯穿于企业经营活动的全过程；也不只是营销部门的事情，而是整个企业的事情。因此，企业要树立全员营销的概念。

（二）市场营销的发展

市场营销学于20世纪初期产生于美国。随着社会经济及市场经济的发展，市场营销学发生了根本性的变化，从传统市场营销学演变为现代市场营销学，其应用从赢利组织扩展到非赢利组织，从国内扩展到国外。当今，市场营销学已成为同企业管理相结合，并同经济学、行为科学、人类学、数学等学科相结合的应用边缘管理学科。西方市场营销学的产生与发展同商品经济的发展、企业经营哲学的演变是密切相关的。美国市场营销学自 20 世纪初诞生以来，其发展经历了六个阶段。

1. 萌芽阶段（1900～1920 年）

这一时期，各主要资本主义国家经过工业革命，生产力迅速提高，城市经济迅猛发展，商品需求量亦迅速增多，出现了需过于供的卖方市场，企业产品价值实现不成问题。与此相适应，市场营销学开始创立。早在 1902 年，美国密执安大学、加州大学和伊利诺大学的经济系开设了市场学课程。以后相继在宾夕法尼亚大学、匹茨堡大学、威斯康星大学开设此课。在这一时期，出现了一些市场营销研究的先驱者，其中最著名的有阿切 · W · 肖（ArchW. Shaw），巴特勒（Ralph Star. Bulter），约翰 · B · 斯威尼（John B. Swirniy）及赫杰特齐（J. E. Hagerty）。哈佛大学教授赫杰特齐走访了大企业主，了解他们如何进行市场营销活动，于 1912 年出版了第一本销售学教科书，它是市场营销学作为一门独立学科出现的里程碑。

阿切 · W · 肖于 1915 年出版了《关于分销的若干问题》一书，率先把商业活动从生产活动中分离出来，并从整体上考察分销的职能。但当时他尚未能使用“市场营销”一词，而是把分销与市场营销视为一回事。

韦尔达、巴特勒和威尼斯在美国最早使用“市场营销”术语。韦尔达提出：“经济学家通常把经济活动划分为 3 大类：生产、分配、消费……生产被认为是效用的创造”。“市场营销应当定义为生产的一个组成部分”。“生产是创造形态效用，营销则是创造时间、场所和占有效用”，并认为“市场营销开始于制造过程结束之时”。

管理界的一代宗师彼得 · 杜拉克在其 1954 年写成的《管理实践》中认为，“关于企业的目的只有一个有效定义：创造消费者。”他指出，“市场是由商人创造的，而消费者的需求只是理论上的。”杜拉克的管理思想进一步促使了市场营销理论与实践者，从以企业为核心向以消费者为核心的转变。

这一阶段的市场营销理论同企业经营哲学相适应，即同生产观念相适应。其依据是传统的经济学，是以供给为中心的。

2. 功能研究阶段（1921～1945 年）

这一阶段以营销功能研究为其特点。此阶段最著名的代表者有：克拉克（F. E. Clerk），韦尔达（L. D. H. Weld），亚历山大（Alexander），瑟菲斯（Sarfare），埃尔德（Ilder）及奥尔德逊（Alderson）。1932 年，克拉克和韦尔达出版了《美国农产品营销》一书，对美国农产品营销进行了全面的论述，指出市场营销目的是“使产品从种植者那儿顺利地转到使用者手中。这一过程包括 3 个重要又相互有关的内容：集中（购买剩余农产品）、平衡（调节供需）、分散（把农产品化整为零）”。这一过程包括 7 种市场营销功能：集中、储藏、财务、承担风险、标准化、推销和运输。1942 年，克拉克出版的《市场营销学原理》一书，在功能研究上有创新，把功能归结为交换功能，实体分配功能，辅助功能等，并提出了推销是创造需求的观点，实际上是市场营销的雏形。

3. 形成和巩固时期（1946～1955 年）

这一时期的代表人物有范利（Vaile），格雷特（Grether），考克斯（Cox），梅纳德（Maynard）及贝克曼（Beckman）。1952 年，范利、格雷特和考克斯合作出版了《美国经济中的市场营销》一书，全面地阐述了市场营销如何分配资源，指导资源的使用，尤其是指导稀缺资源的使用；市场营销如何影响个人分配，而个人收入又如何制约营销；市场营销还包括为市场提供适销对路的产品。同年，梅纳德和贝克曼在出版的《市场营销学原理》一书中，提出了市场营销的定义，认为它是“影响商品交换或商品所有权转移，以及为商品实体分配服务的一切必要的企业活动”。梅纳德归纳了研究市场营销学的5种方法，即商品研究法，机构研究法，历史研究法，成本研究法及功能研究法。

由此可见，这一时期已形成市场营销的原理及研究方法，传统市场营销学已形成。

4. 市场营销管理导向时期（1956～1965年）

这一时期的代表人物主要有：罗·奥尔德逊（Wraoe Alderson），约翰·霍华德（John A. Howard）及麦卡锡（E. J. Mclarthy）。

奥尔德逊在1957年出版的《市场营销活动和经济行动》一书中，提出了“功能主义”。霍华德在出版的《市场营销管理：分析和决策》一书中，率先提出从营销管理角度论述市场营销理论和应用，从企业环境与营销策略二者关系来研究营销管理问题，强调企业必须适应外部环境。麦卡锡在1960年出版的《基础市场营销学》一书中，对市场营销管理提出了新的见解。他把消费者视为一个特定的群体，即目标市场，企业制定市场营销组合策略，适应外部环境，满足目标顾客的需求，实现企业经营目标。

5. 协同和发展时期（1966～1980年）

这一时期，市场营销学逐渐从经济学中独立出来，同管理科学、行为科学、心理学、社会心理学等理论相结合，使市场营销学理论更加成熟。

在此时期，乔治·道宁（George S. Downing）于1971年出版的《基础市场营销：系统研究法》一书，提出了系统研究法，认为公司就是一个市场营销系统，“企业活动的总体系统，通过定价、促销、分配活动，并通过各种渠道把产品和服务供给现实的和潜在的顾客”。他还指出，公司作为一个系统，同时又存在于一个由市场、资源和各种社会组织等组成的大系统之中，它将受到大系统的影响，同时又反作用于大系统。

1967年，美国著名市场营销学教授菲利浦·科特勒（Philip Kotler）出版了《市场营销管理：分析、计划与控制》一书，该著作更全面、系统地发展了现代市场营销理论。他精粹地对营销管理下了定义：营销管理就是通过创造、建立和保持与目标市场之间的有益交换和联系，以达到组织的各种目标而进行的分析、计划、执行和控制过程，并提出，市场营销管理过程包括分析市场营销机会，进行营销调研，选择目标市场，制定营销战略和战术，制定、执行及调控市场营销计划。

菲利浦·科特勒突破了传统市场营销学认为营销管理的任务只是刺激消费者需求的观点，进一步提出了营销管理任务还影响需求的水平、时机和构成，因而提出营销管理的实质是需求管理，还提出了市场营销是与市场有关的人类活动，既适用于盈利组织，也适用于非盈利组织，扩大了市场营销学的范围。

1984年，菲利浦·科特勒根据国际市场及国内市场贸易保护主义抬头，出现封闭市场的状况，提出了大市场营销理论，即6P战略：原来的4P（产品、价格、分销及促销）加上两个P——政治权力及公共关系。他提出了企业不应只被动地适应外部环境，而且也应该影响企业的外部环境的战略思想。

6. 分化和扩展时期（1981～ ）

在此期间，市场营销领域又出现了大量丰富的新概念，使得市场营销这门学科出现了变形和分化的趋势，其应用范围也在不断地扩展。

1981年，莱维·辛格和菲利浦·科特勒对“市场营销战”这一概念以及军事理论在市场营销战中的应用进行了研究，几年后，列斯和特罗出版了《市场营销战》一书。1981年，瑞典经济学院的克里斯琴·格罗路斯发表了论述“内部市场营销”的论文，科特勒也提出要在企业内部创造一种市场营销文化，即使企业市场营销化的观点。1983年，西奥多·莱维特对“全球市场营销”问题进行了研究，提出过于强调对各个当地市场的适应性，将导致生产、分销和广告方面规模经济的损失，从而使成本增加。因此，他呼吁多国公司向全世界提供一种统一的产品，并采用统一的沟通手段。1985年，巴巴拉·本德·杰克逊提出了“关系营销”“协商推销”等新观点。1986年，科特勒提出了“大市场营销”这一概念，提出了企业如何打进被保护市场的问题。在此期间，“直接市场营销”也是一个引人注目的新问题，其实质是以数据资料为基础的市场营销，由于事先获得大量信息和电视通讯技术的发展才使直接市场营销成为可能。

进入20世纪90年代以来，关于市场营销、市场营销网络、政治市场营销、市场营销决策支持系统、市场营销专家系统等新的理论与实践问题开始引起学术界和企业界的关注。进入二十一世纪，互联网的发展的应用，推动着网上虚拟发展，以及基于互联网的网络营销得到迅猛发展。

(三) 市场营销观念综述

市场营销观念的演变与发展，可归纳为6种，即生产观念、产品观念、市场营销观念、客户观念、社会市场营销观念和大市场营销观念。

1. 生产观念

生产观念是指导销售者行为的最古老的观念之一。这种观念产生于20世纪20年代前。企业经营哲学不是从消费者需求出发，而是从企业生产出发。其主要表现是“我生产什么，就卖什么”。生产观念认为，消费者喜欢那些可以随处买得到而且价格低廉的产品，企业应致力于提高生产效率和分销效率，扩大生产，降低成本以扩展市场。例如，烽火猎头专家认为美国皮尔斯堡面粉公司，从1869年至20世纪20年代，一直运用生产观念指导企业的经营，当时这家公司提出的口号是“本公司旨在制造面粉”。美国汽车大王亨利·福特曾傲慢地宣称：“不管顾客需要什么颜色的汽车，我只有一种黑色的。”也是典型表现。显然，生产观念是一种重生产、轻市场营销的商业哲学。

生产观念是在卖方市场条件下产生的。在资本主义工业化初期以及第二次世界大战末期和战后一段时期内，由于物资短缺，市场产品供不应求，生产观念在企业经营管理中颇为流行。中国在计划经济旧体制下，由于市场产品短缺，企业不愁其产品没有销路，工商企业在其经营管理中也奉行生产观念，具体表现为：工业企业集中力量发展生产，轻视市场营销，实行以产定销；商业企业集中力量抓货源，工业生产什么就收购什么，工业生产多少就收购多少，也不重视市场营销。

除了物资短缺、产品供不应求的情况之外，有些企业在产品成本高的条件下，其市场营销管理也受产品观念支配。例如，亨利·福特在20世纪初期曾倾全力于汽车的大规模生产，努力降低成本，使消费者购买得起，借以提高福特汽车的市场占有率。

2. 产品观念

产品观念也是一种较早的企业经营观念。产品观念认为，消费者最喜欢高质量、多功能和具有某种特色的产品，企业应致力于生产高值产品，并不断加以改进。它产生于市场产品供不应求的“卖方市场”形势下。最容易滋生产品观念的场合，莫过于当企业发明一项新产品时。此时，企业最容易导致“市场营销近视”，即不适当地把注意力放在产品上，而不是放在市场需要上，在市场营销管理中缺乏远见，只看到自己的产品质量好，看不到市场需求在变化，致使企业经营陷入困境。

例如，美国×××钟表公司自1869年创立到20世纪50年代，一直被公认为是美国最好的钟表制造商之一。该公司在市场营销管理中强调生产优质产品，并通过由著名珠宝商店、大百货公司等构成的市场营销网络分销产品。1958年之前，公司销售额始终呈上升趋势。但此后其销售额和市场占有率开始下降。造成这种状况的主要原因是市场形势发生了变化：这一时期的许多消费者对名贵手表已经不感兴趣，而趋于购买那些经济、方便且新颖的手表；而且，许多制造商迎合消费者需要，已经开始生产低档产品，并通过廉价商店、超级市场等大众分销渠道积极推销，从而夺得了×××钟表公司的大部分市场份额。×××钟表公司竟没有注意到市场形势的变化，依然迷恋于生产精美的传统样式手表，仍旧借助传统渠道销售，认为自己的产品质量好，顾客必然会找上门。结果，致使企业经营遭受重大挫折。

3. 市场营销观念

市场营销观念是作为对上述诸观念的挑战而出现的一种新型的企业经营哲学。这种观念是以满足顾客需求为出发点的，即“顾客需要什么，就生产什么”。尽管这种思想由来已久，但其核心原则直到20世纪50年代中期才基本定型，当时社会生产力迅速发展，市场趋势表现为供过于求的买方市场，同时广大居民个人收入迅速提高，有可能对产品进行选择，企业之间为实现产品的竞争加剧，许多企业开始认识到，必须转变经营观念，才能求得生存和发展。市场营销观念认为，实现企业各项目标的关键，在于正确确定目标市场的需要和欲望，并且比竞争者更有效地传送目标市场所期望的物品或服务，进而比竞争者更有效地满足目标市场的需要和欲望。

市场营销观念的出现，使企业经营观念发生了根本性变化，也使市场营销学发生了一次革命。市场营销观念同推销观念相比具有重大的差别。

西奥多·莱维特曾对推销观念和市场营销观念作过深刻的比较，指出：推销观念注重卖方需要；市场营销观念则注重买方需要。推销观念以卖主需要为出发点，考虑如何把产品变成现金；而市场营销观念则考虑如何通过制造、传送产品以及与最终消费产品有关的所有事物，来满足顾客的需要。可见，市场营销观念的4个支柱是：市场中心、顾客导向、协调的市场营销和利润。推销观念的4个支柱是：工厂、产品导向、推销、盈利。从本质上说，市场营销观念是一种以顾客需要和欲望为导向的哲学，是消费者主权论在企业市场营销管理中的体现。

许多优秀的企业都是奉行市场营销观念的。如日本本田汽车公司要在美国推出一种雅阁牌新车。在设计新车前，他们派出工程技术人员专程到洛杉矶地区考察高速公路的情况，实地丈量路长、路宽，采集高速公路的柏油，拍摄进出口道路的设计。回到日本后，他们专门修了一条9英里长的高速公路，就连路标和告示牌都与美国公路上的一模一样。在设计行李箱时，设计人员意见有分歧，他们就到停车场看了一个下午，看人们如何放取行李。这样一来，意见马上统一起来。结果本田公司的雅阁牌汽车一到美国就备受欢迎，被称为是全世界都能接受的好车。

4. 客户观念

随着现代营销战略由产品导向转变为客户导向，客户需求及其满意度逐渐成为营销战略成功的关键所在。各个行业都试图通过卓有成效的方式，即准确地了解和满足客户需求，进而实现企业目标。实践证明，不同子市场的客户存在着不同的需求，甚至同属一个子市场的客户的个别需求也会经常变化。为了适应不断变化的市场需求，企业的营销战略必须及时调整。在此营销背景下，越来越多的企业开始由奉行市场营销观念转变为客户观念或顾客观念。

所谓客户观念，是指企业注重收集每一个客户以往的交易信息、人口统计信息、心理活动信息、媒体习惯信息以及分销偏好信息等，根据由此确认的不同客户终生价值，分别为每个客户提供各自不同的产品或服务，传播不同的信息，通过提高客户忠诚度，增加每一个客户的购买量，从而确保企业的利润增长。市场营销观念与之不同，它增强的是满足一个子市场的需求，而客户观念则强调满足每一个客户的特殊需求。

需要注意的是，客户观念并不是适用于所有企业。一对一营销需要以工厂定制化、运营电脑化、沟通网络化为前提条件，因此，贯彻客户观念要求企业在信息收集、数据库建设、电脑软件和硬件购置等方面进行大量投资，而这并不是每一个企业都能够做到的。有些企业即使舍得花钱，也难免会出现投资大于由此带来的收益的局面。客户观念最适用于那些善于收集单个客户信息的企业，这些企业所营销的产品能够借助客户数据库的运用实现交叉销售，或产品需要周期性地重购或升级，或产品价值很高。客户观念往往会给这类企业带来异乎寻常的效益。

5. 社会市场营销观念

社会市场营销观念是对市场营销观念的修改和补充。它产生于20世纪70年代西方资本主义出现能源短缺、通货膨胀、失业增加、环境污染严重、消费者保护运动盛行的新形势下。因为市场营销观念回避了消费者需要、消费者利益和长期社会福利之间隐含着冲突的现实。社会市场营销观念认为，企业的任务是确定各个目标市场的需要、欲望和利益，并以保护或提高消费者和社会福利的方式，比竞争者更有效、更有利地向目标市场提供能够满足其需要、欲望和利益的物品或服务。社会市场营销观念要求市场营销者在制定市场营销政策时，要统筹兼顾三方面的利益，即企业利润、消费者需要的满足和社会利益。

上述五种企业经营观，其产生和存在都有其历史背景和必然性，都是与一定的条件相联系、相适应的。当前，外国企业正在从生产型向经营型或经营服务型转变，企业为了求得生存和发展，必须树立具有现代意识的市场营销观念、社会市场营销观念。但是，必须指出的是，由于诸多因素的制约，当今美国企业不是都树立了市场营销观念和社会市场营销观念。事实上，还有许多企业仍然以产品观念及推销观念为导向。

目前中国仍处于社会主义市场经济初级阶段，由于社会生产力发展程度及市场发展趋势，经济体制改革的状况及广大居民收入状况等因素的制约，中国企业经营观念仍处于以推销观念为主、多种观念并存的阶段。

6. 大市场营销观念

大市场营销观念是20世纪80年代中期提出的。20世纪70年代末，资本主义经济不景气和持续“滞涨”导致西方国家纷纷采取贸易保护主义措施。在贸易保护主义思潮日益增长的条件下，从事国际营销的企业为了成功进入特定市场从事经营活动，除了运用好产品、价格、渠道、促销等传统的营销策略外，还必须依靠权利和公共关系来突破进入市场的障碍。大市场营销观念对于从事国际营销的企业具有现实意义，重视和恰当地运用这一观念有益于企业突破贸易保护障碍，占据市场。

四、技能训练

【案例分析】

美国某花店经理接到一顾客来电，说她订购的20支玫瑰送到她家时迟了一个半小时，而且花已不那么鲜艳了。第二天，那位夫人接到了这样一封信。

亲爱的凯慈夫人：

感谢您告知我们那些玫瑰在很差的情况下到达您家的消息。在此信的附件里，请查找一张偿还您购买这些玫瑰所用的全部金额的支票。

由于我们送货车中途修理的意外耽搁，加之昨天不正常的高温，所以您的玫瑰我们未能按时、保质交货，为此，请接受我们的歉意和保证。我们保证将采取有效措施以防止这类事情的再次发生。过去两年里，我们总是把您看作一个尊敬的顾客，并一直为此感到荣幸。顾客的满意乃是我们努力争取的目标。请让我们了解怎样更好地为您服务。

您真诚的霍华德·佩雷斯

（经理签名）

问题：

1. 花店为凯慈夫人提供了哪些产品和服务？
2. 日常生活中有哪些服务？（从衣食住行出发）

工作任务二　服务营销概述

一、情景设置

在老师统一指导下，对有关服务企业的市场营销部门进行调查，了解服务企业服务营销方面的相关资料，并以小组为单位组织研讨、分析，在充分讨论的基础上，形成小组的课题报告。

二、技能训练目标

了解服务营销的定义、重点理解服务的层次，以及服务营销的特点。

三、相关理论知识

服务这个词是目前在各个领域出镜率最高的词语之一。因为当今世界发展的一大趋势就是服务行业的迅速崛起，也就是专家学者们常说的服务经济时代的来临。由于人们富裕程度的提高，闲暇时间的增多，以及产品复杂程度的加深，越来越需要服务，越来越离不开服务。以美国为例：今天，服务业对美国经济已有着实质性的影响。每10个人中就有8个以上从事生产性服务，其服务产值占美国GDP总量的74%，美国已成为世界第一大服务经济国。全球服务行业的增长率几乎是制造业增长率的两倍。并且各种新型服务行业正不断地涌现。这些都使人们不得不关注服务及其营销中的相关问题。

（一）服务的定义

广义来讲，任何业务都是一种服务。但我们在这里需要做一个简单的界定。在此所讨论的服务是作为行业产品的服务，与我们通常所说的外延产品的服务是有区别的。

服务行业门类众多，既包括盈利的众多行业，也包括非盈利的许多部门。在此，援引菲利浦·科特勒关于服务的定义：服务是一方能够向另一方提供的基本上无形的任何活动或利益，并且不导致任何所有权的产生。它的产生可能与某种有形产品密切联系在一起，也可能毫无联系。从这个定义我们看到在此所讨论的服务是作为购买和交换的产品。许多的活动，比如饭店租房、银行存款、物流运输等，都涉及购买服务问题。

(二) 服务的特点

把服务作为一类商品与其他商品相比较，尤其是与有形商品相比较，会有一些不同于其他商品的独特之处。而了解这些不同之处是制定适当的市场营销策略的基础。这些特征集中表现为以下几个方面：无形性、不可分性、可变性和易消失性。

企业在设计市场营销方案时，必须考虑四种特殊的服务特征。图 1-1 所示简要地说明了这四大特征。

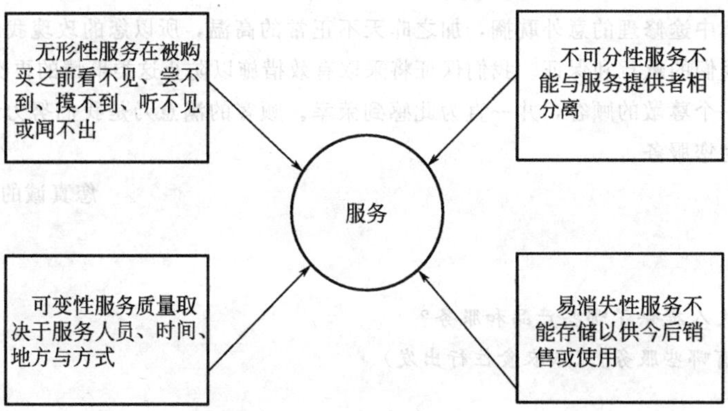

图 1-1　服务产品的特征

1. 无形性

服务与实体产品最根本的区别就在于服务的无形性。这种无形性使得服务商品在被购买之前是看不见、尝不到、摸不着、听不见或闻不出的。这种特点使得企业在向消费者宣传服务商品的种种好处时要比有形商品困难得多。例如，人们在做面部美容和整形手术之前是看不到成效的，航空公司的乘客除了一张飞机票和安全到达目的地的承诺之外什么也没有。为此，服务的提供者必须在增强消费者对自己的信心方面下功夫。可以通过强调服务带来的好处，为自己的服务制定品牌名称，增加和转化服务的有形性等。通过这些方式，可以增加消费者的信任感，从而达到变无形为有形的效果。

2. 不可分性

一般说来，服务与其来源是不可分的，无论这种来源是机器还是人。这与有形商品的生产和销售过程非常不同。有形产品是先通过生产、存储、然后销售，最终被消费掉。而服务的产生和消费是同时进行的。其过程是先被销售，然后再被同时生产和消费。这种特征决定了提供者和被提供者双方对服务的结果都有影响，决定了作为购买一方的消费者参与了所购买的服务的生产过程。这种不可分割性决定了购买某项服务的人数要受到提供服务者的人数和时间的限制。为了克服这种限制，服务者一方面可以通过学习和培训，学会为较大的群体提供服务；另外，提供服务的企业还可以培训更多的服务者为需要此项服务的消费者服务。由于顾客在服务商品中的参与性，所以提供者和顾客之间的相互作用成为服务市场营销的一大特色。

3. 可变性

服务的可变性也称为服务的易变性。之所以称为可变和易变，是因为服务的质量取决于服务人员、时间、地点和方式，它们依赖于由谁来提供服务，在什么时间和什么地点提供服务。并且由于服务的购买者是知道这一特点的，因而他们在选择服务商品时通常会做许多调研，也会和别人作些交流和讨论。另外，虽然服务难以做到像有形产品那样统一和连贯的标准化管理，但并非无章可循。首先企业可以尽量利用科技进步，使服务过程机械化。比如机场和车站用电子扫描检测行李代替人工检查；用自动柜员机替代银行出纳员。另外企业可以选择优秀人员进行培训和投资，使他们能达到客户和企业所要求的优质服务水平。还有就是通过顾客建议和投诉制度，以及顾客调查和采购比较，来追踪和检查顾客是否感到满意，从而发现问题加以改进。

4. 易消失性

服务易消失性指服务不能储存以供今后销售或使用。如一次航班中一个空着的坐位并不能存储到下一次使用，随着飞机起飞，这个坐位所能创造的收入可能性就已经消失了。当需求稳定时，服务的易消失性不成问题。但是当需求变动时，服务公司就会碰到困难问题。例如，由于交通高峰时期的需求，公共运输公司所需求的运输设备必须多于全天的均衡需求。因此，服务公司经常需要设计能够更好解决供求矛盾的策略和方案。比如，饭店和旅游胜地的定价在淡季都会降低，以便吸引更多的顾客；餐馆在高峰时期会雇佣兼职服务员。

（三）服务营销

1. 服务营销的定义

服务营销是企业在充分认识满足消费者需求的前提下，为充分满足消费者需要，在营销过程中所采取的一系列活动。服务作为一种营销组合要素，真正引起人们重视的是 20 世纪 80 年代后期，这时期，由于科学技术的进步和社会生产力的显著提高，产业升级和生产的专业化发展日益加速，一方面使产品的服务含量，即产品的服务密集度日益增大。另一方面，随着劳动生产率的提高，市场转向买方市场，随着消费者收入水平提高，他们的消费需求也逐渐发生变化，需求层次也相应提高，并向多样化方向拓展。

2. 服务营销的策略

由于服务商品的特殊性，使得服务产品的市场营销组合策略经常会有不同于有形产品的方面。在制造业中，产品全都标准化并且能放在货架上等顾客来买。但是在服务行业，顾客和第一线服务人员的互动营销形成服务。因此，服务提供者必须有效地影响顾客以便创造出优质服务价值。反过来，相互影响的有效性取决于第一线服务人员的技术以及支持这些服务人员的服务生产和扶持方法。因此有学者提出，服务性产品的营销组合策略由 5 个 P 组成。除了产品（product）、价格（price）、渠道（place）、促销（promotion）之外，还有人员（people），并且人员是其中最为重要的一个因素。在此基础上，美国的波姆思和比特勒在“服务企业的组织结构和营销战略”一文中提出，对服务营销来说，除了传统的 4P 之外，还要再加 3 个 P：即人（people）、实体证明（physical evidence）、过程（process），其中人仍然是最重要的。

3. 服务营销的一般特点

（1）供求分散性　服务营销活动中，服务产品的供求具有分散性。不仅供方覆盖了第三产业的各个部门和行业，企业提供的服务也广泛分散，而且需方更是涉及各种各类企业、社会团体和千家万户不同类型的消费者，由于服务企业一般占地小、资金少、经营灵活，往往分散在社会的各个角落。即使是大型的机械服务公司，也只能在有机械损坏或发生故障的地方提供服务。服务供求的分散性，要求服务网点要广泛而分散，尽可能地接近消费者。

（2）营销方式单一性　有形产品的营销方式有经销、代理和直销多种营销方式。有形产品在市场可以多次转手，经批发、零售多个环节才使产品到达消费者手中。服务营销则由于生产与消费的统一性，决定其只能采取直销方式，中间商的介入是不可能的，储存待售也不可能。服务营销方式的单一性、直接性，在一定程度上限制了服务市场规模的扩大，也限制了服务业在许多市场上出售自己的服务产品，这给服务产品的推销带来了困难。

（3）营销对象复杂多变　服务市场的购买者是多元的、广泛的、复杂的。购买服务的消费者的购买动机和目的各异，某一服务产品的购买者可能牵涉社会各界各业各种不同类型的家庭和不同身份的个人，即使购买同一服务产品，有的用于生活消费，有的却用于生产消费，如信息咨询、邮电通讯等。

（4）服务消费者需求弹性大　根据马斯洛需求层次原理，人们的基本物质需求是一种原发性需求，这类需求人们易产生共性，而人们对精神文化消费的需求属继发性需求，需求者会因各自所处的社会环境和各自具备的条件不同而形成较大的需求弹性。同时对服务的需求与对有形产品的需求在一定组织及总金额支出中相互牵制，也是形成需求弹性大的原因之一。同时，服务需求受外界条件影响大，如季节的变化、气候的变化、科技发展的日新月异等对信息服务、环保服务、旅游服务、航运服务的需求造成重大影响。需求的弹性是服务业经营者最棘手的问题。

（5）服务人员的技术、技能、技艺要求高　服务者的技术、技能、技艺直接关系着服务质量。消费者对各种服务产品的质量要求也就是对服务人员的技术、技能、技艺的要求。服务者的服务质量不可能有唯一的、统一的衡量标准，而只能有相对的标准和凭购买者的感觉体会。

四、技能训练

【案例分析】

简·卡尔森与北欧航空公司

简·卡尔森（Jan Carlzon）受聘担任北欧航空公司（Scandinavian Airline Systems，SAS）领导人的时候，SAS的市场正处于节节下滑，每年亏损2000万美元，员工因收入减少而士气低落，对旅客的服务水平每况愈下。为了扭转公司日益下滑的趋势，卡尔森提出要贯彻一条服务理念：“做世界上为商务常旅客服务得最好的航空公司。”

卡尔森将航空公司的层次结构翻了个个儿：将直接为旅客服务的人员位于公司的最高层，其他人员，包括中基层管理人员，都为他们提供服务和支持。卡尔森的措施和风格被认为是出格和大胆的，他的这种具有戏剧性的顾客导向的变革思想引起了广泛的注意。卡尔森推出了SAS新样式的航机和新制服的航班，邀请商务常旅客乘坐。卡尔森还组织了主题为“爱在空中”的迪斯科音乐演出。

卡尔森始终关心旅客和员工。他首先提出了服务的“真实瞬间”的概念。他坚持地认为，SAS需要通过每天与旅客之间50000次“真实瞬间”的接触才会成功。员工赞扬卡尔森的心胸开阔和善于听取意见的作风，高层管理人员为他的领导才能所吸引。一位高层管理人员这样评价卡尔森：“他有非凡的领导才能，他是一位‘传教士’式的人物。他非常热衷于传播他的思想，他不厌其烦地与人交谈。我想，没有他这种努力，我们公司很难从技术/生产导向转变到营销服务导向。”

卡尔森的领导优势部分地来自他关于人的激励的思想。卡尔森说道：“按我的经验，人生有两大激励：一是担忧，一是热爱。你可以用‘让人担忧’的办法激励人，但这样做不利于发挥人的潜能。忧心忡忡的人很难突破他们的能力限制，因为他们不敢再经受风险。”因此，卡尔森赞成用“让人热爱”的办法激励人。

卡尔森的服务理念贯彻一年后，SAS开始扭亏为盈，还获得多项服务大奖，并至今保持着国际航空业强者的地位。

问题讨论：

① 试评价卡尔森关于人的激励的思想？

② 如何理解卡尔森提出的服务的“真实瞬间”？

工作任务三　物流服务营销

一、情景设置

在老师统一指导下，对有关物流企业的市场营销服务部门进行调查，了解物流企业市场营销服务方面的相关资料，并以小组为单位组织研讨、分析，在充分讨论的基础上，形成小组的课题报告。

二、技能训练目标

了解物流服务及物流营销的定义、重点理解物流服务营销的特殊性。

三、相关理论知识

(一) 物流概述

物流（logistics）是指利用现代信息技术和设备，将物品从供应地向接收地准确的、及时的、安全的、保质保量的、门到门的合理化服务模式和先进的服务流程。物流是随商品生产的出现而出现，随商品生产的发展而发展，所以物流是一种古老的、传统的经济活动。

1. 物流的功能

关于物流的功能，概要地说，包括服务商流、保障生产和方便生活三个方面。

(1) 服务商流　在商流活动中，商品所有权在购销合同签订的那一刻，便由供方转移到需方，而商品实体并没有因此而移动。除了非实物交割的期货交易，一般的商流都必须伴随相应的物流过程，即按照需方（购方）的需要将商品实体由供方（卖方）以适当方式、途径向需方转移。在整个流通过程中，物流实际上是以商流的后继者和服务者的姿态出现的。没有物流的作用，一般情况下，商流活动都会退化为一纸空文。电子商务的发展需要物流的支持，就是这个道理。

(2) 保障生产　从原材料的采购开始，便要求有相应的物流活动，将所采购的原材料准备到位，否则，整个生产过程便成了无米之炊；在生产的各工艺流程之间，也需要原材料、半成品的物流过程，实现生产的流动性。就整个生产过程而言，实际上就是系列化的物流活动。合理化的物流，通过降低运输费用来降低成本，通过优化库存结构而减少资金占压，通过强化管理进而提高效率等方面的作用，使得有效达到促进整个社会经济水平的提高。

(3) 方便生活　实际上，生活的每一个环节，都有物流存在。通过国际间的运输，可以让世界名牌出现在不同肤色的人身上；通过先进的储藏技术，可以让新鲜的果蔬在任何季节亮相；搬家公司周到的服务，可以让人们轻松地乔迁新居；多种形式的行李托运业务，可以让人们在旅途中享受舒适的情趣……

2. 物流的类型

由于物流对象不同，物流目的不同，物流范围、范畴不同，形成了不同类型的物流。

(1) 宏观物流　宏观物流是指社会再生产总体的物流活动，从社会再生产总体角度认识和研究的物流活动。宏观物流还可以从空间范畴来理解，在很大空间范畴的物流活动，往往带有宏观性；在很小空间范畴的物流活动则往往带有微观性。宏观物流研究的主要特点是综观性和全局性。宏观物流主要研究的内容是物流总体构成，物流与社会之关系在社会中的地位，物流与经济发展的关系，社会物流系统和国际物流系统的建立和运作等。

(2) 微观物流　消费者、生产者、企业所从事的实际的、具体的物流活动属于微观物流。在整个物流活动中，之中的一个局部、一个环节的具体物流活动也属于微观物流。在一个小地域空间发生的具体的物流活动也属于微观物流。

(3) 社会物流　社会物流指超越一家一户的以一个社会为范畴面向社会为目的的物流。

(4) 企业物流　从企业角度上研究与之有关的物流活动，是具体的、微观的物流活动的典型领域。

(5) 国际物流　国际物流是现代物流系统发展很快、规模很大的一个物流领域，国际物流是伴随和支撑国际间经济交往、贸易活动和其他国际交流所发生的物流活动。

(6) 区域物流　相对于国际物流而言，一个国家范围内的物流，一个城市的物流，一个经济区域的物流都处于同一法律、规章、制度之下，都受相同文化及社会因素影响，都处于基本相同的科技水平和装备水平之中。

(二) 物流服务

物流服务业属于服务业，服务业与工业的最大不同在于产出的不同，工业的产出是有形的商品，服务业的产出是无形的服务。物流服务作为一种服务产品，具有服务产品的所有特征，同时作为一种新兴服务它也有着自身的特点。

① 不可感知性，或称无形性。“不可感知性”可以从两个不同的层次来理解。首先，服务产品与有形的消费品或工业品比较，服务的特质及组成服务的元素，很多都是无形无质的，让人不能触摸或凭肉眼看见其存在。同时，服务产品不仅其特质是无形无质的、甚至使用服务后的利益也很难被察觉，或是要等一段时间后，享用服务的人才能感觉到“利益”的存在。

② 差异性。差异性是指服务产品的构成成分及其质量水平经常变化，很难统一界定。区别于那些实行机构化和自动化生产的第一与第二产业，服务行业是以“人”为中心的产业，由于人类个性的存在，使得对于服务产品的质量检验很难采用统一的标准。一方面，由于服务人员自身因素，如心理状态的影响，即使由同一服务人员所提供的服务，也可能会有不同的水准；另一方面，由于顾客直接参与服务的生产和消费过程，于是顾客本身的因素，如知识水平、兴趣和爱好等也直接影响服务产品的质量和效果。

③ 不可贮存性。基于服务产品的不可感知形态以及服务的生产与消费同时进行，使得服务产品不可能像有形的消费品和工业品一样被贮存起来，以备未来出售；而且消费者在大多数情况下，亦不能将服务携带回家安放。当然，提供服务的各种设备可能会提前准备好，但生产出来的服务如不当时消费掉就会造成损失，不过，这种损失不像有形产品损失那样明显，它仅表现为机会的丧失和折旧的发生。因此，不可贮存性的特征要求服务企业必须解决由缺乏库存所导致的产品供求不平衡问题，以及如何制定分销策略来选择分销渠道和分销商以及如何设计生产过程和有效地弹性处理被动的服务需求等问题。

④ 物流服务的定制化程度较高。不管是对物料供应的服务，还是商品配送的服务，都需要根据客户要求去进行服务的设计与提供。这种高定制化的服务只有通过采用服务营销的策略才能够实现。

⑤ 物流市场不成熟。物流服务企业所面对的是一个尚不成熟的现代物流业市场，许多客户还不熟悉和不习惯使用物流服务。

(三) 物流服务营销

1. 物流服务营销的含义

服务是一种具有无形特征的、但可被消费者或顾客感知的、并可满足消费者需求的一种或一系列的活动、过程和结果。

物流服务营销，是物流企业为了满足客户对物流服务产品所带来的服务效用的需求，实现企业预定的目标，通过采取一系列整合的营销策略达成服务交易的商务活动过程。物流服务营销的核心理念是客户满意和客户忠诚，通过取得客户的满意和忠诚来促进相互有利的交换，最终实现营销绩效的改进和企业的长期成长。

2. 物流服务营销的本质

① 物流服务营销的核心是满足客户对物流产品的需求。为此，物流企业必须充分了解客户的需求，不断地提供创新服务，以向客户提供其需要的物流服务产品。客户对物流服务产品的需要，不是物流服务产品的本身，而是物流服务产品所能够给客户带来的服务效用。

② 物流服务营销手段是一系列整合的营销策略。物流服务营销要取得实效，不能仅仅靠某一项营销策略及措施，而应把物流企业各部门及营销组合各因素进行整合，采取综合的物流服务营销策略与措施。

③ 物流服务营销的目的是达成交易，实现物流企业预定的目标。

3. 物流服务营销的特点

在市场经济条件下，物流企业是种具有独特的服务性（从事物流活动、提供物流服务）的经济组织，根据物流企业所提供的物流服务的特点，物流服务营销具有以下特点。

（1）物流企业营销的产品是服务　对于物流企业来说，它提供的产品不是简单的运输、仓储、装卸等环节的空间组合，而是一个系统化的全过程的服务，是一个贯穿在服务产品中的整个时间、空间的增值过程的服务。它的无形性使得客户难以触摸予以评价，而与客户的感受有很大关系，需要通过场所气氛、人员素质、价格水平、设备的先进程度和强大的供应链整合能力等反映服务能力的信息让客户感受，为此决定物流的服务质量。

（2）物流市场营销的服务能力强大　随着物流市场需求的演变，个性化需求越来越突出，这要求物流企业必须具有强大的营销服务能力与之相适应。一个成功的物流企业，必须具备较大的运营规模，能有效地覆盖一定的地区，同时还应具有先进的指挥和控制中心，兼备高水准的综合技术、财务资源和经验策略。

（3）物流服务营销的对象广泛，市场差异度大　由于供应链的全球化，物流活动变得愈加复杂，各工商企业为了资源集中于自己的核心业务上，常常将其他非核心业务外包。这些急剧上升的物流外包为物流企业提供了广阔的市场和服务对象，已经涉及各行各业，客户的广泛性也导致了市场的差异。物流企业面对这样差异之大，个性之强的市场，就要求物流企业在进行营销工作时，必须根据目标市场客户企业的特点为其量身订制，并建立一套高效合理的物流解决方案。

（4）物流服务的质量由客户的感受决定　由于物流企业提供产品的特殊性，它所提供服务的质量不是由企业决定的，而同客户的感受有很大的关系，由客户接受服务以后的感受决定。物流企业可通过场所规模、服务人员素质、价格水平、供应链整合能力、先进的设备及信息管理等方面反映出物流企业服务能力，让客户感受到物流企业服务水平的状况，以决定客户反映物流企业的服务质量。

四、技能训练

【案例分析】

马士基成功秘诀

马士基（MAERSK）是班轮运输业最成功的承运商之一，也是全球最大的综合物流服务商。1997年在大多数班轮公司亏损严重的情况下，它却盈利丰厚。它成功的秘诀之一就是严格执行安全规则。马士基对于船舶载运危险品规定了最大容许量。有一次，有一批危险品货物要由马士基船装运，但是货物没装完就达到了最大容量。这批货是一位重要的客户托运的。这位被激怒的货主找到马士基理事托马斯·安德森(Thomas Anderson)，要求将这批货全部装船，并警告说若不同意发出就后果自负。安德森回答说，他非常遗憾，基于“安全第一”的思想，这些未装船的集装箱必须搬走，不得装船。听到此话后，这位货主的态度立即改变了，他同意安德森不得装船的决定。并说，假如马士基破坏了自己定下的安全规则的话那它就犯了错误，如果安德森屈服于他的压力而将货物和船舶置于危险之中，将会受到所有人的谴责。马士基因严格执行安全规则而赢得了顾客的信任，使它获得了意外的利益。

事实上，为更好地为客户服务，马士基实现物流服务的计算机系统化，通过建立信息服务平台，使各级别的客户都可以跟踪其业务过程，让客户实时监控物品状况。另外，马士基还给供货商提供了一个网站，让供货商能输入班轮信息，自动发到系统上而不必拷贝或发传真。马士基一直关注新技术的发展，希望公司与客户一起发展，跟上时代前进的步伐。客户和商家都对马士基提供的更广泛业务范围很感兴趣。与客户良好的合作关系，使公司有更好的商业发展前景，这种稳定的关系受到客户的称赞。马士基物流的综合服务吸引了很多新客户。只要客户需要，马士基就会提供相应的服务，这正是他们成功的关键。

问题：

1. “安全第一”是什么营销理念？

2. 马士基赢得顾客信任的原因是什么？对我国物流企业从事营销活动有什么启示？

项目二 物流服务市场调研

【内容简介】

物流企业营销部门在作具体营销活动之前，有一个很重要的工作就是对物流市场进行调研，物流市场调研的目的就于让物流企业最大程度地了解所处的市场的具体情况，为营销活动提供信息支持。本部分学习情景基于这种思想，先是通过对物流调研的过程进行阐述，接下来重点讨论了如何设计合理的物流市场调研表，最后分析了不同调研方法的优缺点以及适用范围。

【教学目标】

1. 知识目标

(1) 了解物流市场调研定义

(2) 了解物流市场调研流程及意义

(3) 了解物流市场调研表设计的方法及注意点

(4) 了解物流市场调研的不同方法

2. 技能目标

(1) 能清楚掌握物流市场调研的核心

(2) 能进行物流市场调研表的设计

(3) 能进行物流市场具体的调研和实施

(4) 能根据不同情况，采用不同的市场调研方法

【案例导入】

ACT：摸清电器控制装置市场行情

家电控制技术公司（ACT）是设计、生产并销售数字控制板的一家企业。这些控制板主要是用于像微波炉，电饭煲和洗衣机这样的家用电器配套的。公司的创始者是华莱士·肖恩，目前仍然担任董事长兼总裁职务。ACT是努力寻求明确界定市场规模的公司。

一方面，公司是与成熟的家电行业紧密联系在一起的企业，该行业从1986到1990年，每年的增长率只有5%。此外，美国家用电器制造商协会估算，每一个美国家庭拥有的家电数目从1960年的33件上升到1970年的41件，又上升到1985年的54件、1987年的61件，行业分析家不清楚这样的扩展水平是否还会继续增长。

另一方面，根据肖恩的调查预测，到20世纪90年代初期，电器数字控制板的销售量将以22%的惊人速度增加。而美国制造的电器中只有20%配备了数字控制板。然而，一些行业分析家发现，随着微波炉和录像机的成功发展，消费者越来越喜欢使用数字控制板。肖恩相信随着消费者对产品熟悉程度的提高，制

造商一定会将数字控制板用到其他目前仍由调节控制器和按钮控制的电器上。例如，采用数字控制板后，一台普通的电饭煲能够像微波炉一样具有强大的烹饪能力。

创立 ACT 后，肖恩同一家大的微波炉生产商签订了长期合同。这笔业务提供了 ACT 经营的资金基础。尽管这样，肖恩仍然清醒地意识到他需要制定一套营销战略以占领电器控制装置市场。虽然目前只有为数不多的几家数字控制板供应商和 5 家造型的生产商，肖恩还是很难找到关于电器控制行业，特别是数字控制板的便捷可得的营销调查资料。

他找到一张发表在《家电制造商》杂志上的图表。这张图表是家电制造商协会绘制的，目的是显示作为周期经济模式的一部分，电器装置已经开始呈下滑趋势。继 1982 年落到 2400万元之后，1988 年出现重大的扭转，直升到 3800 万元，接着又开始下滑。

肖恩同 ACT 的营销主管波尔讨论这个问题时，两人都认为做进一步深入的营销调研十分必要。波尔列出了营销调研各个过程的提纲，并阐述他关于关键性研究问题的想法，这其中包括调研的目标、电话询问的具体问题和采访主体。

肖恩对这位营销主管的工作十分满意。“很好”，他对波尔说，“让我们看看你的成果，然后我们就能决定应该向哪儿走了”。

工作任务一　明确物流服务市场调研的步骤

一、情景设置

近年来，湖北省快递业发展迅猛，快递市场竞争也是相当激烈。既有 EMS 这类国有企业、也有顺丰快递、申通快递这类民营企业，还有联邦快递这些外资企业。同时随着劳动力成本的上升，以及国家对中西部大开发政策的实施，许多沿海地区的企业纷纷向西部转移，现有一家 MM 快递公司，准备抓住这个机会，进入武汉快递市场，为了研究湖北省武汉市快递市场状况及消费者满意度，现委托你们进行消费者快递使用情况调查，请按照物流市场调研的具体要求，设计物流市场调查的步骤。

二、技能训练目标

掌握物流实训调研的具体步骤。

三、相关理论知识

1. 物流市场调研的含义

物流市场营销调研是以提高物流营销效益为目的，有计划地收集、整理和分析物流市场的信息资料，提出解决问题的建议的一种科学方法。物流市场调研也是一种以顾客为中心的研究活动。

2. 物流市场调研的基本要求

(1) 端正指导思想　要树立为解决实际问题而进行调查研究的思想，牢记“一切结论产生于调查的末尾”。注意防止那种为了某种特殊需要，根据内定的调子，带着事先想出的观点和结论，然后去寻找“合适”的素材来印证的虚假调查。

(2) 如实反映情况　对调查来的情况，一是一，二是二，有则有，无则无，好则好，坏则坏，坚持讲真话。

(3) 选择有效方法　采用何种调查研究方法，一般应综合考虑调研的效果和人力、物力、财力的可能性以及时间限度等。对某些调查项目，往往需要同时采用多种不同的调查方法，如典型调查，就需要交叉运用座谈会、访问法、观察法等多种方式。

（4）安排适当场合　安排调查的时间和地点时，要为被调查者着想，充分考虑被调查者是否方便，是否能引起被调查者的兴趣。

（5）注意控制误差　影响市场的因素十分复杂，调研过程难免产生误差，但是应将调查误差控制在最低限度，尽量保持调查结果的真实性。

（6）掌握谈话技巧　调研人员在调查访问时的口吻、语气和表情对调查结果有很直接的影响，因此谈话特别需要讲究技巧。

（7）注意仪表和举止　一般来讲，调查人员穿着整洁，举止端庄，平易近人，就容易与被调查者打成一片；反之则会给被调查者以疏远的感觉，使之不愿与调查人员接近。

（8）遵守调查纪律　包括遵纪守法，尊重被调查单位领导的意见，尊重人民群众的风俗习惯，在少数民族地区要严格执行民族政策，注意保密和保管好调查的资料等。

3. 物流市场调查机构

物流市场调查机构是受部门或企业委托，专门从事市场调查的单位。市场调查机构规模有大有小，其隶属关系及独立程度也不一样，名称更是五花八门，但归纳起来，基本上有以下几类。

（1）各级政府部门组织的调查机构　我国最大的市场调查机构为国家统计部门，国家统计局、各级物流主管部门和地方统计机构负责管理和分布统一的市场调查资料，便于企业了解市场环境变化及发展，指导企业微观经营活动。

（2）新闻单位、大学和研究机关的调查机构　这些机构也都开展独立的市场调查活动，定期或不定期地公布一些市场信息。例如，以信息起家的英国路透社，在全球设立了众多的分社和记者站，目前已成为世界上最大的经济新闻提供者，经济信息收入成为该社收入的主要来源。

（3）专业性市场调查机构　这类调查机构在国内外的数量是很多的，它们的产生是社会分工日益专业化的表现，也是当今信息社会的必然产物。主要有三种类型的公司，见表 2-1。

表 2-1　专业性市场调查机构类型

专业公司	主要职能
综合性市场调查公司	这类公司专门搜集各种市场信息，当有关单位和企业需要时，只需交纳一定费用，就可随时获得所需资料。同时，它们也承接各种调查委托，具有涉及面广、综合性强的特点
咨询公司	这类公司一般是由资深的专家、学者和有丰富实践经验的人员组成，为企业和单位进行诊断，充当顾问。这类公司在为委托方进行咨询时，也要进行市场调查，对企业的咨询目标进行可行性分析。当然，它们也可接受企业或单位的委托，代理或参与调查设计和具体调查工作
广告公司的调查部门	广告公司为了制作出打动人心的广告，取得良好的广告效果，就要对市场环境和消费者进行调查。广告公司大都设立调查部门，经常大量地承接广告制作和市场调查

（4）物流企业内部的调查机构　目前国外许多大的企业和组织，根据生产经营的需要，大都设立了专门的调查机构，市场调查已成为这类企业固定性、经常性的工作。例如，可口可乐公司设立了专门的市场调研部门，并由一个副经理负责管理。这个部门的工作人员有调查设计员、统计员、行为科学研究者等。

4. 物流市场调查程序

物流市场调查的全过程可划分为调查准备、调查实施和总结三个阶段，每个阶段又可分为若干具体步骤。如图 2-1 所示：

图 2-1　物流市场调查过程

（1）调查准备阶段　主要解决调查目的、范围和调查力量的组织等问题，并制定出切实可行的调查计划。具体工作步骤是：

① 确定调查目标，拟定调查项目；

② 确定收集资料的范围和方式；

③ 设计调查表和抽样方式；

④ 制定调查计划。

（2）调查实施阶段　这个阶段是整个市场调查过程中最关键的阶段，对调查工作能否满足准确、及时、完整及节约等基本要求有直接的影响。这个阶段有两个步骤。

① 对调查人员进行培训，让调查人员理解调查计划，掌握调查技术及同调查目标有关的经济知识。

② 实地调查。即调查人员按计划规定的时间、地点及方法具体地收集有关资料，不仅要收集第二手资料（现成资料），而且要收集第一手资料（原始资料）。实地调查的质量取决于调查人员的素质、责任心和组织管理的科学性。

（3）总结阶段　这个阶段的工作可以分为以下几个步骤。

① 资料的整理与分析。即对所收集的资料进行“去粗取精、去伪存真、由此及彼、由表及里”的处理。

② 撰写调查报告。市场调查报告一般由引言、正文、结论及附件四个部分组成。其基本内容包括开展调查的目的、被调查单位的基本情况、所调查问题的事实材料、调查分析过程的说明及调查的结论和建议等。

③ 追踪与反馈。提出了调查的结论和建议，不能认为调查过程就此完结，而应继续了解其结论是否被重视和采纳、采纳的程度和采纳后的实际效果以及调查结论与市场发展是否一致等，以便积累经验，不断改进和提高调查工作的质量。

四、技能训练

物流市场调研过程

按自愿原则组织课程项目小组，通过独立操作完成一个市场调研项目，加深理解市场营销课程中讲授的理论和方法，了解市场调研的实际过程，培养学生的实践能力。

1. 选题要求

自由选题，选题来源应是企业与其他类型的组织面临的实际问题，可以是盈利性组织，也可以是非盈利性组织。鼓励学生与具体企业联系，针对企业的具体问题提出调研方案，并争取获得企业支持和赞助。

2. 日程安排

第一阶段：小组成立。组成 5～8 人的项目小组，建议男女生保持适当比例，兴趣、爱好等比较均衡，选定 1～2 人为组长或负责人，其他成员各有分工。

第二阶段：自由选题。要求在小组成立后，1 周内提交选题意向及 500 字左右的选题论证表包括问题背景和来源，决策问题与调研问题等。

第三阶段：研究设计。选题确定后 2～3 周内应撰写市场研究计划书，一般应达到 2000 字左右，要求提交电子版和 PPT 演示版各一份，并进行课堂展示。

第四阶段：现场执行。利用 3 周左右课余时间进行现场数据收集和数据的录入、处理和分析。

第五阶段：报告撰写。提交一份纸质版本和 PPT 演示版本的研究报告，并组织小组汇报和评价。

工作任务二 设计物流服务市场调查方案

一、情景设置

近年来，湖北省快递业发展迅猛，快递市场竞争也是相当激烈。既有 EMS 这类国有企业、也有顺丰快递、申通快递这类民营企业，还有联邦快递这些外资企业。同时随着劳动力成本的上升，以及国家对中西部大开发政策的实施，许多沿海地区的企业纷纷向西部转移，现有一家 MM 快递公司，准备抓住这个机会，进入武汉快递市场，为了研究快递市场状况及消费者满意度，现进行消费者快递使用情况调查，请你按照问卷设计的要求，设计一份市场调查问卷表，要求设置多种类型的问题，调查表设计完成后，谈谈打算如何开展此次调查（包括人员、时间、地点、费用）。

二、技能训练目标

能够根据市场调查内容设计物流市场调查表。

三、相关理论知识

（一）物流市场调查方案设计

（1）问卷设计的概念　在现代市场调查中，应有事先准备好的询问提纲或调查表作为调查的依据，这些文件统称问卷。它系统地记载了所需调查的具体内容，是了解市场信息资料、实现调查目的和任务的一种重要形式。采用问卷进行调查是国际通行的一种调查方式，也是我国近年来推行最快，应用最广的一种调查手段。

所谓问卷设计，它是根据调查目的，将所需调查的问题具体化，使调查者能顺利地获取必要的信息资料，并便于统计分析。由于问卷方式通常是靠被调查者通过问卷间接地向调查者提供资料，所以，作为调查者与被调查者之间中介物的调查问卷，其设计是否科学合理，将直接影响问卷的回收率，影响资料的真实性、实用性。因此，在市场调查中，应对问卷设计给予足够的重视。

（2）问卷设计的格式　一份完整的调查问卷通常包括标题、问卷说明、被调查者基本情况、调查内容、编码号、调查者情况等内容。

① 问卷的标题　概括说明调查研究主题，使被调查者对所要回答什么方面的问题有一个大致的了解。确定标题应简明扼要，易于引起回答者的兴趣。例如“大学生消费状况调查”，“我与广告——公众广告意识调查”等。不要简单采用“问卷调查”这样的标题，它容易引起回答者因不必要的怀疑而拒答。

② 问卷说明　旨在向被调查者说明调查的目的、意义。有些问卷还有填表须知、交表时间、地点及其他事项说明等。问卷说明一般放在问卷开头，通过它可以使被调查者了解调查目的，消除顾虑，并按一定的要求填写问卷。问卷说明既可采取比较简洁、开门见山的方式，也可在问卷说明中进行一定的宣传，以引起调查对象对问卷的重视。下面举两个实例加以说明。

［例 1］

“同学们：

为了了解当前大学生的学习、生活情况，并做出科学的分析，我们特制定此项调查问卷，希望广大同学予以积极配合，谢谢。”

［例 2］

“女士（先生）：

改革开放以来，我国广告业蓬勃发展，已成为社会生活和经济活动中不可缺少的一部分，对社会经济的发展起着积极的推动作用。我们进行这次公众广告意识调查，其目的是加强社会各阶层人士与国家广告管理机关、广告用户和经营者等各方的沟通和交流，进一步加强和改善广告监督管理工作，促进广告业的健康发展。本次问卷调查并非知识性测验，只要求您根据自己的实际态度选答，不必进行讨论。根据统计法的有关规定，对您个人情况实行严格保密。”

③ 被调查者基本情况　这是指被调查者的一些主要特征，如在消费者调查中，消费者的性别、年龄、民族、家庭人口、婚姻状况、文化程度、职业、单位、收入、所在地区等。又如，对企业调查中的企业名称、地址、所有制性质、主管部门、职工人数、商品销售额（或产品销售量）等情况。通过这些项目，便于对调查资料进行统计分组、分析。在实际调查中，列入哪些项目，列入多少项目，应根据调查目的、调查要求而定，并非多多益善。

④ 调查主题内容　是调查者所要了解的基本内容，也是调查问卷中最重要的部分。它主要是以提问的形式提供给被调查者，这部分内容设计的好坏直接影响整个调查的价值。

主题内容主要包括以下几方面：a. 对人们的行为进行调查，包括对被调查者本人行为进行了解或通过被调查者了解他人的行为；b. 对人们的行为后果进行调查；c. 对人们的态度、意见、感觉、偏好等进行调查。

⑤ 编码　是将问卷中的调查项目变成数字的工作过程，大多数市场调查问卷均需加以编码，以便分类整理，易于进行计算机处理和统计分析。所以，在问卷设计时，应确定每一个调查项目的编号和为相应的编码做准备。通常是在每一个调查项目的最左边按顺序编号。

如您的姓名；您的职业；……而在调查项目的最右边，根据每一调查项目允许选择的数目，在其下方划上相应的若干短线，以便编码时填上相应的数字代号。

⑥ 作业证明的记载　在调查表的最后，附上调查员的姓名、访问日期、时间等，以明确调查人员完成任务的性质。如有必要，还可写上被调查者的姓名、单位或家庭住址、电话等，以便于审核和进一步追踪调查。但对于一些涉及被调查者隐私的问卷，上述内容则不宜列入。

（二）问卷设计的原则与程序

1. 问卷设计的原则

（1）目的性原则　问卷调查是通过向被调查者询问问题来进行调查的，所以，询问的问题必须是与调查主题有密切关联的问题。这就要求在问卷设计时，重点突出，避免可有可无的问题，并把主题分解为更详细的细目，即把它分别做成具体的询问形式供被调查者回答。

（2）可接受性原则　调查表的设计要比较容易让被调查者接受。由于被调查者对是否参加调查有着绝对的自由，调查对他们来说是一种额外负担，他们既可以采取合作的态度，接受调查；也可以采取对抗行为，拒答。因此，请求合作就成为问卷设计中一个十分重要的问题。应在问卷说明词中，将调查目的明确告诉被调查者，让对方知道该项调查的意义和自身回答对整个调查结果的重要性。问卷说明要亲切、温和，提问部分要自然，有礼貌和有趣味，必要时可采用一些物质鼓励，并代被调查者保密，以消除其某种心理压力，使被调查者自愿参与，认真填好问卷。此外，还应使用适合被调查者身份、水平的用语，尽量避免列入一些令被调查者难堪或反感的问题。

(3) 顺序性原则　它是指在设计问卷时，要讲究问卷的排列顺序，使问卷条理清楚，顺理成章，以提高回答问题的效果。问卷中的问题一般可按下列顺序排列；容易回答的问答（如行为性问题）放在前面；较难回答的问题（如态度性问题）放在中间；敏感性问题（如动机性、涉及隐私等问题）放在后面；关于个人情况的事实性问题放在末尾。

(4) 简明性原则　简明性原则主要体现在三个方面。①调查内容要简明。没有价值或无关紧要的问题不要列入，同时要避免出现重复，力求以最少的项目设计必要的、完整的信息资料。②调查时间要简短，问题和整个问卷都不宜过长。设计问卷时，不能单纯从调查者角度出发，而要为回答者着想。调查内容过多，调查时间过长，都会招致被调查者的反感。通常调查的场合一般都在路上、店内或居民家中，应答者行色匆匆，或不愿让调查者在家中久留等，而有些问卷多达几十页，让被调查者望而生畏，一时勉强做答也只有草率应付。根据经验，一般问卷回答时间应控制在 30 分钟左右。③问卷设计的形式要简明易懂，易读。

(5) 匹配性原则　匹配性原则是指要使被调查者的回答便于进行检查、数据处理和分析。所提问题都应事先考虑到能对问题结果做适当分类和解释，使所得资料便于做交叉分析。

2. 问卷设计的程序

问卷设计是由一系列相关工作过程所构成的，为使问卷具有科学性和可行性，需要按照一定的程序进行。

(1) 准备阶段　根据调查问卷需要确定调查主题的范围和调查项目，将所需问卷资料一一列出，分析哪些是主要资料，哪些是次要资料，哪些是调查的必备资料，哪些是可要可不要的资料，并分析哪些资料需要通过问卷来取得，需要向谁调查等，对必要资料加以收集。同时要分析调查对象的各种特征，即分析了解各被调查对象的社会阶层、行为规范、社会环境等社会特征；文化程度、知识水平、理解能力等文化特征；需求动机、行为等心理特征，以此作为拟定问卷的基础。在此阶段，应充分征求有关各类人员的意见，以了解问卷中可能出现的问题，力求使问卷切合实际，能够充分满足各方面分析研究的需要。可以说，问卷设计的准备阶段是整个问卷设计的基础，是问卷调查能否成功的前提条件。

(2) 初步设计　在准备工作基础上，设计者就可以根据收集到的资料，按照设计原则设计问卷初稿。主要是确定问卷结构，拟定并编排问题，在初步设计中，首先要标明每项资料需要采用何种方式提问，并尽量详尽地列出各种问题，然后对问题进行检查、筛选、编排，设计每个项目。对提出的每个问题，都要充分考虑是否有必要，能否得到答案。同时，要考虑问卷是否需要编码，或需要向被调查者说明调查目的、要求、基本注意事项等。这些都是设计调查问卷时十分重要的工作，必须精心研究，反复推敲。

(3) 试答和修改　一般说来，所有设计出来的问卷都存在着一些问题，因此，需要将初步设计出来的问卷，在小范围内进行试验性调查，以便弄清问卷在初稿中存在的问题，了解被调查者是否乐意回答和能够回答所有的问题，哪些语句不清、多余或遗漏，问题的顺序是否符合逻辑，回答的时间是否过长等。如果发现问题，应做必要的修改，使问卷更加完善。试调查与正式调查的目的是不一样的，它并非要获得完整的问卷，而是要求回答者对问卷各方面提出意见，以便于修改。

(4) 付印　就是将最后定稿的问卷，按照调查工作的需要打印复制，制成正式问卷。

(三) 调查表问题的设计

问卷的语句由若干个问题所构成，问题是问卷的核心，在进行问卷设计时，必须对问题的类别和提问方法仔细考虑，否则会使整个问卷产生很大的偏差，导致市场调查的失败。因此，在设计问卷时；应对问题有较清楚的了解，并善于根据调查目的和具体情况选择适当的询问方式。

1. 问题的主要类型及询问方式

(1) 直接性问题、间接性问题和假设性问题

① 直接性问题是指在问卷中能够通过直接提问方式得到答案的问题。直接性问题通常给回答者一个明确的范围，所问的是个人基本情况或意见，比如，“您的年龄”“您的职业”“您最喜欢的洗发水是什么牌子的?”等，这些都可获得明确的答案。这种提问对统计分析比较方便，但遇到一些窘迫性问题时，采用这种提问方式，可能无法得到所需要的答案。

② 间接性问题是指那些不宜于直接回答，而采用间接地提问方式得到所需答案的问题。通常是指那些被调查者因对所需回答的问题产生顾虑，不敢或不愿真实地表达意见的问题。调查者不应为得到直接的结果而强迫被调查者，使他们感到不愉快或难堪。这时，如果采用间接回答方式，使被调查者认为很多意见已被其他调查者提出来了，他所要做的只不过是对这些意见加以评价罢了，这样，就能排除调查者和被调查者之间的某些障碍，使被调查者有可能对已得到的结论提出自己不带掩饰的意见。

例如，“您认为妇女的权力是否应该得到保障?”大多数人都会回答，“是”或“不是”。而实际情况则表明许多人对妇女权力有着不同的看法。如果改问：

“A：有人认为妇女权力应该得到保障的问题应该得到重视。”

“B：另一部分人认为妇女权力问题并不一定需要特别提出。”

您认为哪些看法更为正确?

对A种看法的意见：

①完全同意；②有保留的同意；③不同意。

对B种看法的意见：

①完全同意；②有保留的同意；③不同意。

采用这种提问方式会比直接提问方式收集到更多的信息。

③ 假设性问题是通过假设某一情景或现象存在而向被调查者提出的问题；例如：“有人认为目前的电视广告过多，您的看法如何?”“如果在购买汽车和住宅中您只能选择一种，您可能会选择何种?”这些语句都属于假设性提问。

(2) 开放性问题和封闭性问题

① 所谓开放性问题是指提出的问题并不列出所有可能的答案，而是由被调查者自由做答的问题。开放性问题一般提问比较简单，回答比较真实，但结果难以做定量分析，在对其做定量分析时，通常是将回答进行分类。

② 所谓封闭性问题是指已事先设计了各种可能的答案的问题，被调查者只要或只能从中选定一个或几个现成答案的提问方式。封闭性问题由于答案标准化，不仅回答方便，而且易于进行各种统计处理和分析。但缺点是回答者只能在规定的范围内被迫回答，无法反映其他各种有目的的、真实的想法。

2. 问卷的答案设计

在市场调查中，无论是何种类型的问题，都需要事先对问句答案进行设计。在设计答案时，可以根据具体情况采用不同的设计形式。

(1) 二项选择法　也称真伪法或二分法，是指提出的问题仅有两种答案可以选择。“是”或“否”，“有”或“无”等。这两种答案是对立的、排斥的，被调查者的回答非此即彼，不能有更多的选择。

例如，“您家里现在有吸尘器吗?”

答案只能是“有”或“无”。

又如，“您是否打算在近五年内购买住房?”

回答只有“是”或“否”。

这种方法的优点是：易于理解和可迅速得到明确的答案，便于统计处理，分析也比较容易。但回答者没有进一步阐明理由的机会，难以反映被调查者意见与程度的差别，了解的情况也不够深入。这种方法，适用于互相排斥的两项择一式问题，以及询问较为简单的事实性问题。

(2) 多项选择法　是指所提出的问题事先预备好两个以上的答案，回答者可任选其中的一项或几项。

例如，“您喜欢下列哪一个品牌的牙膏?”(在您认为合适的□内划√)

中　华□　　芳　草□　　洁银□

康齿灵□　　美加净□　　黑妹□

由于所设答案不一定能表达出填表人所有的看法，所以在问题的最后通常可设“其他”项目，以便使被调查者表达自己的看法。

这个方法的优点是比二项选择法的强制选择有所缓和，答案有一定的范围，也比较便于统计处理。

(3) 顺位法　是列出若干项目，由回答者按重要性决定先后顺序，顺位方法主要有两种：一种是对全部答案排序；另一种是只对其中的某些答案排序，究竟采用何种方法，应由调查者来决定。具体排列顺序，则由回答者根据自己所喜欢的事物和认识事物的程度等进行排序。

例如，“您选购空调的主要条件是(请将所给答案按重要顺序 1，2，3，…填写在□中)

价格便宜□　　外形美观□　　维修方便□

牌子有名□　　经久耐用□　　噪 声 低□

制冷效果□　　其　　他□

顺位法便于被调查者对其意见、动机、感觉等做衡量和比较性的表达，也便于对调查结果加以统计。但调查项目不宜过多，过多则容易分散，很难顺位，同时所询问的排列顺序也可能对被调查者产生某种暗示影响。

这种方法适用于对要求答案有先后顺序的问题。

(4) 回忆法　是指通过回忆，了解被调查者对不同商品质量、牌子等方面印象的强弱。例如：“请您举出最近在电视广告中出现的电冰箱品牌”，调查时可根据被调查者所回忆牌号的先后和快慢以及各种牌号被回忆出的频率进行分析研究。

(5) 比较法　是采用对比提问方式，要求被调查者作出肯定回答的方法。

例如，“请比较下列不同牌号的可乐饮料，哪种更好喝?”(在各项您认为好喝的牌子方格□中划√)

黄山□	天府□
天府□	百龄□
百龄□	奥林□
奥林□	可口□
可口□	百事□
百事□	黄山□

比较法适用于对质量和效用等问题作出评价。应用比较法要考虑被调查者对所要回答问题中的商品品牌等项目是否相当熟悉，否则将会导致空项发生。

（6）自由回答法　是指提问时可自由提出问题，回答者可以自由发表意见，并无已经拟定好的答案。例如，“您觉得软包装饮料有哪些优、缺点?”“您认为应该如何改进电视广告?”等。

这种方法的优点是涉及面广，灵活性大，回答者可充分发表意见，可为调查者收集到某种意料之外的资料，缩短问者和答者之间的距离，迅速营造一个调查气氛，缺点是由于回答者提供答案的想法和角度不同，因此在答案分类时往往会出现困难，资料较难整理，还可能因回答者表达能力的差异形成调查偏差。同时，由于时间关系或缺乏心理准备，被调查者往往放弃回答或答非所问，因此，此种问题不宜过多。这种方法适用于那些不能预期答案或不能限定答案范围的问题。

（7）过滤法　又称“漏斗法”，是指最初提出的是离调查主题较远的广泛性问题，再根据被调查者回答的情况，逐渐缩小提问范围，最后有目的地引向要调查的某个专题性问题。这种方法询问及回答比较自然、灵活，使被调查者能够在活跃的气氛中回答问题，从而增强双方的合作，获得回答者较为真实的想法。但要求调查人员善于把握对方心理，善于引导并有较高的询问技巧。此方法的不足是不易控制调查时间。这种方法适合于被调查者在回答问题时有所顾虑，或者一时不便于直接表达对某个问题的具体意见时所采用。例如，对那些涉及被调查者自尊或隐私等问题，如收入、文化程度、妇女年龄等，可采取这种提问方式。

3. 问卷设计应注意的几个问题

对问卷设计总的要求是：问卷中的问句表达要简明、生动，注意概念的准确性，避免提似是而非的问题，具体应注意以下几点。

（1）避免提一般性的问题　一般性问题对实际调查工作并无指导意义。

例如：“您对某百货商场的印象如何?”这样的问题过于笼统，很难达到预期效果，可具体提问：“您认为某百货商场商品品种是否齐全、营业时间是否恰当、服务态度怎样?”等。

（2）避免用不确切的词　例如“普通”“经常”“一些”等，以及一些形容词，如“美丽”等。这些词语，各人理解往往不同，在问卷设计中应避免或减少使用。例如：“你是否经常购买洗发液?”回答者不知经常是指一周、一个月还是一年，可以改问：“你上月共购买了几瓶洗发液?”

（3）避免使用含糊不清的句子　例如：“你最近是出门旅游，还是休息?”出门旅游也是休息的一种形式，它和休息并不存在选择关系，正确的问法是：“你最近是出门旅游，还是在家休息?”

（4）避免引导性提问　如果提出的问题不是“执中”的，而是暗示出调查者的观点和见解，力求使回答者跟着这种倾向回答，这种提问就是“引导性提问”。例如：“消费者普遍认为××牌子的冰箱好，你的印象如何?”引导性提问会导致两个不良后果：一是被调查者不加思考就同意所引导问题中暗示的结论；二是由于引导性提问大多是引用权威或大多数人的态度，被调查者考虑到这个结论既然已经是普遍的结论，就会产生心理上的顺向反应。此外，对于一些敏感性问题，在引导性提问下，不敢表达其他想法等。因此，这种提问是调查的大忌，常常会引出和事实相反的结论。

（5）避免提断定性的问题 例如："你一天抽多少支烟？"这种问题即为断定性问题，被调查者如果根本不抽烟，就会造成无法回答。正确的处理办法是此问题可加一条"过滤"性问题。即："你抽烟吗？"如果回答者回答"是"，可继续提问，否则就可终止提问。

（6）避免提令被调查者难堪的问题 如果有些问题非问不可，也不能只顾自己的需要、穷追不舍，应考虑回答者的自尊心。

例如："您是否离过婚？离过几次？谁的责任？"等。又如，直接询问女士年龄也是不太礼貌的，可列出年龄段：20 岁以下，20～30 岁，30～40 岁，40 岁以上，由被调查者挑选。

（7）问句要具体 一个问句最好只问一个要点，一个问句中如果包含过多询问内容，会使回答者无从答起，给统计处理也带来困难。例如："您为何不看电影而看电视？"这个问题包含了"您为何不看电影？""您为何要看电视？"和"什么原因使您改看电视？"等。防止出现此类问题的办法是分离语句中的提问部分，使得一个语句只问一个要点。

（8）要避免问题与答案不一致 所提问题与所设答案应做到一致，例如，"您经常看哪个栏目的电视？"

①经济生活；②电视红娘；③电视商场；④经常看；⑤偶尔看；⑥根本不看。

4. 参考调查表

消费者快递使用情况调查

为了了解居民对快递的消费情况，同时促使快递公司更好地为您服务，特进行此次调查，非常感谢您的配合。

1. 您是一位 A. 先生 B. 女士
2. 您的年龄 A. 20 岁以下 B. 20～30 岁 C. 30～40 岁 D. 40 岁以上
3. 您的学历 A. 高中及以下 B. 大专 C. 本科 D. 研究生及以上
4. 您的职务 A. 学生 B. 普通员工 C. 私营业主 D. 公司管理层
5. 您用过快递邮寄东西吗？ A. 经常 B. 一般 C. 偶尔 D. 从不
6. 您平时主要邮寄方式？ A. 中国邮政 B. 快递公司 C. 其他________
7. 您对快递公司是否信任？A. 信任 B. 一般 C. 不信任
8. 您使用快递时最关注？ A. 速度快 B. 价格合理 C. 信誉好 D. 服务好
9. 您对快递服务现状满意吗？ A. 满意 B. 一般 C. 不满意
10. 您对快递公司可能不满意的原因？
A. 投递延期 B. 被快递公司寄丢物品 C. 投递员服务态度恶劣 D. 其他
11. 您对国内快递行业的了解情况是 A. 很了解 B. 一般 C. 不了解
12. 您最希望快递公司改善哪些服务？

答：

四、技能训练

1. 一份完整的调查问卷表应该具备哪些基本结构？
2. 怎样才能设计一份合格、符合企业要求的市场调查问卷表？
3. 调查问卷表的问句设计有哪些形式？

工作任务三　选择物流服务市场调查方法

一、情景设置

近年来，湖北省快递业发展迅猛，快递市场竞争也是相当激烈。既有EMS这类国有企业、也有顺丰快递、申通快递这类民营企业，还有联邦快递这些外资企业。随着劳动力成本的上升以及国家对中西部大开发政策的实施，许多沿海地区的企业纷纷向西部转移。现有一家MM快递公司，准备抓住这个机会，进入武汉快递市场，为了研究快递市场状况及消费者满意度，现进行消费者快递使用情况调查。在前期的市场调查中，根据物流企业的调查目标，你觉得采取什么样的物流市场调查方法比较好？

二、技能训练目标

了解物流市场调研的各种方法，重点掌握访问询问法以及各种调查方法适用的条件。

三、相关理论知识

物流市场营销调研的方法有很多，为便于学习、归纳和应用，我们主要介绍以下几种。

1. 文案调查法

文案调查法又称间接调查方法，是指通过查阅、阅读、收集历史和现实的各种资料，并经过甄别、统计分析得到的调查者想要得到的各类资料的一种调查方法。即通过查询已经形成的，或经过一定整理加工的二手资料来获取信息的过程。因此，也被称为二手资料调研。与实地调查相比，文案调查有以下几个特点。

第一，文案调查是收集已经加工过的文案，而不是对原始资料的收集。

第二，文案调查以收集文献性信息为主，它具体表现为收集文献资料。在我国，目前仍主要以收集印刷型文献资料为主。当代印刷型文献资料又有许多新的特点，即数量急剧增加，分布十分广泛，内容重复交叉，质量良莠不齐等。

第三，文案调查所收集的资料包括动态和静态两个方面，尤其偏重于从动态角度收集各种反映调查对象变化的历史与现实资料。

2. 访问询问法

访问询问法又称询问调查法，就是调查人员采用访谈询问的方式向被调查者了解市场情况的一种方法，它是市场调查中最常用的、最基本的调查方法。几种主要的访问调查方法如下。

（1）面谈调查法　是调查者根据调查提纲直接访问被调查者，当面询问有关问题，既可以是个别面谈，主要通过口头询问；也可以是群体面谈，可通过座谈会等形式。举例：个别面谈——用于商品需求、购物习惯等。群体面谈——请一些专家就市场价格状况和未来市场走向进行分析和判断。

① 面谈调查法的优点：回答率高；可通过调查人员的解释和启发来帮助被调查者完成调查任务；可以根据被调查者性格特征、心理变化、对访问的态度及各种非语言信息，扩大或缩小调查范围，具有较强的灵活性；可对调查的环境和调查背景进行了解。

② 面谈调查法的缺点：人力物力耗费较大；要求调查人员的素质要高；对调查人员的管理较困难；此方法受到一些单位和家庭的拒绝，无法完成。

（2）电话调查法　是由调查人员通过电话向被调查者询问了解有关问题的一种调查方法。

① 电话调查法的优点：取得市场信息的速度较快；节省调查费用和时间；调查的覆盖面较广；可以访问到一些不易见到面的被调查者，如某些名人等。

② 电话调查法的缺点：被调查者只限于有电话的地区和个人；电话提问受到时间的限制；被调查者可能因不了解调查的详尽、确切的意图而无法回答或无法正确回答；对于某些专业性较强的问题无法获得所需的调查资料；无法针对被调查者的性格特点控制其情绪。

(3) 邮寄调查法　是将调查问卷邮寄给被调查者，由被调查者根据调查问卷的填写要求填写好后寄回的一种调查方法。

① 邮寄调查法的优点：可扩大调查区域；调查成本较低；被调查者有充分的答卷时间；可让被调查者以匿名的方式回答一些个人隐私问题；无需对调查人员进行培训和管理。

② 邮寄调查法的缺点：征询回收率较低；时间较长；无法判断被调查者的性格特征和其回答的可靠程度；要求被调查者应具有一定的文字理解能力和表达能力，对文化程度较低的人不适用。

(4) 留置问卷调查　是当面将调查表交给被调查者，说明调查意图和要求，由被调查者自行填写回答，再由调查者按约定日期收回的一种调查方法。

① 留置调查的优点：调查问卷回收率高、被调查者可以当面了解填写问卷的要求，澄清疑问，避免由于误解提问内容而产生的误差、填写问卷时间充裕，便于思考回忆、被调查者意见不受调查人员的影响。

② 留置调查的缺点：调查地域范围有限、调查费用较高、不利于对调查人员的管理监督。

3. 观察调查法

观察调查法是调查员凭借自己的感官和各种记录工具，深入调查现场，在被调查者未察觉的情况下，直接观察和记录被调查者行为，以收集市场信息的一种方法。观察调查法简称观察法。

(1) 观察调查法的特点　观察法不直接向被调查者提问，而是从旁观察被调查者的行动、反应和感受。其主要特点如下。

① 观察法所观察的内容是经过周密考虑的，不同于人们日常生活中的出门看看天气、到公园观赏风景等个人的兴趣行为，而是观察者根据某种需要，有目的、有计划地收集市场资料、研究市场问题的过程。

② 观察法要求对观察对象进行系统、全面的观察。在实地观察前，应根据调查目的对观察项目和观察方式设计出具体的方案，尽可能避免或减少观察误差，防止以偏概全，提高调查资料的可靠性。因此，观察法对观察人员有严格的要求。

③ 观察法要求观察人员在充分利用自己的感觉器官的同时，还要尽量运用科学的观察工具。人的感觉器官特别是眼睛，在实地观察中能获取大量的信息。而照相机、摄像机、望远镜、显微镜、探测器等观察工具，不仅能提高人的观察能力，还能将观察结果记载下来，增加了资料的翔实性。

④ 观察法的观察结果是当时正在发生的、处于自然状态下的市场现象。市场现象的自然状态是各种因素综合影响的结果，没有人为制造的假象。在这样的条件下取得的观察结果，可以客观真实地反映实际情况。

(2) 观察调查法的基本类型　观察法有直接观察和测量观察两种基本类型。

① 直接观察就是观察人员直接到商店、家庭、街道等处进行实地观察。一般是只看不问，不使被调查者感觉到是在接受调查。这样的调查比较自然，容易得到真实情况。这种方法可观察顾客选购商品时的表现，有助于研究购买者行为。

② 测量观察就是运用电子仪器或机械工具进行记录和测量，例如某广告公司想了解电视广告的效果，选择了一些家庭作调查样本，把一种特殊设计的“测录器”装在这些家庭的电视

机上，自动记录所收看的节目。经过一定时间，就了解到哪些节目收看的人最多，在以后的工作中根据调查结果合理安排电视广告的播出时间，收到很好的效果。

4. 实验调查法

实验调查法是指市场调研者有目的、有意识地改变一个或几个影响因素，来观察市场现象在这些因素影响下的变动情况，以认识市场现象的本质特征和发展规律。实验调查既是一种实践过程，又是一种认识过程，并将实践与认识统一为调查研究过程。企业的经营活动中经常运用这种方法，如开展一些小规模的包装实验、价格实验、广告实验、新产品销售实验等，来测验这些措施在市场上的反映，以实现对市场总体的推断。

5. 网络调查法

(1) 网络市场调研的含义　网络市场调研又称网上市场调研或联机市场调研，它指的是通过网络进行有系统、有计划、有组织地收集、调查、记录、整理、分析与产品、劳务有关的市场信息，客观地测定及评价现在市场及潜在市场，用以解决市场营销的有关问题，其调研结果可作为各项营销决策的依据。

(2) 网络调研与传统市场调研的比较　网络调研作为一种新兴的调研方法，与传统调研相比，有很强的优越性（见表 2-2)。

表 2-2　网络调研与传统市场调研的比较

项目	网上调查	传统调查
调研费用	较低，主要是设计费和数据处理费。每份问卷所要支付的费用几乎是零	昂贵，要支付包括：问卷设计，印刷，发放，回收，聘请和培训访问员，录入调查结果，有专业市场研究公司对问卷进行统计分析等多方面费用
调查范围	全国乃至全世界，样本数量庞大	受成本限制，调查地区和样本均有限制
运作速度	很快，只需搭建平台，数据库可自动生成，几天就可能得出有意义的结论	慢，至少需要 2 个月到 6 个月才能得出结论
调查的时效性	全天候进行	不同的被访问者对其可进行访问的时间不同
被访问者的便利性	非常便利，被访问者可自行决定时间地点回答问卷	不方便，要跨越空间障碍，到达访问地点
调查结果的可信性	相对真实可信	一般有督导对问卷进行审核，措施严格，可信性高
实用性	适合长期的大样本调查；适合要迅速得出结论的情况	适合面对面地深度访谈；食品类等需要对访问者进行感观测试

(3) 网络调查具体方法

① E-mail 问卷调研法

第一，主动问卷法。

步骤：建立被访者 E-mail 的地址信息库；选定调研目标；设计调查问卷；调查结果分析。

例如，美国消费者调查公司（American Opinion）是美国的一家网上市场调研公司。通过互联网在世界范围内征集会员，只要回答一些关于个人职业、家庭成员组成及收入等方面的个人背景资料问题即可成为会员。该公司每月都会寄出一些市场调查表给符合调研要求的会员，询问诸如“你最喜欢的食物是哪些口味，你最需要哪些家用电器”等问题，在调查表的下面注着完成调研后被调查者可以获得的酬金，根据问卷的长短以及难度的不同，酬金的范围在 4～25 美元，并且每月还会从会员中随即抽奖，至少奖励 50 美元。该公司会员注册十分积极，目前已有网上会员 50 多万人。

第二，被动问卷法。

被动问卷调研法一种是将问卷放置在网站上，等待访问者访问时主动填写问卷的一种调研方法。与主动问卷调研法的主动出击寻找被调查者相比，被动问卷调研法更像是守株待兔，此方法无需建立被访者 E-mail 地址信息库，在进行数据分析之前也无法选定调研目标，但它所涉及的被调查者范围要比主动问卷调研法广阔的多，几乎每个网民都可以成为被调查者。被动问卷调研法通常应用于类似于人口普查似的调研，特别是对网站自身建设的调研。

例如，中国互联网络自身发展状况调查 CNNIC（中国互联网络信息中心）每半年进行一次的“中国互联网络发展状况调查”采用的就是被动问卷调研法。在调查期间，为达到可以满足统计需要的问卷数量，CNNIC 一般与国内一些著名的 ISP（网络服务提供商）/ICP（网络媒体提供商）设置调查问卷的链接，如新浪、搜狐、网易等，进行适当的宣传以吸引大量的互联网浏览者进行问卷点击，感兴趣的人会自愿填写问卷并将问卷寄回。

② 网上焦点座谈法　是在同一时间随机选择 2～6 位被访问者，弹出邀请信，告知其可以进入一个特定的网络聊天室，相互讨论对某个事件、产品或服务等的看法和评价。

③ 使用 BBS 电子公告板进行网络市场调研　网络用户通过 TELNET 或 WEB 方式在电子公告栏发布消息，BBS 上的信息量少，但针对性较强，适合行业性强的企业。

四、技能训练

① 一家五金工具店店主想了解一下到他店里来购买东西的顾客对他的店印象如何。同时他还想了解顾客对他的竞争对手的店印象如何。他拨少量经费，要求在 3 周内得到结果。你将推荐哪一种调查方法？为什么？

② 某空调集团需要了解目标消费群对空调产品的功能与广告语的评价，以便为广告创意提供依据。你将推荐哪一种调查方法？为什么？

项目三 物流服务市场分析

【内容简介】

通过本项目学习，了解物流市场营销环境对市场营销活动的重要影响作用，了解物流宏观环境的主要构成，重点是要掌握物流客户分类的方法、物流客户购买的过程、物流竞争者应对方法应用分析、最后要学会评价物流市场机会与环境威胁的基本方法，分析物流企业面对物流市场营销环境变化所应采取的对策。

【教学目标】

1. 知识目标

(1) 了解物流市场分析定义

(2) 了解物流宏观环境组成

(3) 了解物流客户细分方法、购买过程

(4) 掌握物流竞争者分析方法

2. 技能目标

(1) 能清楚掌握物流客户市场分析基本方法

(2) 能分析物流宏观环境具备组成要素

(3) 能进行物流客户细分，以应对不同客户

(4) 能应对不同的物流竞争者

(5) 能采用正确方法面对物流环境变化

【案例导入】

适应环境变化，调整发展战略

运输业迈向综合物流是大势所趋。为了适应快速多变的环境，广州某货运有限公司适时做出战略调整，应对市场竞争。

① 充分运用信息技术作支撑，利用互联网进行信息发布，实现“信息服务全天候，客户查询零距离”，提高了服务质量和服务速度。

② 加强联盟与合作，公司与中国物流商务中心网进行合作，建立了先进的物流信息平台，与有着丰富物流运营经验的新加坡某物流商结成了商务合作伙伴，与有关高校、研究机构合作联手研发物流市场，策划物流方案，培训物流人才，联盟与合作提升了竞争力。

③ 以顾客为导向，建立了更具有物流服务特征的业务模式——“一站式”全程服务。

④ 从供应链管理角度，将货运业融入整个物流系统之中，实现一体化的营销管理，强化顾客价值最大化与企业价值最大化的统一。

公司正全力以赴，调整经营发展战略，实施从单一货运站场向物流服务商的转变。

【分析】

为什么说货运企业战略调整的方向是迈向物流业？

工作任务一　分析物流企业的环境

一、情景设置

近年来，湖北省快递业发展迅猛，快递市场竞争也是相当激烈。既有 EMS 这类国有企业、也有顺丰快递、申通快递这类民营企业，还有联邦快递这些外资企业。同时随着劳动力成本的上升以及国家对中西部大开发政策的实施，许多沿海地区的企业纷纷向西部转移。现有一家刚进入武汉快递市场的 MM 快递公司，准备抓住这个机会，制定本公司营销战略，请问该公司确定市场环境分析的内容有哪些？

二、技能训练目标

能够对物流企业的宏观环境、微观环境进行分析，判断物流市场的基本形势。

三、相关理论知识

物流营销市场是物流企业为实现其利润目标，通过采取整体物流营销行为，以提供物流产品和服务来满足具有这种需要和欲望的全部顾客。

(一) 物流营销市场的类型

对物流企业而言，营销市场可以按服务的地域分为国内市场与国外市场；按供需链上的顺序分为供应商市场、中间商市场和最终消费者市场；按运送的物品分为与生产资料有关的市场和与生活资料有关的市场等。

(二) 物流市场营销环境分析

在物流企业的营销活动中，环境因素的影响极为重要。环境的优劣、特点和变化必然会影响物流企业的营销方向、内容和发展，所以每个经营者必须认识环境、掌握环境的各种因素的发展和变化规律。

1. 物流市场营销环境的含义

环境是指事物的内部和外界的情况及条件。市场营销环境指一切影响、制约企业营销活动的最普遍的因素，包括政治、经济、法律、文化、自然、科技以及竞争者、营销中介等。那么，什么是物流市场营销环境呢？根据市场营销环境的含义，可将物流市场销环境解释为：对于物流企业的市场营销环境进行全面的分析，一般可以将它分为微观环境和宏观环境。

(1) 微观环境　是指直接影响物流企业在目标市场开展营销活动的因素，包括物流企业、供应商、营销中介、顾客、社会公众等。这些因素与物流企业紧密相连，直接影响物流企业为客户服务的质量和能力。

(2) 宏观环境　是指给物流企业造成市场机会和环境威胁的主要力量，包括政治法律环境、经济环境、社会文化环境、科技环境和自然环境等。它涉及面广，是企业面临的外界大环境。它的因素多为企业不能控制，常常给企业带来机遇和挑战。因而，物流企业的一切活动必须适应宏观环境的变化。

2. 影响物流市场营销的宏观环境

物流营销的宏观环境包括政治法律、经济、科技与自然、社会文化等。

(1) 政治法律环境　政治法律环境泛指一个国家的社会制度，如执政党的性质，政府的方针、政策，以及国家制定的有关法令、法规等。市场经济也是法制经济，国家对经济的干预主要通过法律手段和经济政策来进行。政治环境指企业市场营销的外部政治形势。在国内，安定团结的政治局面，不仅有利于经济发展和人民币收入的增加，而且影响群众的心理状况，导致市场需求的变化。党和政府的方针、政策，规定了国民经济的发展方向和速度，也直接关系到社会购买力的提高和市场消费需求的增长变化。对国际政治环境的分析，应了解“政治权力”与“政治冲突”对企业营销活动的影响。政治权力影响市场营销，往往表现为由政府机构通过采取某种措施约束外来企业，如进口限制、外汇控制、劳工限制、绿色壁垒等。政治冲突指国际上的重大事件与突发性事件，这类事件在和平与发展为主流的时代从未绝迹，对企业市场营销工作影响或大或小，有时带来机会，有时带来威胁。物流企业从事市场营销必须遵守法律、经济法规、国际惯例、行业惯例。因此，物流企业的市场营销人员必须注意国家的每一项政策、立法、国际规则及其变化对市场营销活动的影响。

① 国家经济体制和经济政策：国家经济体制是由所有制形式、管理体制和经济方式组成，是一个国家组织整个经济运行的模式，是该国基本经济制度的具体表现形式，也是一国宏观政策制定和调整的依据。

经济政策是根据政治经济形势及其变化的需要而制定的，直接或间接地影响着物流企业的营销活动。对物流企业来说，国家经济政策主要表现为产业政策、价格政策、能源政策、环保政策以及财政与货币政策等。如在《关于国民经济和社会发展第十个五年计划纲要的报告》中指出，要“积极引进新型业态和技术、推行连锁经营、物流配送代理制、多工联行，改造提升传统流通业、运输业和邮政服务业”，进一步确立了现代物流在国民经济运行中的重要地位和作用。2000 年 3 月，山东省经贸委下发了《关于开展优化企业物流管理工作意见》，体现了对物流企业的有力指导。

例如，1979 年，我国开始实行改革开放，放宽对家用电器等商品的进口。日本的“日立”“乐音”“声宝”等厂家客观地分析了我国当时政治、经济环境的变化，在日本本国电视机市场衰落的情形下，在与英、美、德等国的竞争中棋高一着，运用正确的以产品、价格、分销渠道和促销组合为基础的经营战略，抢先一步占领了我国的黑白电视机市场，大获成功。12 寸黑白电视机一度在我国市场唱“主角”，同时也给日本的物流企业带来了商机。

② 法律和法规：世界各国都颁布了相应的经济法律、法规来制约、维护调整物流企业的营销活动。如我国目前主要有《中华人民共和国合同法》《中华人民共和国专利法》《中华人民共和国商标法》《中华人民共和国广告法》《中华人民共和国反不正当竞争法》《中华人民共和国环境保护法》等，还有与物流企业直接相关的法律、法规，如《中华人民共和国水上安全监督行政处罚规定》《国内水路货物运输规则》《汽车货物运输规则》等。加入 WTO 后，我国物流企业还必须遵循相关的国际规则和行为惯例，如 ISO9000《国际标准化组织发布的系列质量管理保证国际标准》以及 ISM CODE《国际安全管理规则》等。对于物流企业来说，既要奉公守法，也要学会用法律保护自己的合法权益。

③ 政局和政治事件：包括政治稳定性、社会治安、政府衔接、政府机构作风等。如 1990 年海湾战争的爆发，使许多面向中东市场的物流企业经营受阻，亚洲一些国家和地区的旅游运输，在旅游旺季的收入损失达 30%以上。但是海湾战争大量的武器弹药消耗也为军火运输商带来了巨大的发财机会，美国的大军火商和军火运输商靠军火订单的增多发海湾战争的财；像其他与军事有关的企业，如供应军队食品的企业及运输企业也得到赚钱的良机。战争结束后，百废待兴又为美、英、法等国的企业和物流运输商提供了新的市场机会，立刻爆发了争夺海湾

新市场的“商战”，以获得更多的高额利润。

（2）经济环境　经济环境是对物流企业营销活动有直接影响的主要环境因素，主要包括宏观经济环境和微观经济环境两方面。

① 宏观经济环境：宏观经济环境通常是指一国的国内生产总值及其发展变化的情况，包括社会总供给、总需求的情况及变化趋势、产业机构、物价水平，就业以及国际经济等方面的环境内容。国民经济持续增长与繁荣肯定会给物流企业的生存和发展提供有利机会；反之，则困难重重。另外，世界经济和贸易的发展变化对物流企业，特别是从事国际经济活动的物流企业也会产生重大影响。一般来说，世界经济的高速增长会导致国际贸易的相应增长，从而使得物流频繁、物流市场繁荣；反之，就会使物流业出现萧条和不景气。如随着产业的全球化，生产地点与消费地点会分离，两者间的距离就会越来越远。为了将产品快速送达顾客手中，就出现了一种可以上下游物流活动的企业形态，称之为“全球化第三文物流服务提供者”。此类企业可以从生产端开始，整合全球相关的物流配送活动，进而将产品准时地送达顾客指定的任何地点。由此可见，全球化的世界经济促使了全球化的第三方物流服务提供者的兴起。而它的兴起，将会对全球化的经济的未来产生重大的影响。

② 微观经济环境：微观经济环境主要是指物流企业所在地区或所需服务地区的社会购买力、收支结构以及经济的迂回程度等所造成的物品流量与流向情况。这些因素直接决定着企业目前及未来的市场规模。例如，根据近 40 年的统计，一个国家人均国民生产总值达到 3000 美元时，电视机可以普及，其中彩色电视机占 30%左右；达 5000 美元时，机动车可以普及，其中轿车占 50%，其余为摩托车或其他类型机动车。又如，改革开放使我国的经济发展水平由低收入国家进入到了中低收入国家的行列，人们的消费结构和生活质量有了明显的改善。1978～2000年，城镇居民和农村居民的恩格尔系数分别由 57.5%和 67.7%下降到 39.2%和 49.1%，总体系数低于 50%，显示出小康生活的市场特点，消费结构已从温饱型农产品消费为主过渡到小康型工业品消费为主，并显示出消费层次日趋多样化、个性化，向比较富裕型的服务类消费迈进，这些都为物流服务形式的发展提出了新的要求。

（3）科技环境与自然环境

① 科技环境：随着科学技术和信息技术的发展，各种现代化的交通工具和高科技产品层出不穷，它们既为物流企业的高服务水平和质量提供了技术支持，也为物流企业进行市场营销活动的创新提供更先进的物质技术基础。如现代信息技术 Internet（因特网）、EDI（电子数据交换，涉及物流企业事务、商务、税务的电子化契约、支付和信用标准）、SCM（供应链管理）等的运用。在实际工作中，以电子技术、信息技术、网络技术为一体的电子商务平台，使仓库管理、装卸运输、采购、订货、配送、订单处理的自动化水平大大提高，从而包装、保管、运输、加工实现了一体化，结算、需求预测、物流系统设计咨询、物流教育与培训方面的服务能力有了提高。在海运方面，船舶的大型化、装卸机械的高速自动化、运输方式的集装箱化，前所未有地提高了远洋运输能力，使物流企业更全面、准确、高效、经济地向顾客提供综合物流服务。

② 自然环境：自然环境因素包括国家或地区的自然地理位置、气候、资源分布、海岸带及其资源开发利用等。其中，地理位置是制约物流企业营销活动的重要因素，像天然的深水港口往往会成为航运类物流企业必选的物流基地。如上海作为东部沿海的最大港口，地理位置优越，经济腹地广阔、交通发达、海路空联系便捷，再加上正在建设成为国际经济、金融、贸易以及航运中心，众多的国内外物流企业纷纷进驻上海，从事物流活动。气候条件及其变化也会

影响物流营销活动，很多物品季节性强，对气候的变化很敏感，这都会影响到物流企业的营销组合（运输工具、运输路线等）。所以，物流企业在从事市场营销活动时，必须注意自然环境的影响。

（4）社会文化环境 每个人都是在一个特定的社会环境中成长的，各有其不同的基本观念和信仰。社会文化环境就是指导由价值观念、生活方式、宗教信仰、职业与教育程度、相关群体、风俗习惯、社会道德风尚等因素构成的环境。这种环境不像其他营销环境那样显而易见和易于理解，但对消费者的市场需求和购买行为会产生强烈而持续的影响，进而影响到企业的市场营销活动。

社会文化环境所蕴含的这些因素在不同的地区、不同的社会是有所不同的，具体反映在以下几个方面。

① 风俗习惯 世界范围内不同国家或国家内的不同民族在居住、饮食、服饰、礼仪、婚丧等物质化生活方面各有特点，形成风俗习惯的差别。

② 宗教信仰 宗教是影响人们消费行为的重要因素之一，不同的宗教在思想观念和生活方式、宗教活动、禁忌等方面各有其特殊的传统，这将直接影响其消费习惯和消费需求。

③ 价值观念 价值观念是指人们对于事物的评价标准和崇尚风气，其涉及面较广，对企业营销影响深刻。它可以反映在不同的方面，如阶层观念、财富观念、创新观念、时间观念等，这些观念方面的差异无疑造成了企业不同的营销环境。

④ 教育程度和职业 世界各国在教育程度和职业上的差异，也会导致消费者在生活方式、消费行为与消费需求上的差异。

除此之外，社会文化环境还包含了语言、社会结构、社会风尚等多方的因素。值得指出的是，社会文化环境虽具有强烈独特的民族性、区域性，是民族历史文化的延续和发展，但也不可否认，随着经济生活的国际化、世界文化交流和不同民族、地区文化的相互渗透，企业所面临的社会文化环境也在不断发生变化，企业应善于及时把握时机，制定相应的营销决策。

3. 影响物流市场营销的微观环境

物流市场营销的微观环境包括：物流企业内部环境、供应者、营销中介、顾客、竞争者和社会公众等。

（1）物流企业内部环境 物流企业置身于市场营销之中，其自身条件也是构成微观环境的一个因素。这些自身条件包括人才资源、信息技术、运输设备、资金能力、储备条件、集装箱、托盘等。这些条件对物流企业的生产经营、提供产品和服务有着直接影响。如宝洁公司有一项信息技术，是在产品包装物上贴上小芯片，当顾客拿起某产品如牙膏，一条信息就会传递到存储货架；如果顾客放回牙膏，信息同样会记录下来，货架传送给计算机每次交易信息，同时跟踪到顾客拿取产品的次数，之后将数据传送给宝洁公司，这样宝洁公司根据从货架上拿走的产品，就可以调整生产和分销计划，既能及时满足顾客需要，又能减少库存、加速资金周转。另外，物流企业还要考虑与企业其他部门的协调，如与最高领导层、财务部门、供应部门、仓储部门、研发部门、维修部门等的协调，使营销活动得到内部高层和相应部门的大力支持。

企业内部环境的分析，其目的是提示物流企业的优势和弱点，判断其是否拥有及捕捉营销机会的竞争能力。

（2）供应者 供应商是向企业及散会竞争者提供生产经营所需资源的企业或个人，包括提供原材料、零配件、设备、能源、劳务及其他用品等。供应商对企业营销业务有实质性的影响，其所供应的原材料数量和质量将直接影响产品的数量和质量；所提供的资源价格会直接影响产品成本、价格和利润。在物资供应紧张时，供应商更起着决定性的作用。如企业开发新产品，若无开发新产品所需要的原材料或设备的及时供应，就不可能成功；有些比较特殊的原材料和生产设备，还需供应商为其单独研制和生产。企业对供应商的影响力要有足够的认识，尽可能与其保持良好的关系，开拓更多的供货渠道，甚至采取逆向发展战略，兼并或收购供应者企业。为保持与供应商的良好合作关系，企业必须和供货人保持密切联系，及时了解供货商的变化与动态，使货源供应在时间上和连续性上能得到切实保证；除了保证商品本身的内在质量外，还要有售前和售后服务；对主要原材料和零部件的价格水平及变化趋势，要做到心中有数，应变自如。根据不同供应商所供货物在营销活动中的重要性，企业对为数较多的供货人可进行等级归类，以便合理协调，抓住重点兼顾一般。美国快餐麦当劳的成功就是很好的例子。麦当劳拥有一套久经考验的运转机制，其鸡、牛、生菜的养（种）殖，鸡（牛、猪、鱼）肉饼的加工，以及餐厅桌椅、厨房设备、专用招牌等分别有固定的供应商，有的已经合作了 40 多年，麦当劳连锁店开到哪里，这些供应商就把厂建到哪里。中国的麦当劳连锁店，薯条的供应商是美国的辛普劳，早在 1993 年就在北京建立了合资公司。1982 年辛普劳就与麦当劳共同调查中国哪些土豆品种适应加工，并引进选定的美国品种“夏波蒂”试种，同时引进美国先进的种植技术，标准统一到包括施肥、灌溉、行距、株距及试管育苗等。生菜的供应商美国的可诺奈公司，1995 年在北京建立了生产厂，并与昆明合资生产符合要求的生菜。麦当劳专用面包是美国怡斯宝特在北京和上海的公司提供。广州味可美食品公司由麦当劳美国供应商独家投资，专门为中国麦当劳提供西式调味料、酱料和雪糕原料等。由于这些供应商的精诚合作，麦当劳在 116 个国家和地区开设了 25000 家连锁店。

可见，物流企业应加强与供应商的互惠互利，通过彼此的信任，降低物流企业的营销成本，实现营销目标。

(3) 营销中介　物流企业营销中介是指协助物流企业从供应地送到接收地的活动过程中的中介机构，包括各类中间商和营销服务机构。对于物流企业，其中间商就是众多的货运代理机构。营销服务机构主要包括营销研究机构、广告代理商、CI 设计公司、媒体机构等。这些营销中介机构凭借自己的各种关系、经验、专业知识和活动规模，在为物流企业提供资源，拓宽营销渠道，提供高层调研、咨询、广告宣传、塑造企业形象等方面发挥着重要作用。

(4) 顾客　顾客又称为客户，是物流企业服务的对象，是物流企业一切营销活动的出发点和最终归宿。随着国际物流的发展，物流企业的顾客范围扩大，不但包括国内顾客，而且还有国外顾客。顾客的需求是不断变化的，这就要求物流企业要以顾客为中心，根据顾客所在的地理位置、风俗习惯、价值观念等特征，安排企业的营销活动，为顾客提供优质、高效、便捷及满意的物流营销服务。如宝洁公司针对顾客低成本、快捷的需求，实行了持续补给计划，即把顾客分销中心商店的订单通过电子数据交换转来，再加上公司现有的库存和已收到的订单，以电子直通传递需求的方式至公司的各顾客总部所在地，使公司确立最佳的再订货数量。然后迅速把订单下达到各加工点生产，并指定专门的承运商把生产完的货品及时补充到各顾客分销中心。这样宝洁公司库存转率由 19％增至 60％，库存占有流动资金大大减少，产品供给率增幅超过 4％、退货率和拒收率降低了 60％、货损率降低了 20％～40％。

(5) 竞争者　竞争者一般是指那些与本企业提供的产品或服务类似，并且有着相似的目标顾客和相似价格的企业。物流企业的竞争者包括现有的物流企业、提供同类产品及服务的所有企业及潜在的进入者。物流企业的竞争者主要有 3 种。①品牌竞争者，它们与物流企业提供的服务相同。②行业竞争者，如从事航运的所有公司。③形式竞争者，如航运物流企业，会把所有从事运输服务的企业归入形式竞争者。对竞争者的分析，目的是扬长避短，争取物流企业的竞争优势。如美国的沃尔玛公司是全世界零售业销售收入位居第一的巨头企业，在物流配送中为了取得优势，首先对竞争对手进行了认真分析，发现竞争对手中凯玛特的配送平均5天一次、塔吉特平均每3～4天一次，于是沃尔玛决定平均只要两天就可以到货。如果急需，第二天就可以到货，这使得沃尔玛的零售店总能保持货架充盈，运输成本也总是低于竞争对手。

(6) 社会公众　一个物流企业在开展营销活动时，不仅要考虑竞争对手与之争夺的目标市场，而且要考虑到其营销方式是否能得到社会公众的欢迎。所谓社会公众是指对物流企业完成其营销目标的能力有着实际或潜在影响力的群体，包括金融公众、媒介公众、政府公众、企业内部公众等。这些公众会对物流企业的命运产生巨大影响，所以许多物流企业都建立了公共关系部门，负责收集与企业有关的公众的意见和态度、发布消息、沟通信息以建立物流企业的信誉，提高物流企业的知名度和美誉度，顺利实现物流企业的营销目标。

(三) 物流营销环境分析与物流企业的对策

物流企业市场营销环境是不断变化的，给物流企业带来的可能是市场营销机会，也可能是生存的威胁。物流企业市场营销者的主要任务，就是要从市场营销环境中找出哪些是物流企业的市场营销机会，哪些是物流企业的环境威胁，从而采取有效的相应对策，实现物流企业的营销目标。

1. 市场机会和环境威胁

市场机会就是市场上未满足的需求。西方企业界有一句名言是“哪里有未满足的需要，哪里就有做生意的机会”。作为物流企业市场营销人员对市场进行调研分析后，就会发现很多的市场机会，但不一定是物流企业的市场营销机会。例如，随着生活节奏的加快，人们对各种菜肴的半成品需求增大，但它只是一个市场机会，不一定是物流企业的市场营销机会。面对环境威胁，物流企业应及时采取果断的市场营销行动，并按其严重性和出现可能性进行分类，为那些严重性大、而且可能性大的环境威胁制定应变计划，从而避免遭受损失。

2. 物流企业面对机会和威胁的对策

物流企业面对的客观环境，纯粹的威胁环境和市场营销机会是少有的。通常情况下，营销环境都是机会与威胁并存，利益与风险结合在一起的综合环境。根据威胁水平和机会水平的不同，物流企业的管理者应认真研究，针对不同环境采取不同的策略。

(1) 理想环境的对策　理想环境是威胁水平低、机会水平大的环境。物流企业如果面对的是这种环境，利益大于风险，是难得的好环境。这时物流企业必须抓住机遇、大胆经营、创造营销最佳成绩，切勿失去良机。

(2) 成熟环境的对策　成熟环境是威胁水平低、机会水平小的环境。这种环境对于物流企业是较平稳的环境。物流企业应从两方面着手：①按常规经营，规范管理，维持正常运转，取得平均利润；②物流企业要积蓄力量，为进入理想环境或冒险环境做准备。

(3) 冒险环境的对策　冒险环境是威胁水平高、机会水平大的环境。物流企业如果面对的是这种环境，机会与威胁并存，高利益伴随着高风险。物流企业的决策者必须认真调查研究，在全面分析的同时，充分利用专家的优势，力争获得利益，把风险降到最低。

(4) 困难环境的对策　困难环境是威胁水平高、机会水平小的环境。面对这种机会小于风险是环境，物流企业的处境非常困难。物流企业采取的对策是极力扭转这种局面；或者果断决策，从这种环境中退出，另谋发展。

3. SWOT 分析法

物流企业战略性营销分析中，流行一种简便易行的 SWOT 分析法。SWOT 分析法（自我诊断方法）是一种能够较客观而准确地分析和研究一个单位现实情况的方法。利用这种方法可以从中找出对自己有利的、值得发扬的因素，以及对自己不利的、如何去避开的东西，发现存在的问题，找出解决办法，并明确以后的发展方向。根据这个分析，可以将问题按轻重缓急分类，明确哪些是目前急需解决的问题，哪些是可以稍微拖后一点儿的事情，哪些属于战略目标上的障碍，哪些属于战术上的问题。它很有针对性，有利于领导者和管理者在单位的发展上做出较正确的决策和规划。“S”指企业内部的能力（strengths），“W”指企业的薄弱点（weaknesses），“O”表示来自企业外部的机会（opportunities），“T”表示企业面临外部的威胁（threats）。一般说来，分析企业的内外部状况通常是从这几个方面入手的。当前在运用 SWOT 分析法研究企业的战略性营销规划的发展时，就要强调寻找四个方面中的与企业战略性营销密切相关的主要因素，而不是把所有关于企业能力、薄弱点、外部机会与威胁逐项列出和汇集。

运用 SWOT 分析法，不仅可以分析本企业的实力与弱点，还可以用来分析主要竞争对手。通过企业与竞争对手在人力、物力、财力以及管理能力等方面的比较，作出企业的实力-弱点的对照表，结合机会-威胁的分析，最后确定企业的战略。

4. 物流企业进行 SWOT 分析法的具体案例

运用 SWOT 分析法，制定企业成长战略

爱世达公司是一家从事交通物资贸易和仓储的中型国有企业。目前的环境变迁迫使该公司需要进行战略调整，制定出能适应环境变化的成长战略。而制定战略的基础与出发点，是对环境变迁所带来的机遇与威胁能有充分地把握，能认清自身的能力与资源优势，从而趋利避害，使企业能顺利成长。经过分析，该公司所面对的机会、威胁、优势、劣势主要表现在以下方面。

(1) 公司面临的主要机会

① 广东经济增长快，市场容量大，需求较旺，为各类企业的生存和发展提供了较好的空间和舞台。公司可充分利用该区域巨大的商流、物流、资金流、信息流，开展经营活动。

② 广东每年投资在公路建设中的资金为 150 亿～200 亿元人民币，对各种交通建设物资材料需求的数量也大，它为公司就近争取到新的客户群提供了机会。

③ 广东企业正大力挖掘第三利润源泉，物流业正迅速发展，生产企业物流外包明显，这为公司大力发展仓储服务，进入第三方物流行业提供了难得的机遇。

④ 广州的危险品储运业务正在进行清理整顿，尤其是吉山危险品仓库的清理，这将使相当多的危险品储运业务转向其他储运业经营单位，而公司的仓库正好可提供危险品储运业务。

(2) 公司面临的主要威胁

① 科技进步带来的商业模式变化，要求公司在商业流程中再定位。电子技术、信息技术的发展使生产供应商可通过互联网直接与顾客打交道，贸易业务面临着被生产者与消费者跳过去（越过中间商）的危机。

② 广东市场经济相对成熟，市场竞争越来越激烈。一些大的企业集团逐步形成，实力得到加强，再加上一些大的跨国公司纷纷进入广东市场，使得企业之间的竞争越来越激烈和复杂，公司面临更大的竞争压力。

③ 金融信贷体制改革使经营困难的企业融资难。现在银行发放贷款更加审慎，贷款时除了有资产抵押外，还需考察企业的经营状况和信誉，这对效益不甚理想的公司来说是一种威胁。

④ 买方市场的形成，用户讨价还价能力加强，迫使作为供给方的公司处于不利的地位。

(3) 公司的主要优势

① 公司作为一家从事以交通物资供销、仓储经营活动为主的国有交通物资企业，经营信誉好，具有一定知名度。

② 公司具有较强的基础设施，拥有较多的固定资产以及场地、专用线。近10万平方米的仓库及相应的配套设施，专用公路和铁路线连接外部，为公司开展仓储运输，从事物流服务提供了极为便利的条件。

③ 公司拥有一批具有物资专业知识和实践经验的高、中级经济师和其他专业人才。

④ 公司仓库靠近黄埔港，专用公路和铁路线直通码头，交通非常方便，特别适应从事货物的停放和中转。

⑤ 公司在危险品、化工品储运方面竞争力强。

(4) 公司的主要劣势

① 公司战略经营方向不明。到目前为止，公司还没有一个经过精心设计的经营战略作为企业成长的蓝图，经营业务显得杂乱，投资失误较多，削弱了公司的发展能力和竞争力。

② 公司历史包袱重，债权债务较大，负债过高，资金紧张，人员结构不合理，冗员过多。

③ 公司不良资产较多，经营效益低，发展后劲不足。

④ 机制不活，职工积极性不高。

四、技能训练

中储物流市场营销环境分析技能练习

中储经过多年的实践，已建立自己独有的客户群，提出从传统储运业向现代物流企业转变的发展思路，经过市场调研获得一些环境因素信息。请大家通过SWOT分析找出企业的优势、劣势、潜在机会及威胁，确定企业的业务类型，为企业制定营销战略提供依据。环境因素信息如下。

仓储面积居全国同类企业之首，规划收益明显；经营网络优势，中储所属64个仓库分布在全国各大经济圈中心和港口；技术手段落后，信息网络不健全；社会上大的企业集团，诸如中远、中海等积极开展现代物流业务；社会上现代物流理念盛行，要求加快向现代物流企业转变；客户群大，拥有比较固定的客户网；物流设施设备陈旧，营运车辆少；机械化作业程度高，中储库房、货场都有龙门吊和行车覆盖；各类企业对个性化服务比较重视，要求提高服务档次；服务意识差，人员素质低；拥有便利的铁路专用线，全国各物流中心共有铁路专用线129条，总长达144公里；服务功能单一，多提供仓储等单一物流服务；国外大型物流企业涌入国内，加剧本来就已严峻的市场竞争。

工作任务二　分析物流企业的客户

一、情景设置

近年来，湖北省快递业发展迅猛，快递市场竞争也是相当激烈。既有EMS这类国有企业、也有顺丰快递、申通快递这类民营企业，还有联邦快递这些外资企业。同时随着劳动力成本的上升以及国家对中西部大开发政策的实施，许多沿海地区的企业纷纷向西部转移。现有一家刚进入武汉快递市场的MM快递公司，准备抓住这个机会，抢占武汉市场。为了更好地合理利用企业有限资源，服务和管理物流客户，为物流营销策略的制定奠定良好基础，需要对现有快递市场客户进行细分。现在请你根据该公司具体发展情况，为该公司拟订物流客户细分标准，并对细分客户购买过程进行分析。

二、技能训练目标

能够根据物流企业的战略目标、企业的状况、目标客户的特点来确定物流客户细分的内容。

三、相关理论知识

物流企业的盈利和发展取决于客户的价值水平、客户满意度和客户忠诚度等因素。如何吸引、占有、锁定有价值的客户，如何赢得进而提高有价值客户的满意度、忠诚度，这成为企业生存和发展的问题，也是客户关系管理能否成功的关键。为此，有必要进行客户细分。

（一）物流客户细分

客户细分，又称市场细分，是指营销者通过市场调研，依据消费者的需求和欲望、购买行为和购买习惯、客户生命周期和客户价值等方面的差异，把某一产品的市场整体划分为若干个消费群，以提供有针对性地产品服务和营销模式的市场分类过程。每一个消费者群就是一个细分市场，每个细分市场都是具有类似需求倾向，或者客户生命周期、客户价值相近的消费者构成的群体。

1. 客户细分的意义

准确的客户细分是企业有效实施客户关系管理的基础，企业客户细分的目的在于更精确地回答谁是我们的客户，客户到底有哪些实际需要，企业应该去吸引哪些客户，应该重点保持哪些客户，应该如何迎合重点客户的需求等重要问题，客户细分的目的和作用具体表现在以下几个方面。

（1）帮助企业找准市场机会　如果不对客户进行细分研究，市场始终是一个混沌体，因为任何消费者都是集多种特征于一身的，而整个市场是所有消费者的总和，呈现高度复杂性。客户细分可以把市场丰富的内部结构一层层地抽象出来，发现其中的规律，使企业可以深入、全面地把握各类市场需求的特征。

另外，市场需求是已经出现在市场尚未得到满足的购买力，在这些需求中有相当一部分是潜在需求，一般不易发现。企业运用客户细分的手段往往可以了解消费者存在的需求和满足程度，从而寻找、发现市场机会。客户细分可以帮助企业发现客户潜在需求和发展新产品及开拓市场。

（2）确定目标市场有针对性地开展营销活动　当企业通过客户细分确定自己所需要满足的目标市场，找到了自己的资源条件和客观需求的最佳结合点，就可以集中企业的人力、物力、财力，有针对性地采取不同的营销策略，取得投入少、产出多的良好经济效益。

客户细分的目的是为了对客户进行差异化分析，从而采取差异化的服务或营销活动，在“一对一营销”的基础上，提高客户满意度，获得并保持客户，最终获得客户的终生价值，在维持长期的客户关系中获得更大的利润。同时，企业通过比较和分析不同细分市场中竞争者的营销策略，选择那些需求尚未满足或满足程度不够，而竞争对手无力占领或不屑占领的细分市场作为自己的目标市场，结合自身条件制定出最佳的市场营销策略。

（3）帮助企业集中有限的资源于最有价值的客户群　在一般情况，一个企业不可能满足所有的消费者的需求，尤其在竞争激烈的市场中，企业更应集中力量，有效地选择市场，取得竞争优势。企业的资源和能力都是有限的，如何对不同的客户进行有效资源的优化应是每个企业需要考虑的问题。所以在发展客户时非常有必要对客户进行统计、分析、细分。只有这样，企业才能根据客户的不同特点进行有针对性的营销，赢得、扩大和保持高价值的客户群，培养潜力较大的客户群。

从客户价值的方面来看，不同的客户能够为企业提供的价值也不同，因此，企业不应该简单地追求客户数量，而应该追求客户的质量，要知道哪些客户是企业最有价值的客户？那些是企业的忠诚客户？哪些是企业的潜在客户？哪些客户的成长性最好？哪些客户最容易流失？企业就必须对自己的客户进行细分。

（4）帮助企业对未来的盈利进行量化分析　对于企业来说，为某个特定客户群服务需要投入多少资源，究竟能为其提供多少服务，企业又能从中取得多少收益等，这些信息对企业来说其实很重要的。客户细分使企业所拥有的高价值的客户资源显性优化，并能够就相应的客户关系对企业未来盈利影响进行量化分析，为企业决策提供依据。

2. **客户细分方法**

（1）从客户盈利能力的角度进行分类　客户盈利能力可以对目前状况和未来状况进行分析。在分析目前状况时，横坐标是盈利能力，纵坐标是服务成本，根据这两个方面可以把客户分为四种类型［见图 3-1(a)］：目前盈利高、服务成本低的客户是最具获利性的客户；目前盈利高、服务成本高，以及目前盈利低、服务成本低的客户是具有获利性的客户。而目前盈利低、服务成本高的客户是最不具获利性的客户。根据所分的这几种类型企业可以采取不同的客户策略。在分析用户目前状况的基础上，客户未来的状况也是企业区别对待客户需要考虑的重要因素。

根据目前盈利情况和未来盈利情况可以把客户分为四种类型［见图 3-1(b)］：目前盈利高、未来盈利也高的客户为最具获利性的客户，是企业的重点客户也是企业重点维护的对象；而目前盈利低、未来盈利高和目前盈利高、未来盈利低的客户都是具有获利性的客户，这些客户也为企业创造了价值是企业需要保持的客户。而目前盈利低、未来盈利低的客户是最不具获利性的客户，对于这一类客户企业不必投入太大的精力。

	目前的盈利能力高	目前的盈利能力低
服务成本低	最具获利性的客户	具获利性的客户
服务成本高	具获利性的客户	最不具获利性的客户

(a) 目前的状况

	目前的盈利能力高	目前的盈利能力低
未来盈利能力高	最具获利性的客户	具获利性的客户
未来盈利能力低	具获利性的客户	最不具获利性的客户

(b) 未来的状况

图 3-1　客户盈利能力分析

（2）根据客户对企业的价值进行分类　在客户关系管理中，企业常常按照客户的重要性进行划分。如采用 ABC 分类法进行划分，可把客户分成贵宾型客户、重要型客户和普通型客户三种，见表 3-1。

表 3-1　ABC 分类法对客户进行划分

客户类型	客户名称	客户数量比例	客户为企业创造的利润比例
A	贵宾型	5%	50%
B	重要型	15%	30%
C	普通型	80%	20%

以上划分，较好地体现了营销学中的“80/20”法则，即 20%的客户为企业创造 80%的价

值。当然在80％的普通型客户中，还可以进行进一步划分。有人认为，其中有30％的客户是不能为企业创造利润的，但同样消耗着企业许多资源。因此，有人建议把“80/20”法则改为“80/20/30”法则，即在80％的普通客户中找出其中30％不能为企业创造价值的客户，采用相应的措施，使其要么向重要型客户转变，要么中止与企业的交易。如有的物流企业对交易量很小的散客，采取提高手续费的形式促使其到其他企业办理业务。

(3) 根据客户购买行为分类　根据客户购买的频率和每次购买的金额可以分为以下四类客户，如图3-2所示。

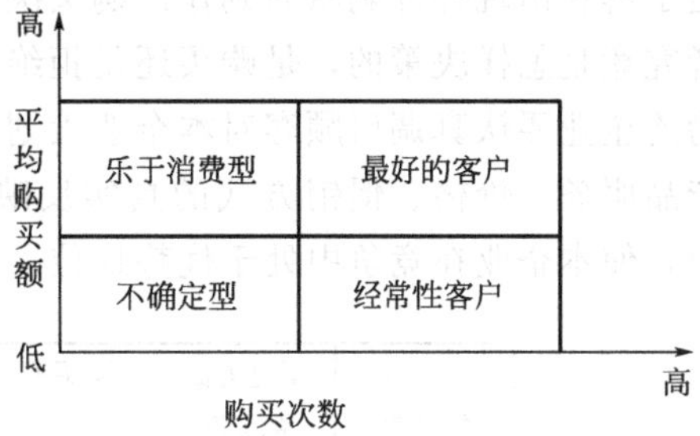

图 3-2　客户行为矩阵模型

平均购买额高、同时购买次数低的客户为乐于消费型客户；购买次数低、同时购买额低的为不确定型客户；购买额高、同时购买次数也高的为最好的客户；购买次数高，但购买额低的为经常性客户。

对于最好的客户，企业要保持他们，他们是企业利润的基础；对于乐于消费型客户、经常性客户，他们是企业发展壮大的保证，企业应该想办法提高乐于消费型客户的购买频率，通过交叉销售和增量购买，提高经常性客户的平均购买额；对于不确定型客户企业需要慎重识别客户的差别，找出有价值的客户，使其向另外三类客户转化，而对于无价值客户不必投入资源进行维护。

依据客户行为进行客户细分能够从客户行为上反映不同类客户在购买频率、购买量、最近购买日期的不同。但是它难以反映客户在认知维度上的认知状态，如客户的满意度、忠诚度等，公司还得结合客户的认知状态全面评估客户。

(二) 影响物流企业客户购买因素

物流行业消费者心理，行为，购买分析都会对物流企业客户购买过程产生影响。具体来说，作为物流服务购买者的客户通常会考虑以下几个因素。

① 要考虑价格，因为如果企业运输、仓储量大，运的越多，存储的越多，所花的成本就越多，而企业是追求利润的组织，会尽可能地降低物流成本。

② 要考虑时间问题，因为现在企业竞争激烈，时间就是金钱，所以及时、快捷的运输是非常重要的。

③ 运输质量，自己产品能够完好无损地运到目的地，就是要的最终结果，这是非常重要的因素之一。

④ 售后及个性化服务，一方面，如果物流过程中发生意外情况，物流企业怎么进行处理；另一方面，物流企业又会提供哪些增值服务，如代收汇款、包装、加工、配送、供应链管理等。

⑤ 物流信息化建设，物流客户要能够及时知道所存储、运输的货物具体情况，货物运输到哪里了，如果发生其他情况，物流企业可以及时解决。

⑥ 这个物流企业在行业口碑怎么样，有哪些企业曾经做过它的客户，有怎样的服务态度，这个企业规模如何，自己规模如何，是否能适应自己企业的发展。

以上只是一个物流客户在选择物流企业时考虑的基本问题，在实际情况中，还要受到其他许多因素的影响。

(三) 物流客户购买过程

1. 客户的购买行为模式

物流客户的购买行为是在购买动机的支配下产生的，这一过程实际是一个“刺激-反应”

过程，即物流客户由于受到各种刺激，就会产生购买动机，最终的反应是发生购买行为，这一模式如图 3-3 所示。

从上述模式看出，对顾客的外部刺激有营销刺激（产品、价格、渠道、促销）和环境刺激（经济、技术、政治、文化等）。这些刺激进入购买者黑箱，即物流消费者的意识后，经过一系列的心理活动，由消费者的心理特征和决策过程导致了购买决策。物流市场营销人员的任务就是了解在出现外部刺激后到作出购买决策机构前的物流消费者的意识中所发生的情况，即消费者究竟是怎样决策的，是购买还是拒绝购买。可见运用这一模式分析顾客购买行为的关键在于物流企业要认真调研顾客对本企业策划的营销策略和手段的反应，了解各种顾客对不同形式的产品服务、价格、促销方式的真实反映，恰当运用“物流市场营销刺激”诱发顾客的购买行为，使本企业在竞争中处于优势地位。

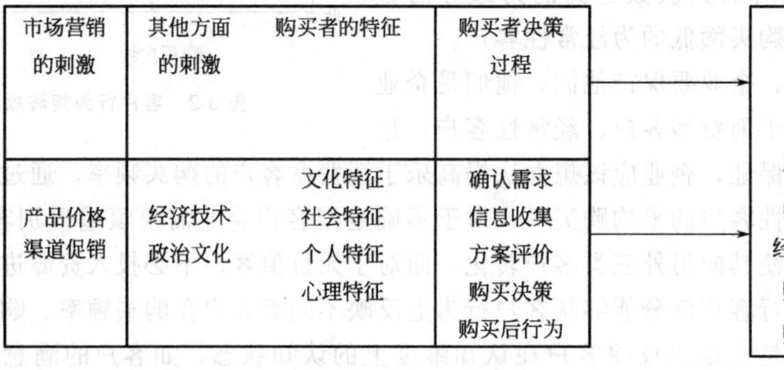

图 3-3　客户的购买行为模式

2. 物流客户的购买决策过程

物流客户的购买行为过程，就是其购买决策过程，通常分为 5 个阶段：认知需求——收集信息——评价选择——购买决策——购后感受。

① 认知需求：是顾客购买决策过程的起点，同时又是购买行为过程的核心。对物流需求来说，物流客户要了解物品的种类、运输距离、时效性、安全性、运输装卸与存储包装、运输成本等。

② 收集信息：物流客户要收集的信息包括运输路线、运输方式、运输工具、班次频率、运费、员工素质、信息处理能力、安全性、时间占用、技术装备水平等。

③ 评价选择：是物流客户对收集的信息整理分析的过程，一般情况下会面临多种选择方案。例如，选择哪种运输方式，是铁路、水路、公路还是空运；选择哪个物流企业等。物流客户必须依据所获得的信息和自身特点作出评价，然后作出最后的选择。

④ 购买决策：物流客户根据评价的结果，选定自己认为最佳的物流公司，让物流公司承担自己的外包物流活动。

⑤ 购后感受：选择物流服务后，物流客户会有一定的反应，也就是满意度的反应。如果满意度高，表示购后感受较好，以后会重复购买（这类顾客的行为忠诚，对物流企业而言是理想的）。如果满意度一般，以后会修正购买（这时物流企业要注意客户关系处理）。如果满意度低，以后就会重新购买（失去顾客，这是物流企业最不愿意看到的）。

四、技能训练

1. 选择题

(1) 从客户盈利能力的角度进行分类，目前盈利低、未来盈利高的客户属于（　　）。

A. 最具获利性客户　　　　B. 最不具获利性客户

C. 具获利性的客户　　　　D. 不盈利客户

(2) 著名的 80：20 公式是指（　　）。

A. 企业 80%的销售额来自于 20%的老顾客

B. 企业有 80%的新客户和 20%的老客户

C. 企业 80%的员工为 20%的老客户服务

D. 企业的 80%的利润来自于 20%的老顾客

(3) 如果公司某客户的销售份额很大，边际利润也很高，公司应该采取（　　）。客户关系水平。

A. 负责型　　　　B. 主动型

C. 被动型　　　　D. 伙伴型

2. 简答题

(1) 物流客户市场细分的意义。

(2) 物流客户细分的方法有哪些。

(3) 如何根据客户购买行为进行分类。

3. 案例分析题

安科公司的库存管理

安科公司是一家专门经营进口医疗用品的公司，2001 年该公司经营的产品有 26 个品种，共有 69 个客户购买其产品，年营业额为 5800 万元人民币。对于安科公司这样的贸易公司而言，因为进口产品交货期较长，库存占用资金大，因此，库存管理显得尤为重要。

安科公司按销售额的大小，将其经营的 26 个产品排序，划分为 ABC 三类。排序在前 3 位的产品占到总销售额的 97%，因此把它归为 A 类产品；第 4～7 种产品每种产品的销售额在 0.1%～0.5%之间，把它们归为 B 类，其余的 21 种产品（共占销售额的 1%），将其归为 C 类。对于 A 类的 3 种产品，安科公司实行了连续性检查策略，每天检查库存情况，随时掌握准确的库存信息，进行严格地控制，在满足客户需要的前提下维持尽可能低的经常量和安全库存量，通过与国外供应商的协商，并且对运输时间做了认真的分析，算出了该类产品的订货前置期为 2 个月（也就是从下订单到货物从安科公司的仓库发运出去，需要 2 个月的时间）。即如果预测在 6 月份销售的产品，应该在 4 月 1 日下订单给供货商，才能保证在 6 月 1 日可以出库。其订单的流程如下。

4月1日	4月22日	5月2日	5月20日	5月30日	6月30日
下订单给供应商(按预测 6 月份的销售数量)	货物离开供应商仓库,开具发票,已经算作安科公司库存	船离开美国港口	船到达上海港口	货物入安科公司的仓库,可以发货给客户	全部货物销售完毕

由于该公司的产品每个月的销售量不稳定，因此，每次订货的数量就不同，要按照实际的预测数量进行订货。为了预防预测的不准确和工厂交货的不准确，还要保持一定的安全库存，安全库存是下一个月预测销售数量的 1/3。该公司对该类产品实行连续检查的库存管理，即每天对库存进行检查，一旦手中实际的存货数量加上在途的产品数量等于下两个月的销售预测数量加上安全库存时，就下订单订货，订货数量为第三个月的预测数量。因其实际的销售量可能大于或小于预测值，所以，每次订货的间隔时间也不相同。这样进行管理后，这三种 A 类产品库存的状况基本达到了预期的效果。由此可见，对于货值高的 A 类产品应采用连续检查的库存管理方法。

对于B类产品的库存管理，该公司采用周期性检查策略。每个月检查库存并订货一次，目标是每月检查时应有以后两个月的销售数量在库里（其中一个月的用量视为安全库存），另外在途中还有一个月的预测量。每月订货时，再根据当时剩余的实际库存数量，决定需订货的数量。这样就会使B类产品的库存周转率低于A类。

对于C类产品，该公司采用了定量订货的方式。根据历史销售数据，得到产品的半年销售量为该产品的最高库存量，并将其两个月的销售量作为最低库存。一旦库存达到最低库存时，就订货，将其补充到最高库存量，这种方法，比前两种更省时间，但库存周转率更低。

该公司实行了产品库存的ABC管理以后，虽然A类产品占用了最多的时间、精力进行管理，但得到了满意的库存周转率。而B类和C类产品，虽然库存的周转率较慢，但相对于其很低的资金占用和很少的人力支出来说，这种管理也是个好方法。

在对产品进行ABC分类以后，该公司又对其客户按照购买量进行了分类。发现在69个客户中，前5位的客户购买量占全部购买量的近75%，将这5个客户定为A类客户；到第25位客户时，其购买量已达到95%。因此，把6～25位的客户归为B类，其他的26～69位客户归为C类。对于A类客户，实行供应商管理库存，一直保持与他们密切的联系，随时掌握他们的库存状况；对于B类客户，基本上可以用历史购买记录做出他们的需求预测作为订货的依据；而对于C类客户，有的是新客户，有的一年也只购买一次，因此，只在每次订货数量上多加一些，或者用安全库存进行调节。这样一方面可以提高库存周转率，同时也提高了对客户的服务水平，尤其是A类客户对此非常满意。

通过安科公司的实例，可以看到将产品及客户分为ABC类后，再结合其他库存管理方法，如连续检查法、定期检查法、供应商管理库存等，就会收到很好的效果。

思考题

（1）安科公司怎样对A、B、C三类产品进行库存控制？

（2）安科公司如何利用客户的ABC分类管理提高库存周转率？

（3）安科公司如何利用客户的ABC分类管理提高对客户的服务水平？

工作任务三　分析物流企业的竞争者

一、情景设置

近年来，湖北省快递业发展迅猛，快递市场竞争也是相当激烈。既有EMS这类国有企业、也有顺丰快递、申通快递这类民营企业，还有联邦快递这些外资企业。同时随着劳动力成本的上升以及国家对中西部大开发政策的实施，许多沿海地区的企业纷纷向西部转移。现有一家刚进入武汉快递市场的MM快递公司，准备抓住这个机会，抢占武汉市场。现在请你分析武汉快递市场角逐的竞争主体及其相应的竞争能力，在此基础上分析对MM快递公司的一些启示。

二、技能训练目标

能够根据物流企业的战略目标、企业的状况、物流市场的特点来分析物流客户竞争者的内容。

三、相关理论知识

在物流市场经济中，任何企业都无法回避竞争。优胜劣汰是自然的法则，也是物流市场的法则。正是在这激烈的竞争中，企业得到了发展，人们的需求得到了满足，社会经济也在竞争中进步，随着全球经济一体化进程的加快和信息技术的发展，作为物流企业的竞争者越来越多，要在竞争中获得成功。物流企业仅了解营销市场是不够的，还必须了解竞争者，准确、恰当地对竞争者进行分析，这样在商战中才能知己知彼，取得竞争优势。

（一）影响物流企业竞争的主要因素

对物流企业竞争者主要因素分析现在主要采用五力分析模型，五力分析模型是迈克尔·波特（Michael Porter）在20世纪80年代初提出的，其对企业战略的确定产生了很深远的影响。他明确了竞争五要素，即供应商和购买者议价的能力，潜在加入者带来的威胁，替代品的威胁，以及存在于同行业间的竞争。此五种力量变换起伏、此消彼长、盈亏更迭，最终影响行业利润的变化。我们可以把各种不同元素集中起来，使用简单易行的五力模型工具进行分析，观察一些产业的基本竞争态势，把一些复杂行业的研究变得直观和简洁。五力分析模型如图3-4所示。

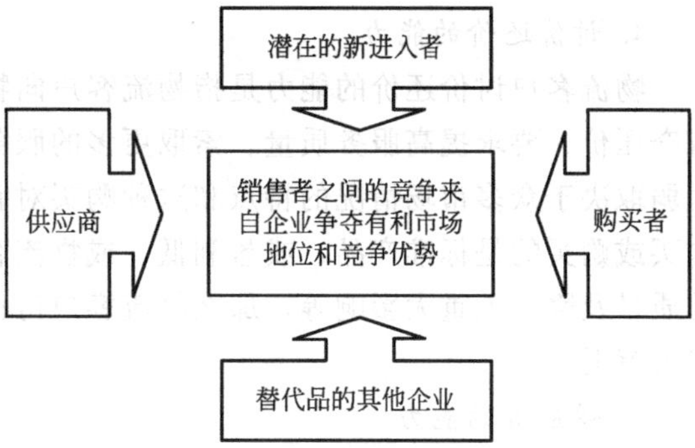

图3-4 五力分析模型

1. 新进入者

新进入者是指新加入物流行业的企业。这些新进入者受物流行为行业利润的吸引，市场占有欲较强，大有后来者居上之势。它们给物流行业注入了新的活力，促进了市场的竞争和发展，同时也带来挑战和压力，威胁同行各企业的市场地位，这种威胁的大小由以下两点决定：①市场的进入障碍；②原有物流企业的反应力度。如果进入障碍高或新进入者认为原有物流企业会坚决地报复，这种威胁就小；反之就大。

物流市场的进入障碍包括规模经济、整合成本、产品差异（现有的物流企业由于广告、特色产品、优质服务和公共关系等因素，而获得了商标、顾客忠诚度以及极高的信誉度等，产品差异迫使进入者耗费很大的代价去克服顾客对现有物流企业的好感）、资本需要、转换成本的能力、接近分销渠道的程度（如果分销渠道在很大程度上被现有的物流企业所控制，新进入者需要确保其产品的分销，这一需要也构成进入障碍）、与规模无关的成本（如专有的产品技术、良好的安全记录、地点优势、政府补贴、学习和经验）等。新进入者对于现有物流企业的反击预期，也将影响其进入。

2. 现有竞争者之间的竞争

现有竞争者是指现有的物流企业同行，竞争的手段主要有价格竞争、广告战、产品竞争、顾客服务竞争等。对竞争对手的分析主要包括以下几方面的内容。

（1）行业内竞争的基本情况：包括竞争对手的数量、规模、资金、技术产力、市场占有率等，研究的目的是找出物流行业中主要的竞争对手。

（2）主要竞争对手的实力：主要分析竞争对手的优势，是什么因素使其对企业构成了威胁。只有深入了解了竞争对手的竞争实力，物流企业才有可能在知己知彼中制定有效的对策。

（3）竞争对手的发展方向：包括产品开发方向、市场拓展或转移方向，这是竞争对手的竞争格局和战略动向，分析的目的是制定出相应的竞争策略。

3. 替代产品的压力

替代产品是指同样的业务采用成本较低的方案完成任务。如空运费用较高，在发货时间要求不紧迫的情况下，客户大多数会选择轮船、火车、汽车等运输方式托运货物。尤其是轮船，不但运输量大，而且价格低。又如，快递业务、互联网可以安全快速地传递邮件，就限制了其他邮件传递方式。替代产品给物流企业带来的压力主要体现在：它设置了物流企业利润的定价上限，这样的设置限制了物流行业的潜在收益，使物流企业总有一种被束缚的感觉。

4. 讨价还价的能力

物流客户讨价还价的能力是指物流客户向物流企业施加的压力，这种压力采取的手段主要有夺压价、要求提高服务质量、索取更多的服务项目等。物流企业的每一位顾客的上述能力的强弱取决于众多市场情况的特点和这种购买对它整个业务的重要性。如果物流客户大批量集中购买或购买的是标准产品、或盈利低、或物流客户掌握了充分的信息、或物流客户对物流产品的质量及服务无重大影响等，那么物流客户讨价还价的能力就强；反之，物流客户讨价还价的能力就弱。

5. 供应者的能力

供应者的能力是指供应者向物流企业施加的压力，主要体现在：①提价；②维持原价，降低产品的质量和服务。当供应者的压力足够大时，可以导致物流企业因无法使其产品价格跟上成本增长而失去利益。供应者的压力主要表现在以下几个方面。

① 物流企业并不是供应者的主要客户物流服务商时，供应者往往会自抬身价。

② 当供应者的产品成为物流企业的主要投入资源时，由于这种产品对物流企业产品的质量至关重要，使得供应者加大了提价的砝码。

③ 当供应者表现出前向联合的现实威胁时，物流企业与供应者争价时会处于劣势。

④ 当供应者所在企业由向导个公司支配，且其集中化程度比物流企业高时，供应者在向较为散的物流企业销售产品时，往往能在价格、质量及交货期上施加相当的影响。

根据上面对于五种竞争力量的讨论，物流企业可以采取尽可能地将自身的经营与竞争力量隔绝开来、努力从自身利益需要出发影响行业竞争规则、先占领有利的市场地位再发起进攻性竞争行动等手段来对付这五种竞争力量，以增强自己的物流市场地位与竞争实力。

(二) 物流企业竞争者分析的过程与方法

1. 识别竞争者

竞争者虽然是一种客观存在，但物流企业通常不能轻易地发现所有的竞争者。由于竞争者首先存在于本行业中，物流企业首先需要从本行业出发来发现竞争者，即现有竞争者，然后再从市场、消费者需要的角度出发发现竞争者，即潜在竞争者。分析防范不可过大，否则，草木皆兵会造成人、财、物的极大浪费，也往往使物流企业压力过大，识别的方法是将行业和市场两方面结合，即通过产品市场方格图（通过产品细分和市场细分）来综合分析。

2. 确定竞争者的目标与战略

明确了物流企业的竞争者，还要进一步弄清每个竞争者的市场目标和发展的动力是什么？不同竞争者的目标侧重点不同，如经营能力、盈利能力、市场占有率、技术领先、服务领先等，不同的目标侧重点，竞争者对竞争行为的反应就会不同。竞争者的最终目标当然是追逐利润，但是每个公司对长期利润和短期利润的重视程度不同，对利润满意水平的看法不同。历史分析可以看竞争者相对近期情况（历史）相比，财务情况和市场占有率，市场上的历史情况，在新产品、营销创新方面有哪些出众表现和成绩等；背景分析可以看竞争者的高层领导人的职业背景、采取各类战略、文化背景和价值观念等。

现代战略分析着重看竞争者采用何种战略，如实施市场领先战略、市场挑战战略等。

潜在能力分析主要涉及产品、销售渠道、营销方式、服务动作研究开发、总成本、财务实力、组织结构、管理能力、业务组合、核心能力、成长能力、快速反应能力、应变能力及持久能力等。

竞争者的战略主要有市场领先者战略、市场跟随者战略、市场补缺者战略等，确定其战略，明确其战略特点。对物流企业制定自己的竞争战略具有重要意义。

3. 判断竞争者的反应模式

由于竞争者的目标、战略、优势和劣势的不同，竞争者对于市场上的价格、促销等市场竞争行为会作出不同的反应。归纳起来，竞争者有以下四种反应模式。

（1）迟钝型竞争者：当市场出现变化时，一些竞争者反应不强烈，行动迟缓。这可能是竞争者自身在资金、规模、技术等方面的能力限制，无法作出适当的反应，也可能是竞争者对自己的竞争力过于自信，不屑采取反应行为等。

（2）选择型竞争者：某些竞争者对不同市场竞争措施的反应是有区别的，例如，大多数物流企业对降价反应敏锐，而对发送服务、增加广告、强化促销等竞争措施不太在意，认为它们不会构成直接威胁。

（3）强烈反应型竞争者：这些竞争者对市场竞争因素的变化十分敏感，一旦受到挑战会迅速作出强烈的市场反应，大有把挑战者置之死敌而后快之势，这样的竞争者通常是市场上的领先者。

（4）随机型竞争者：面对物流市场变化，有些物流企业的反应模式难以捉摸，它们在一些特定的场合可能采取也可能不采取任何实质性的行动，难以预料其反应。

在物流市场营销活动中，只要物流企业密切注视国际、国内竞争的新动向、新信息，积极客观地进行竞争者分析，扬长避短，掌握竞争的主动权，就能取得成功。

四、技能训练

仓储企业行业竞争环境分析技能训练

（一）练习目的

① 掌握物流企业的主要竞争者类型，能够识别物流企业的主要竞争者。

② 在任务的实施过程中，能够通过与小组成员的沟通与合作实现任务目标，并提升计划、组织与实施的能力。

（二）内容简介、任务分解

1. 内容简介

当前物流业发展迅速，由此存在一些或大或小的物流仓储企业。这些仓储企业规模大小不一，存在的问题也不同。请以当地的物流企业为例，选取一个有代表性的企业，对当地仓储行业竞争状况进行分析。

2. 任务分解

① 识别你所选择的物流公司的主要行业竞争者。

② 识别当地仓储企业的主要供应商、潜在竞争者、替代者、顾客有哪些。

③ 设计相应的指标来对这些竞争者的情况进行分析。

④ 根据以上的信息，对该物流企业所面临的仓储行业竞争情况进行综合评价。

（三）练习步骤

① 通过行业资料、走访企业了解在当地从事仓储业务的物流企业。

提示：在我国物流行业组织中，中国物流与采购联合会（China Federation of Logistics&Purchasing，简称 CFLP），是国务院政府机构改革过程中，经国务院批准设立的中国唯一一家物流与采购行业综合性社团组织。在其网站（http：//www. chinawuliu. com. cn）上，能找到很多物流企业、物流法规、物流政策的资料。

② 设计相应的指标来衡量这些竞争者的竞争力。

在本步骤中，思考可以用来衡量竞争力的主要指标有哪些，如何将这些指标量化。在这些指标中，每个指标对于反映企业竞争力的作用和程度不同，因此，在综合评价主要竞争者竞争力的时候，是否要考虑将这些指标赋予不同的权重。如果赋予权重的话，思考怎样确定权重。竞争力评价见表 3-2。

表 3-2 竞争力评价

主要竞争者	竞争力指标	竞争力指标值	综合评价

根据目前的研究和分析，对企业竞争力进行评价时主要采用的指标有：资源、能力、环境等，可以先查找相关书籍和资料来确定在本任务中对竞争者的评价要采用哪些指标。

③ 设计调研方式，来获得竞争力指标的值。

首先确认数据需求和数据来源（思考，如果无法获得某些指标的数据是否还采用这些指标来衡量竞争者的竞争力）。

④ 走访仓储企业，了解他们仓储主要的业务来源，这些客户主要有哪些，了解这些客户的市场份额，掌握其竞争地位。

⑤ 走访当地的仓储企业，了解在这个行业中还有哪些潜在的市场进入者和替代者。

⑥ 综合评价你所选择的该物流公司的行业竞争状况。

（四）实训报告

通过本任务的调研，以小组形式形成调研总结。

项目四

物流服务市场细分和定位

【内容简介】

物流营销部门在对物流市场环境进行分析后，还有一个很重要的工作就是对物流服务企业的市场进行细分和定位，物流市场细分和定位的意义在于让物流企业找准进入的物流市场、明确在物流市场中的特色、在物流客户中塑造深刻的印象。本部分学习情景基于这种思想，先是阐述了物流市场细分的意义以及标准，接下来讨论了物流市场细分的方法和物流目标市场的选择模式，最后分析了物流市场定位的策略和方法。

【教学目标】

1. 知识目标

(1) 掌握物流市场细分的概念、作用、条件

(2) 掌握物流目标市场的选择模式、策略

(3) 掌握物流市场定位的概念、策略

2. 技能目标

(1) 能清楚掌握物流市场细分的概念

(2) 能根据一定的标准进行物流服务市场细分

(3) 能选择合适的物流服务目标市场

(4) 能对物流服务目标市场进行准确的定位

【案例导入】

香港邮政"特快专递"的市场细分和定位

1973年，香港邮政署率先推出了"特快专递"业务。但是，由于邮政署是行政拨款的政府部门，一直未对该项业务进行商业化的市场推广，结果速递业务的发展反而比不上后起的民营公司。

1997年，香港邮政署决定对速递业务进行市场推广，提高市场占有率，增加营业额。

首先他们对顾客进行了调查，了解到顾客选择速递服务时，首先考虑的是速度和可靠性，其次才是价格；同时顾客希望能够追踪邮件，随时了解邮件运送的情况。他们也调查分析了竞争对手的情况，得出如下结论。

邮政署的优势：

① 特快专递服务推出较早，技术支持较强（如电子追踪服务）；

② 以邮局为服务点，服务网络覆盖面广，竞争对手无法相比；

③ 邮政署寻求改变的决心大，员工士气高昂，急欲参加。

邮政署的劣势：香港邮政署"特快专递"过去的形象不太好，认知度不高，人们认为其可靠性与速度不及私营速递公司。

市场机会：私营速递公司多以大公司为主要客户，绝大多数的中、小机构享受不到价格优惠，个人客户更被作为最后处理的对象，他们的需求得不到满足，是个被忽视的市场。

通过细分市场，香港邮政署选择了中、小商业机构和个人客户作为自己的目标市场，以“补缺者”的身份填补市场空隙，避免和竞争对手作正面冲突。

他们把自己的服务定位为“分秒显优势”的“超值服务”。为了塑造这一市场形象，吸引目标消费者，采取了以下措施：

① 对“特快专递”服务采取低价策略；

② 提供电子追踪服务，让顾客随时掌握邮件运送的情况；

③ 提供大小不同的特快专递箱，满足顾客的需要；

④ 消除一切可能造成延误的因素，保证邮件准时发送；

⑤ 特设专门的小组，应对顾客的业务查询，替顾客开立账户，并兼作宣传；

⑥ 整顿工作作风，一线人员礼貌热情，服务耐心细致，富有效率；

⑦ 提供高质量、高效率的“超值服务”，让顾客有更多时间处理邮件，甚至在“最后一分钟”将邮件寄出，令客户的分分秒秒尽显优势。

1997 年 10 月，香港邮政署推出了主题为“分秒显优势”的市场推广活动。

在视觉形象上，设计了全新的公司标志和“特快专递”服务标志，选择以速度见长的“蜂鸟”代表公司形象，选择以速度和耐力著称的“雨燕”作为“特快专递”服务的形象。

电视广告也极富感染力，突出了“分秒显优势”的承诺：一个勤勉、质朴的年轻邮递员，充满自信地走在人群中，他不断前行的身影、真诚的笑容，与身后喧闹的都市形成了强烈的对比，给人以踏实、可信赖的感觉，反映了香港邮政“特快专递”业务崭新的形象。

此外，这一活动还采用了多种传播手段，如报纸广告、直邮广告、广告传单、海报等。

邮政署还特别成立了“特快专递”倡导委员会，并设立了许多工作促进小组，对邮政署所有员工介绍有关知识和加强服务的重要性。领导的重视和亲临指导给员工以极大鼓舞，每个员工都愿为推广活动效力。

这一推广活动取得了显著成绩。

业务量：尽管 1997～1998 年香港经济不景气，“特快专递”处理的邮件总量仍有所上升。

客户数：实施推广活动的头 5 个月，新开立账户的客户人数上升了 60%。

认知率：在未开立账户的顾客中，认知率从 11%上升到 30%；在已立账户的顾客中，认知率从 36%升到 50%，“特快专递”在香港已经成功地建立起自己的品牌形象。

满意度：对顾客满意程度的独立研究显示，客户对特快专递服务各个程序的满意程度均有明显上升。

由于速递业务服务水平的提高，1997 年第 4 季度，香港邮政署获得了全球邮政联盟的嘉奖。这一市场推广活动成功地入围 1998 年度香港杰出营销奖，其电视广告也被评为该年度的杰出广告作品。

分析问题：

1. 香港邮政署对邮政市场进行细分的标准是什么？

2. 他们选择了哪些市场作为自己的目标市场？进行了怎样的市场定位？

工作任务一　细分物流服务市场

一、情景设置

近年来，湖北省快递业发展迅猛，快递市场竞争也是相当激烈。既有 EMS 这类国有企业、也有顺丰快递、申通快递这类民营企业，还有联邦快递这些外资企业。现有一家刚进入武汉快递市场的 MM 快递公司，在进入市场前要对快递市场进行细分，谈谈你的看法（可以从市场细分原因、标准、方法等因素考虑）。

二、技能训练目标

了解物流市场细分的定义、重点掌握物流服务市场细分的方法和标准。

三、相关理论知识

在物流市场营销活动中，物流企业面对的首要问题是：产品的市场在哪里？谁来购买？在哪里最畅销？畅销的原因是什么？顾客的需求、爱好、职业等一系列问题，企业的营销人员都要进行调查和分析，然后才能确切地给出回答。把这些归纳一下，不难得出企业营销的策划程序：①把一个广阔的市场划分为许多小市场（市场细分）；②在每个小市场中进行对比和分析，找出适合于本企业产品销售的市场（细分市场）；③再在这些细分市场中挑选并确定一个或数个对本企业的产品有相当的需求、能使其成长并发展的最终的市场（目标市场）。本部分就是围绕这三个步骤依次展开讨论，这三个部分合起来，也就组成了现代营销学著名的STP战略。

（一）物流市场细分的概念

1. 市场细分的定义

所谓市场细分，就是根据消费者需求和购买行为的共同性和差异性，将整个市场划分成若干个具有不同需求特征的顾客需求类别。在同一个需求类别中，顾客的需求具有共同性；在不同需求类别中，顾客的需求具有差异性。我们把这个划分过程叫市场细分，把分割出来的一块一块的小市场叫细分市场。

2. 物流市场细分的定义

物流市场细分就是根据顾客对物流服务需求的差异性和共同性，将整个物流市场划分成若干个具有不同特征的需求类别，这个过程叫做物流市场细分。

值得注意的是：第一，物流市场细分是对客户的需求进行细分，不是对产品（服务）进行细分；第二，物流市场细分是将具有相似需求特征的客户划分在同一个市场，并不意味着在这个细分市场内其他的需求差异不存在；第三，这些需求的差异性是客观存在的。

（二）物流市场细分的作用和条件

1. 物流市场合理细分的作用

① 有利于物流企业发掘市场机会，进而开拓新的物流市场。

通过市场细分，物流企业可以认识到每个细分市场上需求的差异、物流需求被满足的程度以及市场竞争状况。抓住那些竞争者未进入或竞争对手很少的市场机会，结合企业资源状况，从中形成并确立适宜自身发展和壮大的目标市场，并以此为出发点设计相应的营销组合策略，就可以取得竞争优势，在市场占有较大的份额，为下一步的发展打下良好的基础。同时，在分析物流市场的竞争状态的基础上，根据物流企业自身的资源条件及竞争能力，形成适于自身发展的较为有利的目标市场。

② 有利于物流企业充分利用现有资源，获得竞争优势。

在现代物流企业进入买方市场的条件下，物流企业的生产取决于市场的需求，如果市场需求量大，就会吸引更多的物流生产者进入，物流行业的竞争就会逐渐加剧。因此企业只有借助于市场细分，整合自身的各种资源，专注于某一个或几个细分市场，获得竞争优势，从而在市场竞争中求得生存和发展。

③ 有利于物流企业了解各细分市场的特点，制定并调整营销组合策略。

细分后的市场相对较小而且具体，有助于物流企业把握不同细分市场的需求特点及变化情况，提高物流企业的市场适应程度。在此基础上，运用产品（服务）、价格、分销及促销策略，形成一套市场营销组合。同时根据细分市场不同变化，对这种组合进行调整，以适应市场的变化。

2. 物流细分市场的条件

物流企业要使细分市场真正具有实用价值，保证细分市场能为企业制定有效的营销战略和策略服务，企业细分市场要具备以下条件。

(1) 可衡量性　可衡量性是指企业用以细分市场的标准是可以衡量的。主要包括以下三个方面：第一，客户对服务有不同的偏好，对企业的营销策略具有明显的不同反应；第二，企业必须能够获取客户的准确情报；第三，企业对于各细分市场能进行定量分析且便于对市场进行可行性研究，使企业能选择较好的目标市场。

(2) 盈利性　盈利性是指企业进入目标市场后能够获得预期的利润。如果物流市场的规模很小，不能为企业获取足够的盈利，就不值得进行细分。

(3) 可行性　可行性是指细分出来的市场，企业能够通过合理成本的营销组合达到的。

(4) 稳定性　稳定性是指在一定时期内，细分市场的标志及细分市场保持相对不变。

(三) 物流市场细分的标准

物流企业应该如何进行物流市场细分呢？根据物流市场的特点，可以用以下几类标准进行细分。

1. 地理区域

按此标准，一般可以将物流市场分为两类。

(1) 区域物流，指在一定的时空内，具有某种相似需求物流的一定区域。通常是指省内或省际之间的物流。

(2) 跨区域物流，指在不同的区域内进行物流活动。包括省际之间、行政区之间和国际物流。

2. 客户行业

同一行业的客户，其产品的构成差异不大，对物流的需求也是具有一定的相似性。不同行业的客户，其产品的构成存在很大差异，对物流需求各不相同。按客户行业一般可以将市场细分为：农业、工业、商业和服务业等细分市场。例如上海的某民营物流公司在市区配送方面很有优势，他们的客户都是大型的食品企业。

3. 客户业务规模

按照客户对物流需求的规模细分市场，可以将客户分为三类。

① 大客户，是对物流业务需求多的客户，它们是企业的主要服务对象。

② 中等客户，是对物流业务需求一般的客户，是物流企业的次要服务对象。中等规模的客户，一般操作起来比较容易，而服务的利润空间比较高。

③ 小客户，是对物流业务需求较小的客户，是物流企业较小的服务对象。

4. 物品属性

物流企业在进行物流活动过程中，由于物品属性的差异，使得企业物流作业的差别也很大。按客户物品的属性可将市场分为三类。

① 生产资料市场，指用于生产的物资资料市场，其数量大，地点集中，物流活动要求多且高。例如上海莲雄物流，在天津专门负责某化工集团的物流业务管理。

② 生活资料市场，指用于生活需要的物资资料市场，其地点分散，及时性要求高。

③ 其他资料市场，指除以上两个细分市场以外的所有物质资料市场。

5. 服务方式

就是根据客户所需物流服务功能的实施和管理的要求不同而细分市场。按服务方式将物流市场可分为两类。

① 综合方式服务，就是客户需要提供两种或以上的物流服务。例如有实力的大企业在为其客户提供仓储、运输服务的同时，还为客户提供咨询服务。

② 单一方式服务，就是客户指只需要提供某一种方式的服务。

近年来，我国第三方物流市场迅速发展，中国第三方物流市场将保持20%以上的增长率。外部条件的发展和成熟为物流市场的细分发展提供了广大的空间。但是，目前中国在物流市场细分领域仍处于初级发展阶段，大多数物流企业处于同一服务水平、同一经营层面。由于大多数物流企业从传统的仓储、运输和货代等发展起来，它们缺乏现代物流营销理念的指导，缺乏对客户物流和客户需求的分析，很多物流企业仍停留在传统营销理念之中。市场定位模糊、物流服务产品雷同，使得物流企业市场空间越来越小，利润越来越小。因此对于物流企业来说，合理的细分物流市场、精确定位、提供差别化服务是企业生存和发展的关键。

（四）物流市场细分方法

物流市场细分的方法有很多，但总体上来说，可以归纳为以下三种方法。

1. 单一因素细分法

所谓单一因素细分法，是指在影响物流客户需求的多种因素中选择出一种主要因素作为市场细分的依据。例如可以由客户对货物运输的时间需求不同这个因素，对物流运输市场进行细分，如图4-1所示。

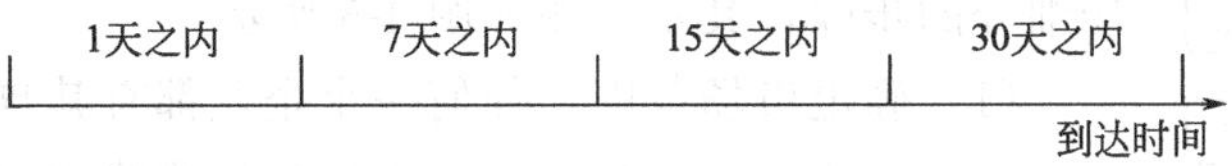

图4-1　单一因素细分法示意

2. 综合因素细分法

所谓综合因素细分法，是指在影响物流客户需求的多种因素中选择对顾客或者消费者的购买产生较大影响的，可能被顾客和消费者放在同一层次上考虑的，并列的两个或者两个以上因素作为细分市场的依据。如图4-2所示，可以从物流量、物流速度两个因素细分市场。

又如，也可以按照顾客对物流量、物流速度和物流频率三个因素的要求，对物流市场进行细分，如图4-3所示。

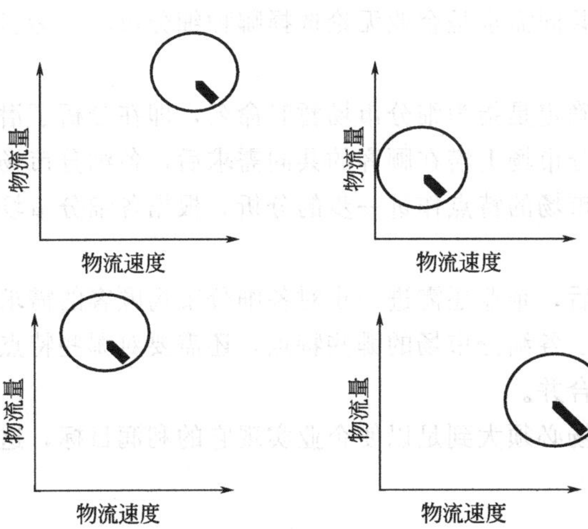

图4-2　两个因素细分法示意

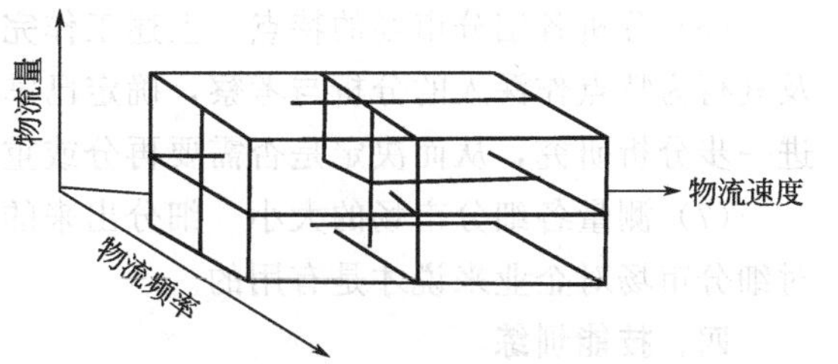

图4-3　三个因素细分法示意

3. 系列因素细分法

所谓系列因素细分法，是指在影响物流客户购买的多种因素中，以影响顾客和消费者需求的多个变量为标准，对市场进行由粗到细的层层细分的方法。如图 4-4 所示。

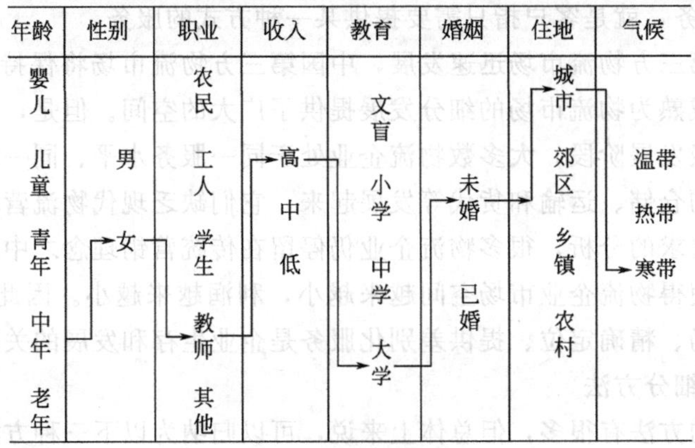

图 4-4 系列因素细分法示意

（五）物流市场细分步骤

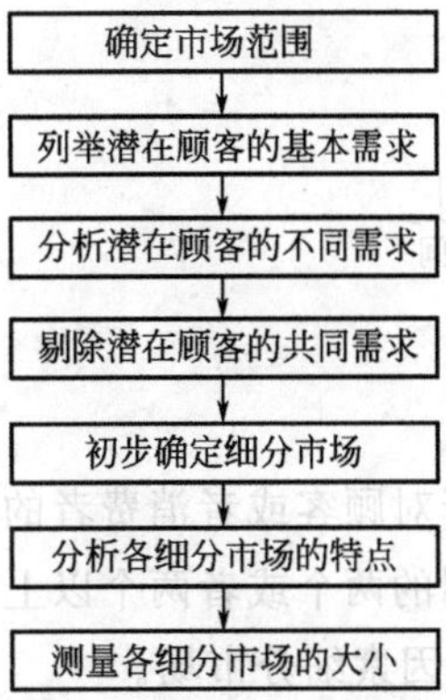

图 4-5 市场细分的步骤

为了确保市场细分的有效性，企业的市场营销人员应该了解和掌握细分市场的程序。美国市场学家杰罗姆·麦卡锡曾提出过一般的市场细分的步骤，其示意图如图 4-5 所示。

（1）确定市场范围　任何一个企业都有其自身的任务和目标，并以此作为企业制定生产经营和市场开拓战略的依据。

（2）列举潜在顾客的基本需求　产品的市场范围确定后，企业的市场营销人员可以将市场范围内的潜在顾客分为若干个专题小组，了解他们的动机、态度、行为等，从而比较全面地列出影响产品市场需求和顾客购买行为的各项因素，作为以后进行深入分析研究的基本资料和依据。

（3）分析潜在顾客的不同需求　顾客的不同需求是细分市场的基础。

（4）剔除潜在顾客的共同需求　潜在顾客的共同需求是企业无论选择哪种细分市场作为目标市场时，都必须使之得到满足的。

（5）初步确定细分市场　对细分市场的初步确定是指为细分市场暂时命名，即在分析了潜在顾客的不同需求，进行了市场细分并剔除各细分市场上潜在顾客的共同需求后，各细分市场上剩下的需求各不相同，这时为了便于对各细分市场的特点作进一步的分析，根据各细分市场上顾客的特点暂时为各细分市场确定一个名字。

（6）分析各细分市场的特点　上述工作完成后，企业还需进一步对各细分市场顾客的需求及其行为特点作深入的分析与考察，确定已掌握了各细分市场的哪些特点，还需要对哪些特点进一步分析研究，从而决定是否需要再分或重新合并。

（7）测量各细分市场的大小　细分出来的市场必须大到足以使企业实现它的利润目标，这时细分市场对企业来说才是有用的。

四、技能训练

王老板准备在湖北武汉东湖新技术开发工业旁边开一个名叫快捷的小型运输公司。为了搞清楚哪些企业成为他的客户，他对这个地区的运输市场进行了市场细分。按照以下不同细分标准，完成快捷公司运输市场的细分。

① 根据价格的不同，可以把运输市场分为：________、________、________等细分市场。各个细分市场的价格区间分别为________、________、________。

② 根据运量的不同，可以把运输市场分为：________、________、________等细分市场。

③ 根据使用场合的不同，可以把运输市场分________、________、________等细分市场。

④ 根据运输车辆的不同，可以把运输市场分成________、________、________等细分市场。

⑤ 其他细分方法。根据________的不同，可以把运输市场分成：________、________、________等细分市场。

要求教师对“物流市场细分”在物流市场营销活动中的重要性及应用价值给予说明，调动学生项目操作的积极性。

工作任务二　选择物流服务目标市场

一、情景设置

近年来，湖北省快递业发展迅猛，快递市场竞争也是相当激烈。既有 EMS 这类国有企业、也有顺丰快递、申通快递这类民营企业，还有联邦快递这些外资企业。现有一家刚进入武汉快递市场的 MM 快递公司，在对武汉快递市场细分的基础上，需要做的下一个工作就是对其目标市场进行选择。现请你谈谈你对物流目标市场选择的看法，最后形成分析报告（分析报告的主要内容应包括：①该品牌运输进入了哪些目标市场；②这些目标市场的特点是什么；③企业进入这些目标市场的成效怎样；④你对企业目标市场选择的评价）。

二、技能训练目标

了解物流服务目标市场的定义、重点掌握如何选择物流服务目标市场。

三、相关理论知识

从物流营销流程看，在对物流市场进行细分后，就进入选择物流目标市场的阶段。所谓物流目标市场是指企业准备进入或已经进入的细分市场。市场细分的最终目的是为了选择和确定目标市场。企业的一切市场营销活动，都是围绕目标市场进行的。企业需要评价各种细分市场，根据企业的资源与能力来选择目标市场，并确定目标市场策略。

（一）如何评估物流细分市场

物流目标市场是指在市场细分的基础上，企业要进入并开展营销活动的一个或一些细分市场。企业要确定细分市场，离不开对细分市场的评估。企业应从以下两个方面分析和评估细分市场。

1. 物流细分市场的吸引力

企业必须考虑潜在的细分市场的规模、成长潜力、盈利率、规模经济、风险等。大企业往往重视销售量大的细分市场，而小企业往往也避免进入大的细分市场，转而重视销售量小的细分市场。细分市场可能具有适度规模和成长潜力，然而如果这个细分市场的盈利率很低，则细分市场未必具有长期吸引力。

2. 企业的目标和资源

某些细分市场虽然有较大的吸引力，但不符合企业长远的目标，因此，企业不得不放弃。

即使某一细分市场符合企业的战略目标，企业还要考虑是否具备在细分市场获胜所必需的资源和能力。如果企业在细分市场缺乏必要的资源，并且无获得必要资源的能力，企业就要放弃这个细分市场。企业的资源和能力与竞争对手相比应该有一定的优势。如果企业无法向细分市场的消费者提供某些更有价值的产品或服务，它就不应贸然进入该细分市场。

(二) 选择目标市场的方式

在企业市场营销活动中，企业必须选择和确定目标市场。选择和确定目标市场，是企业制定市场营销战略的首要内容和基本出发点。企业应该根据其能力和资源条件选择具有较强吸引力的细分市场。企业选择目标市场的方式主要有以下五种。

(1) 市场集中化　指企业只经营一种类型的产品，满足某一类顾客特定的需要。较小的企业通常采用这种策略。

(2) 选择专业化　指企业同时进入若干个具有吸引力并且符合企业的目标和资源的细分市场作为目标市场，其中每个细分市场与其他细分市场之间的联系较少。企业要有针对性地向各个不同的顾客群提供不同类型的产品，以满足其特定的需要。这一般是生产经营能力较强的企业在几个细分市场均有较大吸引力时所采取的决策。其优点是可以有效地分散经营风险。

(3) 产品专业化指　企业生产一种类型的系列产品，并将其销售给各个顾客群，满足其对一种类型产品的各不相同的需要。

(4) 市场专业化　市场专业化策略是指企业决定生产多种不同类型的产品，只将其销售给某一个顾客群，满足其多种需要。

(5) 全面进入　全面进入策略是指企业生产各种类型的产品，全面地满足市场上所有顾客群的不同需求。

显然，目标市场的选择对企业生产、经营、效益等活动都有重要影响。如果采用市场集中化策略，企业可能对市场需求的适应能力弱，经营风险大；如果采用全面进入战略，企业可能会增加生产经营的复杂性，难以提高企业的利润率。当企业实力较弱时，在运用上述策略时，一般先进入最有吸引力且最有条件进入的细分市场，只是在机会和条件成熟时才酌情有计划地进入其他细分市场，逐步发展壮大。

(三) 确定目标市场的营销方式

物流企业在市场细分、选择目标市场之后还要决定在这个目标市场里应该如何进行营销。目标市场的营销方式主要有无差异性营销、差异性营销、集中性营销三种。

(1) 无差异性营销　是指企业不考虑细分市场的差异性，把整体市场作为目标市场，只推出一种产品、只运用一种市场营销组合，为市场提供统一服务的营销方式。

营销活动只注意市场需求共性，而忽略其差异性。实施无差异市场营销战略的企业，可以推出一种类型的标准化产品，使用统一的包装与商标、相同的促销手段。试图以此吸引尽可能多的购买者。

主要优点表现为成本的经济性。单一的产品，大批量的生产、储运和销售，必然降低单位产品的成本；无差异的广告宣传等促销活动可以减少促销费用；不进行市场细分也会相应地减少市场调研、产品开发、制定多种市场营销组合方案等方面的费用。

缺点主要是不能满足消费者多样性需求。

(2) 差异性营销　是指选择两个或两个以上细分市场作为目标市场，分别为之设计不同的市场营销组合，以满足各个细分市场的需要。由于采用差异性营销战略必然受到企业资源和条件的限制，小企业往往无力采用。

优点是可以提高企业产品的适销率和竞争力，减少经营风险，提高市场占有率。因为多种产品能分别满足不同消费者群的需要，扩大产品销售。某一两种产品经营不善的风险可以由其他产品经营所弥补；如果企业在数个细分市场都有能取得的较好的经营效果，就能树立企业良好的市场形象，提高市场占有率。所以，目前有越来越多的企业采用差异性市场营销战略。

缺点是由于运用这种策略的企业进入的细分市场较多，而且针对各个细分市场的需要实行了产品和市场营销组合的多样化策略。随着产品品种增加、销售渠道多样以及市场调研和促销宣传活动的扩大与复杂，企业各方面经营成本支出必然会大幅度增加。

(3) 集中性营销　是以一个细分市场为目标市场，集中力量，实行专业化生产和经营的目标市场策略。采用这种策略通常是为了在一个较少的细分市场上取得较高的市场占有率，而不是追求在整体市场上占有较少的份额。这种策略被人称为“弥隙”策略，即弥补市场空隙的意思，适合资源薄弱的小企业。

优点是目标市场集中，有助于企业更深入地注意、了解目标市场的消费者需求，使产品适销对路，有助于提高企业和产品在市场上的知名度。还有利于企业集中资源，节约生产成本和各种费用，增加盈利，取得良好的经济效益。

缺点是企业潜伏着较大的经营风险。由于目标市场集中，一旦市场出现意外变化，如顾客爱好转移（特别是时尚消费）、消费者需求的突然变化、价格猛跌或者出现强大的竞争对手等，企业就有可能因承受不了短时间的竞争压力，而立即陷入困境。所以，许多企业除非有特别的把握，否则宁可将目标市场分散些，学“狡兔”营造“三窟”，以防止倾覆的风险。

四、技能训练

物流目标市场的选择

根据工作任务一物流市场细分的结论，以及你对湖北武汉物流市场的调研，你认为王老板的运输会选择哪个细分市场作为自己的目标市场。请说出理由。

工作任务三　定位物流服务市场

一、情景设置

近年来，湖北省快递业发展迅猛，快递市场竞争也是相当激烈。既有 EMS 这类国有企业，也有顺丰快递、申通快递这类民营企业，还有联邦快递这些外资企业。现有一家刚进入武汉快递市场的 MM 快递公司，在已经选择物流目标市场的基础上，需要做的下一个工作就是对其快递市场定位进行分析。现请你谈谈对物流目标市场定位的看法，最后形成分析报告（可以从定位的步骤、策略、方法等方面考虑）。

二、技能训练目标

了解物流服务市场定位的定义、重点掌握如何在选择的目标市场进行物流市场的定位。

三、相关理论知识

物流企业选择和确定了目标市场后，就进入了目标市场营销的第三个步骤——市场定位(positioning)。市场定位是目标市场营销战略重要的组成部分。它关系到企业及其产品在激烈的市场竞争中，占领消费者心理，树立企业及产品形象，实现企业市场营销战略目标等一系列至关重要的问题。

(一) 物流市场定位的概念

1. 市场定位的概念

市场定位是企业及产品确定在目标市场上所处的位置。市场定位是由美国营销学家艾里斯和杰克特劳特在1972年提出的，其含义是指企业根据竞争者现有产品在市场上所处的位置，针对顾客对该类产品某些特征或属性的重视程度，为本企业产品塑造与众不同的、给人印象鲜明的形象，并将这种形象生动地传递给顾客，从而使该产品在市场上确定适当的位置。

2. 物流市场定位的概念

物流市场定位是指物流企业根据市场竞争状况和自身资源条件，建立和发展差异化优势，以使自己的服务在消费者心中形成区别并优越于竞争者服务的独特形象。定位为物流服务差异化提供了机会，使每家企业及其服务在客户心目中都占有一席之地，形成特定的形象，从而影响其购买决定。

(二) 物流市场定位的步骤

物流市场定位的基本步骤和其他服务市场定位相似，一般如下。

1. 分析市场和竞争对手

企业进行市场定位，首先要进行市场分析：分析市场构成、潜在客户的需求。明确哪些是自己的竞争对手，研究它们的策略，评价自己的强弱之处，制定以与众不同为基础的战略。主要弄清以下问题：什么企业在市场上竞争？它们都针对哪些细分市场？

2. 了解潜在客户如何评价竞争对手

主要了解客户对物流服务的感受，它们认为哪些是重要的决定性的因素？什么动机使它们选择一种或者另一种服务，他们认为自己所找的企业比其他对手有什么优势？

3. 确定竞争对手的定位

了解哪些服务因素是与竞争对手的对比中要优先被感受到的，是如何被感受到的。

4. 分析客户的构成

了解客户的预期要求，特别要确定物流服务在客户的经营中所起的作用和占有何种地位。

5. 选择定位设计

如果客户的感受与企业所希望的不同，就需要决定是否需要干预和怎样干预。企业在这个阶段要作各种量化分析：各种方案的成本与收入的估算；利润的估计。同时，弄清达到这种定位需要什么样的人力和财力资源？竞争对手会作出何种反应？最后企业选择定位设计，要让自己的服务与其他的竞争对手不同，按照潜在客户的要求提供特色服务，向潜在客户宣传自己的服务。

(三) 物流服务市场定位方法

物流企业的市场定位是物流企业为了将自己的物流服务有针对性地进行推广或销售的一种客户定位，是企业将服务推出市场的最佳切入点。企业可以从以下几个方面进行市场定位。

1. 按经营层面定位

实际上是物流公司的"产品"定位。在品牌树立阶段，物流企业应该明确定位自己的核心经营层面。有了核心经营层面，才有可能形成核心优势，树立品牌形象。物流公司可选择以下几个经营层面。

(1) 运作层　企业只提供比较初级的物流管理服务，物流企业本身不涉及客户内部的物流管理和控制，只是根据客户的要求，整合社会物流资源，完成特定的物流服务。

(2) 管理层　管理层的服务包括销售预测、库存的管理和控制等专业的物流环节，对物流公司的管理水平要求很高，因此能够提供专业化的物流管理的物流企业，往往可以得到较大的利润空间。但由于要深入到企业的销售、市场、生产、财务等环节，因此市场对此类服务的接受有一定的障碍。

例如：华润物流在同一个客户的合作中，除了进行动作层面的整合外，还为客户提供内仓的库存管理。华润物流根据客户的生产计划，确定内仓的原材料库存，提供原材料库存分析。

(3) 规划层　服务内容包括物流设施、物流体系和物流网络的规划，这是物流领域中最富技术含量的一块领域，由于其专业性太强，主要由咨询公司完成这一任务。

(4) 混合型　混合型的经营模式是企业不断拓展自己的经营层面在核心能力得到加强的基础上，往其他经营层面延伸。

2. 按主导区域定位

主导区域的定位是企业设定自己的核心业务的覆盖范围，在主导区域内，企业依靠自身的物流网络能够完成相关的物流服务。主导区域可以是一个城市、一个地区、一个省、一个大区或全国。确定主导区域要考虑以下几个因素。

(1) 自身的投入能力　主导区域覆盖面的区域越大，投入的资金越多。

(2) 管理水平　主导区域覆盖面越广，管理难度越大。如果管理能力不强，过快地扩展自己的覆盖网络可能造成管理的失控和客户服务质量的降低。

(3) 客户的需求分析　对现有的客户群进行分析，将业务比较多的区域设为主导区域。

(4) 营运成本分析　一般来讲，主要区域覆盖面越广，表明提供服务的能力越强，越有利于企业品牌的宣传，但需要的成本也越高。如果企业投入能力不足，对于主导区域不能覆盖的地方业务，可以通过联盟等协作办法解决。

3. 按主导行业定位

物流企业为了建立自己的竞争优势，一般将主营业务定位在一个或几个行业。因为不同的行业，其物流的运作模式是不同的。专注于特定行业可以形成行业优势，增强自身的竞争能力。物流企业在我国现阶段可以重点考虑的行业有：电脑、家电、通信、电子、汽车、化工、食品、服装、医药、家具等。

4. 按客户关系定位

物流企业与客户的关系可分为普通合作伙伴关系和战略合作伙伴关系。普通合作伙伴关系是合作双方根据双方签订的合作文件进行业务往来，在合作过程中双方的职责有比较明确的界限；战略合作伙伴关系双方职责不再有明确的界限，合作双方为了共同的利益，在很大程度上参与对方的经营决策。

5. 按服务水平定位

服务水平分为基本服务、标准服务、增值服务三种。因为服务水平与客户满意度和运营成本紧密相连，服务水平越高，客户满意度越高，但会带来营运成本的提高。确定服务水平的一般原则如下。

① 对于重点客户，一般要提供增值服务。

② 对于可替代性强的业务，也要提供增值服务。

一般的运输、仓储等业务，可替代性强，如果只是提供基本服务，往往很难将自己与竞争对手区分开来。在此情况下，可以开发增值服务项目。

③ 服务水平的确定是动态的过程，必须适时调整。

(四) 物流企业市场定位策略

物流企业作为一个整体，在客户的心目中是有一定的位置的。怎样使自己在客户心目中占据一个明显而突出的位置呢？企业定位可根据自身的资源优势和在市场上的竞争地位作出以下选择。

1. 市场领先者定位策略

市场领先者是在行业中处于领先地位的企业，其相关服务在市场上的占有率最高。采用领先者定位策略的企业必须具备以下优势：客户对品牌的忠诚度高、营销渠道的建立及高效运行、营销经验的迅速积累等。

2. 市场挑战者定位策略

在相同的行业中，当居次位的企业势力很强时，往往以挑战者的姿态出现，攻击市场领导者和其他的竞争者，以获得更大的市场占有率，这就是市场挑战者定位策略。

挑战者的挑战目标可以是以下三种：攻击市场主导者；攻击与自己实力相当者；攻击地方性小型企业。

3. 市场跟随者定位策略

市场跟随者定位策略是指企业跟随市场领导企业开拓市场、模仿领导者的服务项目开发、营销模式的定位策略。但“跟随”并不是被动地单纯地跟随，而是设法将独特的利益带给它的目标市场，必须保持低成本和高服务水平。采用这种定位策略有三种战略可供选择：紧密跟随、距离跟随、选择跟随。

① 紧密跟随：指企业在各个细分市场和营销组合方面，尽可能模仿主导者，不与主导者发生直接冲突。

② 距离跟随：指跟随者在主要方面如目标市场、产品创新、价格水平和分销渠道等方面追随主导者，但仍与主导者保持若干差异。

③ 选择跟随：指企业在某些方面紧跟主导者，在另一方面又发挥自己的独创性。

4. 市场补缺者定位策略

市场补缺者定位策略是指企业专心关注市场上被大企业忽略的某些细小部分，在这些小市场上通过专业化经营来获取最大限度的收益，在大企业的夹缝中生存和发展的定位策略。

采用这种策略的企业主要战略是专业化市场营销，就是在市场、客户、渠道等方面实行专业化。在选择补缺基点时，通常选择两个或两个以上的补缺基点，以减少市场风险。

5. 重新定位策略

如果消费者心目中对该企业的市场定位不明确，或当市场营销环境发生重大变化后，或是顾客需求发生了显著变化等，企业须调整自己原来的市场定位，进行重新定位。另外，就是当众多的或较强的竞争对手定位于自身产品及形象周围时，为发动进攻，也通常采取重新定位战略。例如，上海的同济大学以前是一所以建筑类专业见长的著名大学，在大家的心目中它就是一所工科院校。现在随着市场变化和专业发展，该校的财经及文科类专业已超过全部专业的1/3，由此一来，该校就面临重新定位的问题。作为学校必须及时调整它的市场定位，不断宣传和强化同济大学是一所综合性大学。通过这种重新定位，可消除顾客心目中相似定位的模糊，重新加深自己在消费者心目中的印象。但是，采用重新定位战略也具有一定的冒险性，因为它可能会使你失去一部分以往的品牌忠诚者，所以应谨慎使用。

四、技能训练

1. 物流市场定位

根据工作任务二物流市场目标市场选择的结论，以及你对湖北武汉物流市场的调研，你认为王老板的运输公司在选择的目标市场上如何进行物流市场定位。请说出理由。

2. 案例分析

维珍大西洋航空公司案例分析

（一）航空公司的服务定位和成长

1984 年 6 月 22 日，从英国伦敦到美国纽约的首次飞行标志着维珍大西洋航空公司的成立。

维珍大西洋航空公司自建立起，其目标就十分明确：为各层次的乘客以最低的成本提供最高质量的旅行服务。公司的最初构想是提供从伦敦到纽约的商务飞行服务，但理查德·布兰森认为这与维珍公司一贯的形象不符，并为此深感不安。他认为，维珍航空公司的潜在顾客与维珍商店相同，即一群年轻、流动性强、相对较富足的人。他们普遍受过良好的教育，有较高的社会地位或在公司中有一定的职位，年薪在 3 万美元以上。因此，他把公司定位为"为追求价值的旅行者提供服务的小航空公司"。但是，为了避免被认为是"快乐的廉价航班"，公司在休闲旅行市场站稳脚跟后，马上转向利润更丰厚的商务人士市场。这些人对服务很挑剔，但很容易形成品牌忠诚。他们逐渐成为顾客中的主要部分。到 1991 年，10％的乘客和 35％～40％的收入都来自商务人士这一子市场。如今维珍大西洋航空公司已发展成为优秀的商务航空公司，但同时保持了趣味和娱乐的传统特色，对那些对维珍唱片和维珍商店感兴趣的年轻人仍有吸引力。

1993 年 4 月，维珍从空中客车公司订购了 4 架 A340 飞机（该型号飞机能容纳 292 名乘客），成为英国首家拥有此类飞机的航空公司。

（二）竞争态势

无论是规模还是公众知名度，维珍都远比不上庞大的英国航空公司，英航的规模是维珍的 15 倍。英航从伦敦跨越大西洋每周有 278 次航班，座位 83000 个；美洲航空公司是 35000 个座位，168 次飞行；联合航空公司是 30000 个座位，122 次飞行。相比之下，维珍只有 84 次飞行。英航号称是"世界上最受欢迎的"航空公司。但维珍与英航的竞争相当激烈，它们都飞那些最有利可图的航线。

维珍只选定美国与欧洲为主要市场，在全国最有潜力的、人口密度较大的大城市开设长途航班，如洛杉矶、迈阿密、奥兰多、纽约、波士顿、东京、旧金山、新加坡、悉尼、华盛顿、芝加哥等。但是，维珍灵活地采用多种手段进行扩张。

（三）服务和价格策略

维珍航空公司并不仅仅是以价格来竞争，它提供了许多创新性服务与强大的竞争对手抗衡。维珍在提供优质服务方面不遗余力，不断推出新的服务，往往超出顾客的期望。1990 年，维珍就决定将每架飞机减少 50 个座位，用来为顾客提供比其他竞争对手更为宽敞的腿部活动空间，虽然这一决定将使公司蒙受 120 万英镑的短期利益损失。从 1992 年开始，公司把舱位分为 3 个类型：上等舱（upper class）、中等舱（mid class）和经济舱（economy class）。这与一般航空公司的头等舱（first class）、商务舱（business class）和经济舱（economy class）的分类不同。在与竞争对手相对应的每一类舱位上，维珍都希望以更低的成本为顾客提供更优质的服务。表 4-1 是维珍大西洋航空公司各种舱位服务的一览。

表 4-1 维珍大西洋航空公司各种舱位服务一览

服务流程	上等舱	中等舱	经济舱
订票	优先选择座位	优先选择座位	预先选择座位
到机场	·起始免费专车接送 ·免费停车(该服务在盖特维克机场价值 28 美元,荷塞勒机场价值 26 美元) ·盖特维克机场旅客获赠该机场快航公司的一等舱机票	无	无
在机场	·优先登机、取行李和下机 ·免费携带行李 ·提供上等舱候机室及商业中心等设施,可参加维珍俱乐部和荷塞勒机场俱乐部	·单独登机 ·快速行李检查	无

续表

服务流程	上等舱	中等舱	经济舱
飞行中	·一流睡椅,55英寸的腿部活动空间 ·服务人员与顾客比例为1∶7 ·舱内设置酒吧 ·32频道电视娱乐节目,个人音响,每一座椅都配有电视屏幕	·单独机舱 ·舒适座位,腿部活动空间38英寸 ·全程提供饮料 ·优先用餐	·舒适座椅 ·全程提供饮料 ·16频道电视娱乐节目,每一座椅都配有电视屏幕,部分收低额费用
在美国、东京转机	·专用豪华轿车送旅客到各指定城市 ·免费租用汽车(往返旅客4天,单程旅客两天) ·提供由波士顿到罗斯福码头的短程火车 ·提供到东京市区或羽田机场的豪华大巴 ·提供免费运货进出成田机场和其他城市服务 ·免费乘坐成田机场捷运公司的火车头等厢至东京市中心	无	无
其他额外优惠	·获维珍免费之行成员资格 ·其后每次乘头等舱将获双倍飞行距离的免费经济舱剩余机票	·获维珍免费之行成员资格 ·起飞前提供饮料	无

【分析】

① 从维珍公司的发展看企业如何进行市场细分、市场定位?

② 这一案例给物流公司进行市场细分、市场定位和目标市场营销带来什么启示?

项目五

物流服务营销策划（一）

【内容简介】

在物流市场经济中，物流企业的最终目的是使企业能生存、发展和壮大，为达到这一最终目标，物流企业必须适应瞬息万变的市场变化，这就必然会使物流企业，在不同的时间、不同的市场情况下确定其不同的工作重点，确定其近期和远期的不同发展目标，并努力采取各种措施去实现其近期的和远期的发展目标。而产品、价格、渠道、促销是企业为实现其目标所需运用的最重要的手段。

物流企业所处的阶段不一样则各个阶段的发展目标也不一样，物流企业为实现不同目标而定的产品、价格、渠道分销策略也会不一样，因而，物流企业产品、价格、渠道分销策略须按照物流企业的目标市场战略及市场定位战略的要求来进行。

【教学目标】

1. 知识目标

(1) 了解物流产品整体概念的内容

(2) 了解物流新产品开发程序

(3) 了解物流企业产品定价技巧

(4) 了解物流企业分销渠道的类型

2. 技能目标

(1) 掌握常用的物流产品组合策略和品牌策略

(2) 掌握成本导向定向法、需求导向定向法、竞争导向定向法

(3) 掌握物流企业产品定价的依据及影响

(4) 掌握物流企业分销渠道的基本模式

(5) 掌握物流企业分销渠道设置的评价标准、评价及进行效益评价的公式

(6) 理解物流企业分销渠道的选择与管理

【案例导入】

宝供物流企业集团的服务产品策略

宝供物流企业集团是国内第一家注册成立的物流企业集团，凭借其超前的物流服务理念、遍布全国的运作网络、一流的质量保证体系、全程的信息服务优势、先进的物流管理模式、丰富的物流实践经验以及强大的学习型、知识型物流人才队伍，为40多家跨国公司和十几家国内大型企业提供优质、高效的专业化物流服务。宝供物流企业集团作为最早在中国提供一体化增值服务的第三方物流供应商，严格遵循“控制运作成本、降低客户风险、全面提升物流服务质量，使客户集中精力发展主业，增强核心竞争和可持续发展能力，成为客户最佳的战略联盟伙伴”的超前物流服务理念，向客户提供具有个性化优势的特色物流服务。

首先，大力推行“量身定做、一体化运作、个性化服务”的模式。宝供物流企业集团打破传统业务分块经营模式，在各大中心城市建立分公司或办事处，建立强大的、遍布全国的物流运作网络，将仓储、运输、包装、配送等物流服务广泛集成，为客户“量身定做”，提供“门到门”的一体化综合服务以及其他增值性服务。

其次，广泛采用具有国际水准的SOP运作管理系统和质量保证GMP体系。为了规划业务部门的运作标准，宝供物流建立了系统化、规范化、标准化的各类标准操作程序，即SOP。任何岗位上的任何事，SOP都有详细的规定。通过SOP的正确执行，确保了业务运作不会因个人的因素造成服务品质的不同，确保了GMP质量体系的实施和实现。几年来，公司的铁路运输货物缺损率都控制在万分之一左右，公路运输和仓储缺损率为零，铁路运输时间达标率在95%以上，获得了客户的一致赞许。

【引导思路】

宝供物流企业集团的服务产品策略给你带来什么启示？

工作任务一　确定物流企业服务产品

一、情景设置

近年来，湖北省快递业发展迅猛，快递市场竞争也是相当激烈。既有EMS这类国有企业，也有顺丰快递、申通快递这类民营企业，还有联邦快递这些外资企业。现有一家刚刚进入湖北武汉的MM快递企业，在经过了市场调查后，准备推出一款针对大学生的快递新服务产品，请你根据服务产品的整体概念设计新服务产品并制定相应营销策略。

二、技能目标

1. 掌握物流产品概念及特征。
2. 掌握物流产品生命周期各阶段的特点及营销策略。
3. 掌握物流新产品开发程序。
4. 掌握物流品牌概念和包装概念。

三、相关理论知识

（一）物流企业服务产品概念

1. 物流产品整体概念

现代物流市场营销的核心是满足客户的需要和欲望，从现代物流营销观念来考察产品的内涵，也就是从客户的角度来看，物流企业的“产品整体概念”主要指物流企业提供的各种物流服务，物流企业服务的本质是满足客户的需求。

2. 物流产品的层次

物流企业产品整体概念把服务分为四个层次，即核心产品、有形产品、附加产品和心理产品。

（1）核心产品　核心产品也称实质产品，是指产品能够提供给购买者的基本效用或益处，是购买者所追求的中心内容。

（2）有形产品　有形产品是指产品在市场上出现时的具体物质外形。它是产品的形体、外壳，核心产品只有通过有形产品才能体现出来。产品的有形特征主要指质量、功能、款式、品牌、包装。

（3）附加产品　它是客户在购买产品时所得到的附加利益的总和。它包括产品的说明书、保证、安装、维修、运送、信贷、技术培训、流通加工等增值物流服务。例如，美国联合包裹运送服务公司 UPS 案例。

（4）心理产品　心理产品指产品的品牌和形象提供给顾客心理上的满足。

上述四个层次的产品相互依存，构成完整的产品概念。

3. 物流企业的产品特征

物流企业提供的产品是一种服务，物流企业服务在发展中已逐步形成鲜明的特征，突出表现以下三个方面。

（1）服务关系契约化　物流企业的服务是通过契约形式来规范物流经营者与消费者之间的关系的。物流经营者根据契约规定的要求，提供多功能乃至全方位一体化的物流服务，并以契约来管理提供的所有物流服务活动及其过程。

（2）服务方式个性化　首先，不同的物流消费者存在不同物流服务需求，物流企业根据不同的要求，提供针对性强的个性化物流服务和增值物流服务。其次，物流服务的经营者也因为市场竞争、物流资源、物流能力的影响，不断强化物流服务的个性化和特色化，以增强在物流市场的竞争能力。

（3）服务功能专业化　物流企业所提供的是专业的物流服务。从物流设计、物流操作过程、物流技术工具、物流设施到物流管理必须体现专门化和专业水平，这既是物流消费者的需要，也是物流企业自身发展的基本要求。

（二）物流企业产品组合策略

1. 物流产品组合的概念

① 物流产品组合是指物流企业生产经营的全部产品的结构，它既反映企业的经营范围，又反映企业市场开发的深度，物流产品组合包含了产品线和产品项目这两个概念。

② 物流产品线又称产品大类或产品系列，是指物流产品组合中使用功能相似，分销渠道、客户群体类同的一组产品。例如仓储服务、运输服务，快递服务等，分别都可以形成相应的产品线。

③ 物流产品项目指在某一产品大类中的不同外观、不同属性、不同规格和不同价格的具体产品。物流产品项目就是物流产品的品种，或者说凡是列入物流企业销售目录产品的名称。

例如物流企业提供的仓储服务、运输服务分别为两个产品线。仓储服务中的不同规格，如提供的自动化立体仓储服务即为产品项目。

2. 物流产品组合策略

一般地讲，物流企业扩大产品组合的宽度，增加产品组合的深度，加强产品线的关联度，可能就会扩大销售，提高市场占有率或降低成本，增加利润。因此，物流企业对产品组合的宽度、深度、关联性有多种的选择，形成不同的产品组合策略。

（1）全线全面型策略　这种策略也称产品组合的扩展策略，它是扩大产品组合的宽度，又加深产品组合的浓度。采用这种策略的条件就是企业有能力顾及“整个市场的需要”。广义的全线全面型就是尽可能增加产品组合的广度和深度，不受密度的约束，即广度和深度都大，但密度小的产品组合。采用这种策略的物流企业的经营范围较广，生产的产品差异性较大，以此来满足多种细分市场的需求。

其优点是扩大经营范围，有利于充分利用企业的现有资源，扩大销售额，分散经营风险，增加产品线的深度，可以占领更多细分的市场，提高市场占有率和竞争力，可以减少市场季节性波动和需求波动。

但缺点也是明显的，需要投入更多的资金来增加产品线，要求拥有多种的生产技术、销售渠道、促销手段，管理更加复杂化。如果经营管理不善，将影响企业的声誉和增加风险。采用这种产品组合的主要是大型的第三方物流企业。

(2) 市场专业型策略　这种策略是指物流企业向某个专业市场（或某类客户）提供所需的各种产品，也就是其广度和深度都较大，但密度较小的产品组合。它是以特定专业市场的需求导向来确定产品线和产品项目，各产品线之间并不强调生产技术的关联性。例如中海物流从服务需要出发（客户主要是 IBM），设置配送中心、交通运输管理、市场信息咨询等服务项目来满足 IBM 的需求。

这种策略的优点是有利于在特定的专业市场建立相对优势，有利于与特定消费者进行信息交流，有利于利用相同的销售渠道。

缺点是集中在狭窄的专业市场，风险较大；生产多种产品，批量少，开发成本和生产成本高；要求拥有较多的资金、生产技术和生产设备，这是一般中小型物流企业所不具有的。

(3) 产品专业型策略　这种策略是指物流企业只提供同一大类不同品种的服务产品来满足各类客户的需要。这种策略的优点是充分利用原有生产技术和生产设备、减少了设计成本、管理成本和广告宣传费用，有利于满足不同消费者对服务产品的不同需求和有利于树立品牌形象。缺点是提供同一类服务产品容易受到产品市场生命周期的影响，容易受到替代产品的威胁。

(4) 有限的产品专业型策略

这是企业只生产或销售一条产品线中有限期的几个或一个产品项目的策略。专业化程度高，但局限性也很大。例如我国的国储，过去主要作为国家的紧缺物资的安全储备仓库。值得庆幸的是，目前的国储正在改制，改制后的国储将以全新的面貌加入市场竞争中，发挥其原有的专业化的优势，以弥补其局限性。

3. 物流产品组合的调整策略

物流企业总是要根据其外部环境和内部条件经常地调整自己的产品组合，使之经营保持最佳状态，具体策略如下。

(1) 扩大原有的产品组合

① 高档产品策略和低档产品策略。高档产品策略是指在原有的产品线中增加高档的产品项目，以提高企业声望，如海尔物流建立的高层自动化仓库，华储物流正在全力打造的银行监管仓库、海关监管仓库，都是在原有的他储服务中加入高附加值仓储服务，以提高本企业的形象；低档产品策略是指在原有的产品线增加低档的产品项目，以扩大批量。

② 产品系列化策略。即把原有的产品项目扩大成一个系列。系列化的方法有很多，如品质系列化、用途系列化、功效系列化等。

③ 增加产品线的策略，增加产品线，既可以增加关联性大的产品线，也可以增加关联性小的产品线。

(2) 缩减原有的产品组合　缩减原有的产品组合，虽然增加了企业的经营风险，但使企业可以集中力量，发挥专业化生产的优势，提高劳动生产率，改进服务质量，减少资金短缺，稳定产销关系。物流中的供应链管理思想，很好地体现了这一点。

(三) 物流企业产品生命周期策略

1. 产品生命周期概念

产品生命周期，是指产品从投入市场开始，直到产品被市场淘汰，最终退出市场为止所经历的全部时间。

产品生命周期一般可分为四个阶段：投入期、成长期、成熟期和衰退期。典型的产品生命周期曲线如图 5-1 所示。

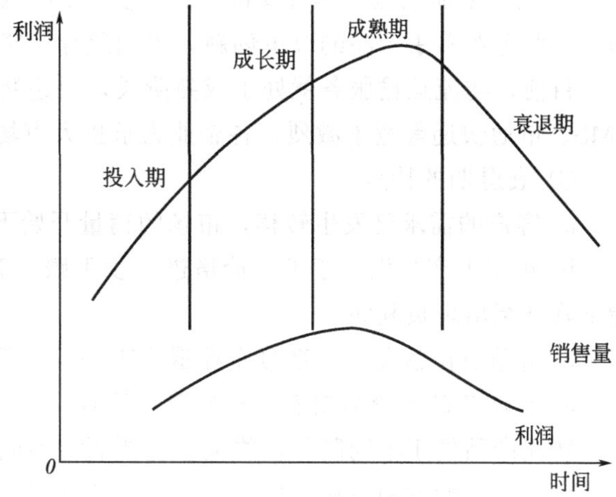

图 5-1　产品生命周期

2. 物流企业产品市场周期理论的概念及特点

（1）物流企业产品市场周期理论的概念　物流服务作为一种特殊的产品，同实物产品一样，也有其产品的市场生命周期。

物流产品市场生命周期是指一项物流服务投入市场直到它完全退出市场所经历的时间。与实物产品的市场生命周期相比，物流产品的市场生命周期中，成熟期能延续的时间往往相当长。如运输这一物流服务，它已经有着悠久的发展历史，从大航海时代兴盛至今不衰，并且有着持续不断发展下去的趋势。

（2）物流产品市场生命周期的特点　在物流产品生命周期的投入期、成长期、成熟期和衰退期四个阶段，各个阶段在销量、竞争、成本、利润上都有不同的特点。

① 投入期的特点

a. 新产品投入市场、消费者不太了解，质量不稳定，销售渠道和服务不适应消费者的需求，所以销量不大且增长缓慢。

b. 客户数量小，成本较高，再加上广告推销的费用大，可能会出现亏损。价格太高抑制需求，价格太低时增大回收资金的困难。

c. 竞争对手较少，有利于企业的产品定位和发展市场空间。

但在投入期时，企业还不能清晰地把握客户的需求风险，可能导致开发的失败。“南有苏宁，北有国美”，随着国美电器对南方市场的不断开发，总部设南京的苏宁电器也开始了其北方市场的开发，2003 年 10 月，首先开发的市场就是沈阳，从而进一步的推动了沈阳的第三方物流企业的发展——华储物流，华储物流为适应市场的发展及客户的特殊要求，正全力打造海关监管和银行监管仓库，投入 500 万资金，但成效如何还有待于市场的进一步检验。

② 成长期的特点

a. 客户已经熟悉产品，有的已经产生偏爱。由于促销的推动，吸引更多的客户，需求量快速上升。

b. 客户需求量增加，大大提高了产品质量并降低成本，价格可以进一步下降，对有价格弹性较大的产品，降价进一步刺激销量的上升。

c. 产品开始畅销并吸引了竞争者加入。

从总体市场来看，产品已经出现利润并且在不断增长。

③ 成熟期的特点

a. 市场达到饱和，销量达到最高峰并处于相对稳定状态。市场上出现多种品牌的产品，广告和削价竞争变得十分突出。

b. 市场需求量进一步扩大，达到顶峰，成本降得更低，但价格也随之降低，在成熟阶段的后期，总利润也在下降。

c. 竞争更加激烈，具有规模和品牌实力的企业市场占有率逐渐提高，一些企业被挤出市场。一些企业着手产品的改革创新，采用差异策略或集中策略瞄准目标市场。

目前，物流运输服务就处于成熟阶段，快递物流业务竞争更是空前，顺丰快递、宅急送、EMS、申通快递等竞争激烈，各企业为求扩大市场份额，物流成本要求降得更低。

④ 衰退期的特点

a. 客户的需求已发生转移，市场的销量开始下降，广告与推销等手段失去作用。

b. 市场上产品供大于求，价格进一步下跌，客户需求量迅速下降，整个市场的总利润开始下降甚至出现负利润。

c. 竞争日渐淡化。一部分企业退出市场，一部分企业采了收割策略维持运行。

3. 物流产品生命周期各阶段的营销策略

物流产品处于不同阶段，物流企业要制定不同的营销策略。

(1) 投入期营销策略　根据这一时期的特点，物流企业营销策略的重点，缩短物流产品的市场投入时间，突出“快”字。

① 物流产品策略　进行物流产品定型，完善物流产品性能，稳定物流产品质量，为物流产品进入成长期大批量生产做准备。

② 价格和促销策略　在投入期，物流产品的价格和促销费用，对能否尽快打开物流产品销路有很大关系。价格与促销费用依不同产品、面对市场不同，可以采取以下几种策略。

a. 高价高促销策略　该策略以高价配合大规模促销活动，先声夺人，占领市场，希望在竞争者尚未反应过来之前，就收回投资。采取这种策略，往往是该物流产品需求弹性小，市场规模大，并且潜在竞争者较多。

b. 高价低促销策略　为早日收回投资，仍以高价问世，但为减少促销成本，只进行有限的促销活动。采取这种策略，往往是该物流产品需求弹性小，市场规模不大，竞争性小。

c. 低价高促销策略　它常可使物流产品以最快的速度渗入物流市场，并为物流企业带来最大的市场占有率。实施这种策略，往往是该物流产品的市场容量相当大，消费者对物流产品不了解，且对价格反应十分敏感，潜在竞争比较激烈，必须抢在激烈竞争前使物流产品大量上市。

d. 低价低促销策略　低价格的目的在于促使物流市场尽快接受该物流产品，低促销费用的作用在于降低销售费用，增强竞争力。采用这一策略，往往市场容量较大，顾客对该项新产品的价格十分敏感，有相当多的潜在竞争者准备加入竞争行业。

③ 渠道策略　对于大多数新产品，企业一般采用比较短的分销渠道。

(2) 成长期营销策略　针对这一时期的特点，物流企业的营销重点就是怎样比竞争者提供更好的产品，怎样更好地满足消费者需要，突出“好”字。

① 产品策略　努力提高物流产品质量，增加新的产品特色和式样，改进包装，实行物流产品差异化策略。增强企业创名牌意识，树立产品独特形象。

② 价格策略　使产品价格保持在适当水平。这时若采用高价策略，会失去许多顾客；若采用低价策略，因产品已被广大消费者接受，企业将失去该得的利润。

③ 分销策略　完善分销渠道，扩大商业网点。

④ 促销策略　改变广告宣传的重点，把广告宣传的重心从介绍产品转到使广大购买者深信本企业的产品上。

（3）成熟期营销策略　在这一时期，物流企业应当采取进攻与防御并进的策略，营销重点是尽量延长成熟期时间，稳定市场占有率。

① 物流产品改进策略　即将物流产品的性能、品质等予以明显改革，以便保持老用户，吸引新顾客，从而延长成熟期，甚至再次进入投入期（即再次循环）。此外，提供新的服务也是产品改进策略的重要内容。

② 市场改进策略　即指寻求新用户。市场开发可以通过下述三种方式实现。

一是开发产品的新用途，寻找新的细分市场。例如，华宇物流在全国630多个城市设立分支机构，为其进行揽货业务，同时调整产品，使物流服务产品的质量进一步提高。

二是刺激现有老顾客，提高产品使用率。

三是调整营销组合，重新为物流产品定位，寻求新的买主。例如，物流企业可以降低价格、强化广告及其他促销手段。

③ 营销组合改进策略　这种策略是通过改变市场营销组合因素来延长产品的成熟期，例如，降价、开辟多种销售渠道、有奖销售等来刺激消费购买。在这一策略中，最常用的是通过降低价格来吸引顾客，提高竞争能力。但采用此种策略的主要缺点是：容易被竞争者模仿而加剧竞争，又可能使销售费用增加而导致利润损失。

（4）衰退期营销策略　在衰退期，由于技术的进步，消费者需求偏好发生变化，或者由于激烈的竞争，导致生产过剩，使得销售额、利润下降。通常有以下几种策略可供选择。

① 集中策略　即把物流企业的资源集中使用在最有利的细分市场，最有效的销售渠道和最易销售的品种上，调整运输线路结构和密度，减少衰退的航次、车次、航班。

② 收缩策略　维持最低数量的运力，大幅度降低促销水平，尽量减小销售和推销费用，满足市场上尚存的少部分物流服务的需要，以增加目前的利润。

③ 放弃策略　对于衰退比较迅速的物流产品，应当机立断，放弃经营。可以采取完全放弃的形式，如停开已经衰退而且亏损严重的运输线路营运；也可以采取逐步放弃的方式，使其所占用的资源逐步转向其他产品。

（四）物流企业新产品开发

1. 物流新产品开发概述

从物流市场营销角度看，物流新产品是指在某个目标市场上首次出现的或者是物流企业首次向市场提供、能满足某种消费需求的产品。只要物流产品整体概念中任何一部分具有创新、变革和改变，就算物流新产品。

不过，物流企业面对的一个问题是，它们必须开发物流新产品，但是形势却极不利于成功。解决这个问题的方法是，认真策划物流新产品的开发计划，并且为找到和开发新产品建立系统的新产品开发程序。

2. 新产品开发程序

新产品开发程序的八个主要阶段如图5-2所示。

（1）创意形成　新产品开发始于创意形成，即系统化地搜寻新产品主意。为了找到几个好主意，物流企业一般都要进行许多创意。物流新产品创意的主要来源包括内部来源、顾客、竞争对手、销售商和供应商及其他。

许多物流新产品创意来自物流企业内部。物流企业可通过正规的调研活动找到新创意，还可获取科学家、工程师和制造人员的智慧。此外，物流企业的高级管理人员也会突发灵感，想出一些新产品创意。物流企业销售人员是又一个好来源，因为他们每天都与顾客接触。

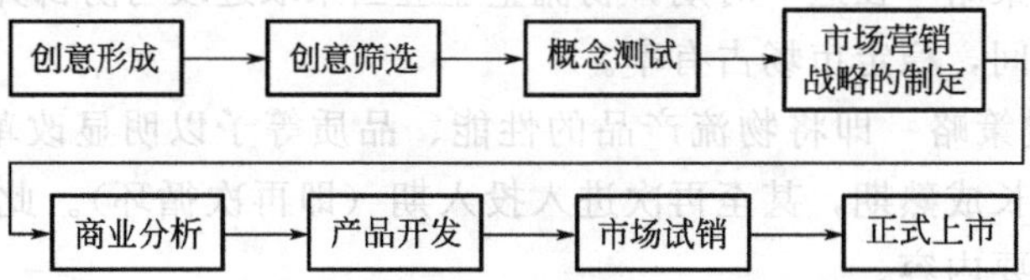

图 5-2 新产品开发程序的八个阶段

好的新产品创意还来自对顾客的观察和聆听。物流企业可通过调查或集中座谈了解到顾客的需要和欲望。通过分析顾客提问和投诉发现能更好地解决消费者问题的新产品。

竞争对手是新产品创意的又一好来源。物流企业观察竞争对手的广告以及其他信息，从而获取新产品的线索。它们购买竞争对手的新产品，观察产品是怎样动作的，分析产品的销售，最后决定物流企业是否应该研制出一种自己的新产品。

销售商和供应商也会有许多好的新产品创意。销售商接近市场，能够传递有关需要处理的消费者问题以及新产品可能性的信息。供应商能够告诉企业可用来开发新产品的新概念、技术和物资。

(2) 创意筛选　创意形成阶段创造了大量的新产品开发创意。接下来几个阶段的目的是减少创意的数量。第一个创意减少阶段是创意筛选。筛选的目的是尽可能快地找到好创意，放弃坏创意。由于在后面几个阶段产品开发的成本将会飞涨，所以，企业必须采用能转变成盈利性产品的创意。

(3) 概念测试　是指用几组目标消费者来测试新产品概念。新产品概念可用符号或实物的形象提供给消费者。对某些概念测试来讲，一句话或一幅图便可能足够了。但是，对概念更具体、形象地阐述会增加概念测试的可信度。

(4) 市场营销战略的制定　营销战略报告书由三部分组成：

第一部分描述目标市场，计划中的产品定位，以及在开始几年内的销售额、市场份额和利润目标；

第二部分概述产品第一年的计划价格、销售及营销预算；

第三部分是描述预计的长期销售额、利润目标及营销组合战略。

(5) 商业分析　管理部门一旦对产品概念及营销战略做出了决策，那么，接下来便可以估计这项建议的商业吸引力了。商业分析，是指考察新产品的预计销售、成本和利润，以便查明它们是否满足企业的目标。如果满足，那么，产品就能进入产品开发阶段了。

(6) 产品开发　到此时为止，就许多新产品概念而言，产品还只是一个口头描述，一幅图画，或者是一个粗糙的模型。如果产品概念通过了商业测验，那么，就可以进入产品开发阶段。在此，市场研究与开发或者工程部门可以把市场概念发展成实体产品。

(7) 市场试销　如果产品通过了性能及消费者测试，那么，接下来的一步便是市场试销了，在这一阶段，产品及营销方案被放大到更加逼真的市场环境中去。市场试销使营销商在进行大笔投资、全面推广产品之前通过营销产品获得经验。

(8) 正式上市　市场试销为管理部门提供所需信息以便做出最终决策。是否要推出新产品？设立新产品的企业首先必须决定推出时机。要考虑新产品上市对企业原有服务销量的冲击、产品的季节性需求变化、产品的改进结果。一般选择在企业同类老产品进入衰退阶段、新产品处在季节性需求旺季时作为上市的时机。接下来，企业必须决定在哪里推出新产品，是在单一的地点，还是在一个地区；是面向全国市场，还是国际市场。

（五）物流企业品牌策略

品牌既提供了顾客识别产品的手段与方法，也是企业赢得竞争的重要营销工具，因此，品牌已成为资本和经济中的“原子核”。

1. 品牌概念

物流营销关于品牌的定义是：品牌是一个象征或设计，或其组合。它可用来辨识一个卖者或卖者集团的货物或劳务，以便同竞争者的产品相区别。

品牌的概念，包括两个基本含义。

① 品牌由各种可作为标志物的东西组成，如名称、符号、图案等。

② 品牌基本作用是标记在产品上用于辨别经销者是谁。

具体说，品牌包括以下三个方面内容。

① 品牌名称（brand name）。指品牌中能够被发音，能被语言读出来的部分。如“海尔”品牌中的“Haier 海尔”。

② 品牌标记（brand mark）。指品牌中能够辨别，但不能由发音或由语言明确读出的部分。如“海尔”品牌中的两个拥抱的儿童形象。

③ 商标（trade mark）。商标是个法律术语，凡是取得了商标身份的那部分品牌都具有专用权。

商标和品牌区别：如果品牌主将其品牌全部进行商标登记注册并获得许可，品牌（全部）就是商标；如果品牌主只将其品牌中的某一部分用于商标登记注册，则商标只是品牌的一个部分。在“海尔”品牌中，“Haier 海尔”旁边有一个“(R)”标记，表示这部分是取得了商标权的。所以，对于“海尔”品牌来讲，它的商标与品牌名称是同一个标志物。可以看出，品牌标记（两个拥抱的儿童形象）就不是商标。

2. 品牌的作用

品牌的基本作用是提供产品的营销者身份辨识。但是，在营销活动中，品牌并非辨识符号的简单组合，而是一个复杂的识别系统，它包括以下六个层次。

（1）属性　一个品牌对于顾客来讲，首先给他或她带来的是使用这个品牌的产品属性。如“奔驰”代表高档、制作优良、耐用性好、昂贵和有声誉；“海尔”代表适用、质量和服务等。

（2）利益　如同顾客不是购买产品而是购买利益一样，顾客购买某个品牌的产品时，也不是真正购买它的属性而是购买利益。因此，品牌的每种属性，需要体现顾客利益。

（3）价值　品牌在提供属性和利益时，也包含营销价值和顾客价值。就营销价值来说，就是市场上的“名牌效应”。即一个品牌如果被目标顾客喜爱，用它来标记任何产品，营销时都非常省劲，营销者不必再为此过多花费促销费用。

（4）文化　品牌可附加象征一种文化或文化中某种令人喜欢或热衷的东西。文化中，最能使品牌得到高度市场认可和赞同的是文化所体现的核心价值观。“可口可乐”代表美国人的崇尚个人自由的文化；“奔驰”代表德国人的严谨、纪律和追求效能的文化；“联想”能够代表科技发展无限性；“海尔”能够代表中国文化中追求的祥和亲善；“长虹”则能体现出更多的中华民族自尊自强。

（5）个性　品牌可以具有一种共性，也可以具有个性。品牌的个性表现为它就是“这样的”，它使使用者也能具有对“这样”的认同或归属感。“可口可乐”那种随意挥洒的字体造型，让人感到一种追求自我的个性；“海尔”那两个拥抱的儿童的标记，使人想到的人际间的亲情和睦。

（6）使用者　品牌通过上述各层次的综合，形成特定的品牌形象，必然表现为它应有特定的使用者，“苏姗娜”不能用于老年人使用的化妆品上；同样，像“娃哈哈”这种品牌用到成人用品上会使人感到别扭。

3. 品牌策略

品牌策略是企业营销管理的重要方面。企业是否给其产品规定适当的名字，是企业营销部门首先考虑的问题。企业通过精心设计品牌，并向政府申请注册取得批准，可以增加产品的价值。品牌策略一般有以下几种。

（1）品牌化策略　这是指企业的营销部门给其销售的产品确定相应的品牌。是否需要命名品牌，这是企业营销部门首先要考虑的问题。历史上的产品大都没有品牌，但商品经济发达的今天，绝大部分产品都确定了品牌，这是因为品牌化虽然可能会使企业增加部分成本，但却能给企业带来诸多好处。不过，由于品牌的使用特别是名牌的创立需要花费不少费用，有的企业也采用非品牌化策略。这主要是节约品牌包装等的费用，使产品以较低价格出售。价格低使产品具有相当的竞争力，成本低则使企业能保证适度的利润。

（2）品牌所有权策略　生产企业如果决定给一个产品加上品牌，通常会面临三种品牌所有权选择，一是生产商自己的品牌；二是销售商的品牌；三是租用第三者的品牌。一般地说，生产商都拥有自己的品牌，他们在生产经营过程中确立了自己的品牌，有的更被培养成为名牌。但是，20世纪90年代开始，国外一些大型的零售商和批发商也在致力于开发他们自己的品牌。这主要是因为这些销售商希望借此取得在产品销售上的自主权，摆脱生产商的控制，压缩进货成本，自主定价，以获取较高的利润。此外，也有一些生产商利用现有著名品牌对消费者的吸引力，采取租用著名品牌的形式来销售自己的产品，特别是在企业推出新产品或打入新市场时，这种策略更具成效。

（3）家族品牌策略　决定使用自己品牌的企业，还面临着进一步的品牌策略选择。主要有以下策略选择。

① 统一品牌策略　这是指企业决定其所有的产品使用同一个品牌。这样可使企业节省品牌设计、广告宣传等费用，有利于企业利用原有的品牌声誉，使新产品顺利进入市场。但统一品牌策略具有一定的风险，如果其中有某一种产品营销失败，可能会影响整个企业的声誉，涉及其他产品的营销。

② 个别品牌策略　这是指企业决定其不同的产品采用不同的品牌。这样可以分散产品营销的市场风险，避免某种产品失败所带来的影响；也有利于企业发展不同档次的产品，满足不同层次消费者的需要。但使用个别品牌策略，企业要增加品牌设计和品牌销售方面的投入。

③ 品牌延伸策略　这是指企业利用已成功的品牌来推出改良产品或新产品。那些著名的品牌可以使新产品容易被识别，得到消费者的认同，企业则可以节省有关的新产品促销费用。如金利来从领带开始，然后扩展到衬衣、皮具等领域；娃哈哈集团从儿童营养液扩展到果奶、纯净水、营养八宝粥、AD钙奶、红豆沙、绿豆沙等。但这种策略也有一定的风险，容易因新产品的失败而损害原有品牌在消费者心目中的印象。因此，这一策略多适用于推出同一性质的产品。

④ 多品牌策略　这是指企业决定对同一类产品使用两个或两个以上的品牌名称。这是由美国P&G公司首创的。这样可以抢占更多的货架面积，扩大产品的销售，争取那些忠诚度不高的品牌转换者，同时也能占领更多的细分市场。如与P&G公司合资的广州宝洁公司就是这种策略的典型，它拥有海飞丝、飘柔、潘婷、沙宣等品牌。多种品牌还可以加强企业内部的竞

争机制，提高经济效益。

（4）品牌更新策略　企业确立一个品牌，特别是著名品牌，需要花费不少费用。因此，一个品牌一旦确定，不宜轻易更改。但有时，企业也不得不对其品牌进行修改。品牌更新通常有两种选择。

① 全部更新，即企业重新设计全新的品牌，抛弃原品牌。这种方法能充分显示企业的新特色，但花费及风险均较大。

② 部分更新。即在原品牌基础上进行部分的改进。这样既可以保留原品牌的影响力，又能纠正原品牌设计的不足。特别是在CIS导入企业管理后，很多企业在保留品牌名称的基础上对品牌标记、商标设计等进行改进，既保证了品牌名称的一致性，又使新的标记更引人入胜，取得了良好的营销效果。

4. 物流企业品牌策略

作为物流企业常用的品牌策略有以下几种。

（1）品牌兼并策略　品牌兼并策略指物流企业通过兼并或被兼并的手段，增强物流服务的一体化能力，壮大自己的实力的策略。在激烈的市场竞争中，第三方物流公司业务要想进行延伸，通过实施兼并策略，增强其管理水平和技术含量，是一个可能的选择，由资源整合走向品牌兼并。采用这种策略的优点在于：增加企业实力，增强竞争能力。

（2）品牌一体化策略　品牌一体化策略指物流企业通过股份控制或联合、联盟等实现品牌一体化的策略。物流企业的办事处、分公司以及相应的产能服务资源（堆场、仓库、车队等）及载体在地域上网络化，就全国各大城市点甚至就全世界各大城市的机构进行资源整合，而因此往往通过股份控制或联合、联盟等品牌一体化的品牌营销战略来实现。

采用这种策略的优点在于可分摊费用，降低成本。

（3）品牌形象策略　品牌形象策略是指将企业的标志、企业名称、企业的色彩等视觉要素设计独具特色，让人一目了然，给人以强烈印象的策略。物流企业要具备较强综合能力，而物流企业的综合能力不仅体现在产能服务上（服务规范、服务硬件体系：堆场、设备、仓库等）和地域优势上，更体现在市场的行销力和服务品质，而两者都均体现在企业的形象识别上，即品牌形象号召力上。

采用这种策略的优点在于将企业精神和企业文化形成一种具体的形象，向公众传播，使公众产生一种认同感和价值观，以达到促销的目的。

（4）副品牌策略　副品牌策略是指大型物流企业以一个品牌涵盖企业的系列产品，同时各个产品打一个副品牌，以副品牌来突出产品个性形象。采用副品牌后，广告宣传的重心仍是主品牌，副品牌一般不单独对外宣传，要依附主品牌进行联合广告活动，传播面广，且张扬了产品的个性形象。

（5）多品牌策略　多品牌策略是指同一物流企业在同一产品上设立两个或多个相互竞争的品牌，这虽然会使原有品牌的销量略减，但几个品牌加起来的总销量都比原来只有一个品牌时多。

多品牌策略的好处：一是许多客户都是品牌转换者，有求新好奇的心理，喜欢试用新品牌；二是多品牌可把竞争机制引进企业内部，使品牌之间相互竞争，提高效率；三是多品牌可使企业多拥有几个不同的细分市场，即使各品牌之间差异不大，也能各自吸引一群客户。

四、技能训练

【案例分析】

中外运敦豪客户服务中心1997年创立，一直以来都在以提升客户满意度为目标，致力于成为世界一流的客户服务中心，创造并推动服务竞争优势，以期为客户创造更多价值。

中外运敦豪客户服务中心现主要负责DHL中国客户呼入业务，公司在北京（北方区）、上海（东方区）、广州（南方区）分别设立区域级呼叫中心，采用全国免费客户服务热线800-810-8000接入，并使用400-810-8000为手机用户提供服务。除了电话，还开通多种客户沟通和联络渠道。在运营方面执行严格的行业质量标准体系，在预定取件、服务咨询、跟踪查询、服务补救、重要客户支持、电子商务受理过程中精益求精，为客户提供全天候、一站式、个性化的信息、数据和客户服务，与客户建立长期的伙伴关系。

随着呼叫中心标准化和规模化的推进，逐步建立集中的客户服务中心网络，可以迅速响应客户的需求，为客户提供DHL世界级标准的优质服务。多年来，中外运敦豪的业务范围不断拓展，业务量持续飙升，客户群体不断增加。

中外运敦豪客户服务中心一直在逐步建立信息反馈机制和质量管理体系，从而确保服务不断提升，实现和衡量客户满意效果。提供的服务有如下几个特色：多渠道，通过多媒体客户互动方式，让客户随时随地与客户服务中心畅通联系；一站式，通过客户首次致电解决率和质量监控，确保真正达到一站式服务；全天候，全年365天的不间断热线服务，确保每次联络都可以迅速理解客户的需求，提供准确、详尽的信息和解决方案；个性化，通过主动查询、专人服务、快件保险等增值服务，让全球客户享受个性化解决方案；高绩效，拥有经验丰富的管理团队，应用标准规划客户服务中心发展方向和远景，并通过流程控制、业务监控等方式合理安排工作时间和人员配备，完成和保持DHL亚太区2006～2009年度的各项绩效指标的领先地位；满意度，为了确保在每一次联络中让客户满意，经过外部专业咨询公司的年度客户满意度调查结果，中外运敦豪的客户服务满意度在物流业位居首位，公司还每两年组织一次员工满意度调查，并通过行动，吸引优秀人才继续和公司共同发展。

问题：

1. 中外运敦豪客户服务中心是如何为客户提供多种物流服务的？
2. 本案例对其他物流企业开展物流产品服务的启示是什么？

工作任务二　制定物流企业服务定价

一、情景设置

近年来，湖北省快递业发展迅猛，快递市场竞争也是相当激烈。既有EMS这类国有企业，也有顺丰快递、申通快递这类民营企业，还有联邦快递这些外资企业。现有一家刚刚进入湖北武汉的MM快递企业，在开发了一系列快递服务产品后，面临着对这些服务产品定价的问题。现在请你谈谈你的看法（可以从制定价格考虑的基本因素、技巧、方法等方面考虑）。

二、技能目标

1. 了解物流企业产品定价的依据及影响。
2. 掌握成本导向定向法、需求导向定向法、竞争导向定向法。
3. 理解物流企业产品定价技巧。

三、相关理论知识

（一）物流企业产品定价的依据

为了更好地制定产品的价格，需要从理论上清楚产品定价的影响因素，又要将理论同市场实际相结合，具体运用到实践中去，并通过实践总结出适合实际需要的产品定价策略。本节主要对影响物流产品定价的重要因素进行分析研究。

1. 定价目标

在产品定价和企业目标之间，产品定价应服从和服务于企业目标。通常，企业定价目标主要有以下几种。

（1）维持企业生存发展　对于物流企业来说，当行业竞争日趋激烈或其提供的产品在市场上大量过剩时，物流企业的发展目标就应是保障本企业在激烈的竞争中不至于被淘汰，维持企业的生存发展。此时，物流企业在对其产品的定价时不宜制定过高的价格，否则，易使该企业产品在市场上失去竞争力而危及其生存发展。

（2）实现企业利润最大化　当行业市场处于初始发展阶段，市场竞争相对较小或其提供的产品供不应求，以及企业产品或劳务在市场上处于绝对有利地位等时，企业可实行相对其成本来讲较高的价格策略，以获取超额利润，实行或接近实现利润最大化。如我国现阶段能提供高效优质物流产品或劳务服务（指相对于其他大多数物流企业来讲）的物流企业可根据此制定其产品价格。

（3）扩大市场占有率　在市场经济条件下，谁拥有市场，谁就能生存、发展并获得可观的回报，因此，占领更大的市场是企业都渴望的。当企业以扩大市场占有率为发展目标时，其产品或劳务的价格就应围绕着如何通过产品价格的变化来实现其市场占有率的增加来确定，如企业可制定尽可能低的产品价格或紧紧盯住主要的竞争对手的产品价格适时变更本企业产品价格等。

（4）提高产品质量　企业也可能考虑以产品质量领先作为其目标，并在生产和市场营销过程中始终贯彻产品质量最优化的指导思想。在物流企业中，因其提供的产品多数为各种劳务（看不见的产品），不同物流企业提供的劳务质量的高低会直接影响消费者的消费决定。当然，此时就要求物流企业用高价格来弥补因提高产品的高质量和开发的高成本。

2. 市场供求

从质上讲，产品的价格是由产品的供求决定的，弄清楚产品的供求及价格弹性等影响产品价格的基本因素对我们灵活运用各种定价方法和技巧具有非常重要的作用，因此，我们将着重就相关问题进行阐述。

（1）产品需求理论　需求是指消费者在某特定时期内和一定市场上，按某一价格愿意并且能够购买的某种商品或劳务的数量。此处，应该注意的是，这里所指的需求是消费者购买欲望和购买能力两者的统一，如果消费者有购买欲望但无购买能力，则其虽有欲望也不能成为我们所指的有效需求。

产品的价格和消费者对产品的需求之间存在着密切的联系。通常对于大多数产品来说，在其条件相同的情况下，产品价格同消费者对该产品的需求数量之间是呈反比关系的，即我们通常所讲的产品的价格越便宜，买的人越多；产品的价格越高，买的人越少。图 5-3 表明了产品需求量与价格的关系。从图上可以看出，如果产品价格从 P_1 提高到 P_2，它卖出的数量会减少，反之，如果企业产品价格从 P_1 降低到 P_3，它卖出的数量会增加。

（2）产品供给理论　供给是指企业在一定市场上和某一特定时期内，与每一价格相对应，

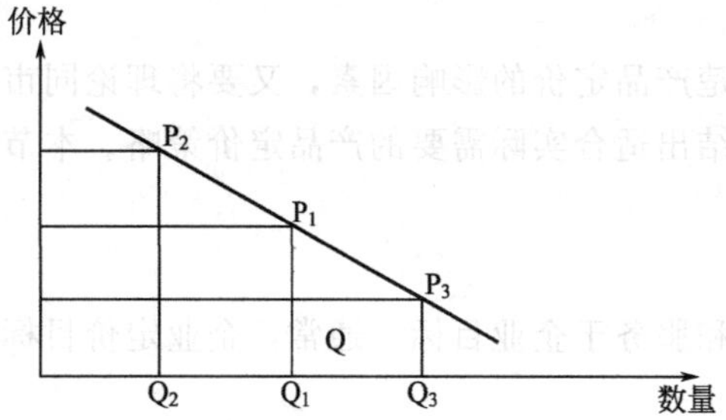

图 5-3 某商品的需求曲线

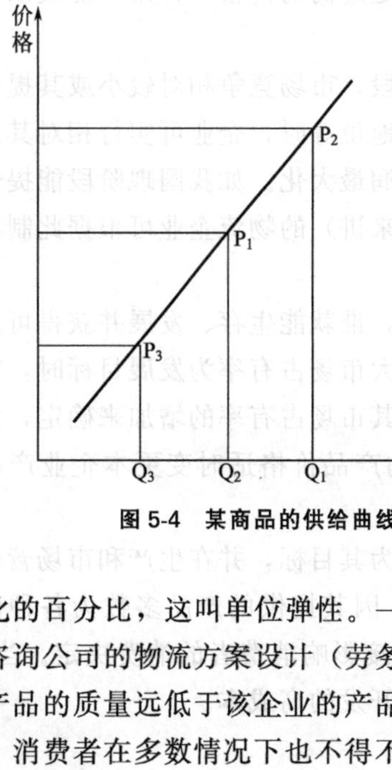

图 5-4 某商品的供给曲线

愿意并且能够供应的产品的数量。

同需求类似，产品的供给与产品的价格之间也存在密切联系。通常，产品的价格同产品的供给之间存在正比关系。即产品价格越高，企业愿意生产或提供更多数量的产品；反之，企业产品的供给量会减少。图 5-4 表明的产品的供给量与价格的关系。从图可知，如果企业产品价格从 P_1 上升至 P_2，则供给数量增加；反之，如果产品价格从 P_1 下降至 P_3，则供给数量减少。

(3) 需求的价格弹性 需求的价格弹性就是用来衡量商品需求数量对它的价格变化反应的灵敏程度的概念。

需求弹性的计算公式：

需求的价格弹性 $|Ed|$ ＝需求量变化的百分比/价格变化的百分比

通过分析可知，不同产品的需求弹性是不同的，有的需求弹性 $|Ed|$ 大于 1，即需求数量变化的百分比大于价格变化的百分比，这种情形叫做产品富有弹性；有的需求弹性 $|Ed|$ 小于 1，即需求量变化的百分比小于价格变化的百分比，这种情况叫做产品缺乏弹性；有的需求弹性等于1，即需求量变化的百分比等于价格变化的百分比，这叫单位弹性。一般需求弹性较小，如某家擅长从事物流方案设计、策划的物流咨询公司的物流方案设计（劳务）产品的价格就相对缺少弹性，其原因在于其同类企业的同类产品的质量远低于该企业的产品质量，对于有需要的消费者来说，即使该咨询公司的要价很高，消费者在多数情况下也不得不购买其产品；而非必需品或非常容易形成供过于求状况的需求弹性较大，如某省的两个地区之间的中短途汽车货运的价格在完全市场竞争条件下，其价格弹性相对较大。

弄清楚不同产品需求具有不同弹性后，将使得在对不同产品进行定价时的决策更合理、更科学。

3. 物流企业成本

大家都清楚，企业不可能随心所欲制定产品或劳务的价格。产品价格受众多因素的影响，制定价格则须注意分析相关因素。但不管怎么样，产品的最低价格不能长期低于生产产品成本，否则企业将无法经营。因此，物流企业制定价格时必须估算成本。需注意的是，此处所指产品成本应是生产同类产品的社会必要劳动成本。

对于物流企业而言，物流成本有广义和狭义之分。狭义的物流成本仅指由于物品移动而产生的运输、包装、装卸等费用。具体对于流通企业而言，其物流成本更侧重于狭义的物流成本。

但是，物流成本的归集和分析同其他类型企业有较大不同。原因在于首先是物流活动的范围非常广，致使其成本分析非常困难；其次，由于物流成本较难单独列入企业的计算的范围和具体的计算方法还没有形成统一的规范。对此。我们可参考国外物流成本归集计算方式来确定物流成本。

第一种方式是按物流范围划分。将物流费用分为：供应物流费用、生产物流费用、企业内部物流费用、销售物流费用、退货物流费用和废弃物流费用等六种类型。

第二种方式是按支付形式划分的物流成本费用计算标准。将物流费用分为材料费、人工费、公益费、维护费、一般经费、特别经费和委托物流费用等。

第三种方式是按物流的功能划分计算物流费用。包括：运输费、保管费、包装费、装卸费、信息费和物流管理费等。

总之，物流成本就是在物流过程中，为提供有关服务要占用和耗费的活劳动和物化劳动的总和，换句话说，也就是提供某种程度的物流服务过程中所花费的人力、物力和财力的总和。针对不同的成本分析目的，我们应具体问题具体分析，归集出相关过程中的人、财、物的消耗作为其物流成本。

4. 物流竞争者的产品和价格

在市场经济中，绝大多数企业都存在或多或少的竞争对手。为了更准确地为本企业产品定价，企业应采取适当方式，了解竞争对手产品的质量和价格。企业在获得对手相关信息后，才可与竞争产品比质论价。一般来说，如果二者质量大体一致，则二者价格也应大体一样，否则定价过高会使本企业产品可能卖不出去。如果本企业的产品质量较高，则产品价格也可以定得较高，如果本企业产品质量较低，那么，产品价格就应得定得低一点。还应看到竞争对手也可能随机应变，针对企业的产品价格而调整其价格，也可能不调整价格而调整市场营销组合的其他变量，与企业争夺顾客。当然，对竞争对手价格的变动，企业也要及时掌握有关信息，作出明智的反应。

5. 国家有关方针政策的影响

价格是关系到国家、企业和个人三者之间的物质利益的大事，与人民生活和国家的安全息息相关。因此，国家常常会通过制定物价工作方针和各项政策，对价格进行管理控制或干预。因此，国家有关方针政策对市场价格的形成有着重要的影响。

(1) 行政手段　即指政府通过出台相应的行政规定或行政制度等来促进相应行业的有序发展等。如在物流企业中，其提供的产品往往是无形的劳务，其产品是非物质性的，往往导致价格竞争随着市场的日趋成熟而日趋激烈，此时，为防止物流企业的不正当竞争，行业协会或政府相关部门可采用规定收费标准的手段，限制物流劳务的过高或过低价格的出现，从而维持物流业健康平稳的发展。

(2) 法律手段　即通过立法机关制定相关的法律、法规来维护相关行业的健康发展。如我国制定的《企业法》《公司法》《反不正当竞争法》《消费者权利保护法》《知识产权法》等，目的是用以维护市场经济的健康有序的发展，如当物流企业中出现垄断时，可采取相应法规限制垄断企业的存在和发展。

(3) 经济手段　指国家采用税收、财政、利率、汇率等手段来间接影响经济及物价。如当经济发展过热时，政府可采用增加税收、提高银行利率等经济手段来调节其发展。例如，在物流企业发展过热时，政府可对物流产品的价格增加税收，高价高税，由此会导致企业的税后利润下降，从而影响企业的定价。

(二) 物流企业产品定价基本方法

通常，企业制定价格是一项很复杂的工作，如前一节所讲，必须综合考虑多方面的因素，如产品的市场供给、需求、成本费用、消费者预期和竞争情况等，采取一系列步骤和措施来确定价格。

对于物流企业来讲，因其产品是向用户提供劳务服务，产品是无形的，因此，影响产品价格的因素相对于有形的产品如汽车等讲就会显得更复杂，更难以把握。为了制定好产品价格，从市场营销管理的价格策略上提高物流企业的竞争力，从总体上，首先应熟悉物流企业的产品情况，在此基础上，全面分析产品的因素，灵活运用各种定价方法和技巧，才能更好地制定好物流企业产品的价格。

1. 成本导向定价法

这种定价方法主要是从企业的角度来确定产品的价格，从经济学来讲，企业是以盈利为目的的经济组织。为了保持和提高企业的竞争能力，企业必须通过销售其产品来收回其付出的成本并在此基础上获得相应的利润回报。因此，制定其相关产品的价格就必须考虑产品的成本和利润。这种方法的特点是简便、易用。但是，这也是最不以消费为导向的方法，由此制定出来的产品价格还需由消费者的反应来确定其定价的科学性、合理性，具体来讲，成本导向主要包括了两种具体方法。

(1) 成本加成定价法　这种方法就是按产品单位成本加上一定比率的利润制定其产品的价格。加成的含义就是一定比率的利润。其计算公式为：

$$P=C\ (1+R)$$

式中　P——单位成本；

C——单位产品成本；

R——成本加成率或预期利润率。

例：某企业单位产品总成本（由单位劳动力成本、原材料成本、电力消耗、工具成本、日常开支成本汇总）为 12.32 元/个产品，企业的预期利润率为 20%，求该产品的销售价格是多少？

$$单位产品售价=C\ (1+R)\ =12.32\ (1+20\%)\ =14.784\ 元/个产品$$

这种定价方法的特点是：第一，成本的不确定性一般比需求少，将价格盯住单位成本，可以大大简化企业定价程序，而不必根据需求情况的瞬息万变作调整；第二，如果同行业的企业都采用这种定价方法，各家的成本和利润比例接近，定出的价格相差不多，可能会缓和同行业间的价格竞争；第三，根据成本加成，对于买卖双方更加公平合理，卖方只是“将本求利”，不会在消费者需求强烈时利用此有利条件谋取额外利润。这种方法的不足是缺乏营销管理中很重视的销售的灵活性的特点，许多情况下其定价反应会较市场变化滞后。因此，这种方法在企业的产品生产成本大于相同产品的社会必要生产成本时采用此方法就有可能导致产品滞销。

(2) 目标利润定价法　这是根据企业所要实现的目标利润来定价的一种方法。同成本加成法相比，该方法主要是以企业想达到的利润目标为出发点来制定产品价格的，而成本加成法是以产品成本为出发点来制订产品价格的。目标利润法的基本公式为：

单位产品价格=（固定成本+变动成本+目标利润）/预计销量

例：某公司 9 月份计划周转量为 5000 千吨公里，单位变动成本为 150 元/千吨公里，固定成本 20 万元，目标利润为 30 万元，则单位运价是多少？

单位运价=（固定成本+变动成本+目标利润）/预计周转量

＝（200000＋150×5000＋300000）/5000

＝250 元/千吨公里

这种方法的特点是有利于加强企业管理的计划性，可较好实现投资回收计划。但要注意估算好产品售价与期望销量之间的关系，尽量避免确定了价格而使销量达不到预期目标的情况出现。

2. 需求导向定价法

从经济学来讲，在市场经济条件下，当供应能力普遍过剩时，在产品的供给与需求两个影响产品的因素中，需求对产品产量与价格的影响更重要一些。在市场经济条件下，如果提供的产品不符合用户需求这个基本条件，则企业将很难通过销售产品获得可观的利润回报。因此，第二类大的制定产品价格的方法是从顾客的需求和欲望出发来确定产品价格的，但这并不意味着所提供的产品的价格是尽可能最低的。

（1）理解价值定价法　即企业根据消费者对商品或劳务价值的认识而不是根据其成本来制定价格的订价方法。企业利用各种营销因素，从提供的服务、质量、价格等方面，为企业树立一个形象，然后再根据客户对于这个形象的理解定价。

理解价值定价法的关键在于企业要正确估计用户所能承受的价值。否则，如果企业过高地估计认知价值，则会定出偏高或过低的价格，最终都会给企业造成损失。因此，为避免出现这类问题，企业在定价前要认真做好营销调研工作，将自己的产品与竞争产品仔细比较，正确把握客户的感受价值，并据此作出定价。

（2）区分需求定价法　就是企业在不同季节、不同时间、不同地区、针对不同供货商的适时变化情况，对价格进行修改和调整的定价方法。例如，物流企业的市场成交价可以分线路、分车型、分业务量进行公路运输定价。

（3）习惯定价法　是企业依照长期被客户接受的价格来定价的一种方法。有些产品或服务客户已习惯按某一习惯价格购买，即使成本降低，也不能轻易减价，减价容易引起消费者对服务质量的怀疑；反之，服务成本增加，也不能轻易涨价，否则，将影响其销路。例如当每公里的运输价格确定后，即使燃料的价格发生变动，其运输价格不轻易发生变动。

3. 竞争导向定价法

在目前的市场经济条件下，企业的生产能力往往过剩，导致许多产品往往在市场上出现积压，企业为了将自己的产品销售出去获取利润，往往会采取各种措施来提高自身企业产品的竞争能力，如降低成本、提高产品质量、提高服务水平等，以便在与竞争对手的竞争中保持或提高其原有的市场份额。通过制定合理的产品价格来提高企业竞争力也是企业常用的措施。因此，企业以竞争对手的价格作为依据来制定价格也是企业常用的定价方法，即所谓的竞争导向定价法。

（1）随行就市定价法　这是以同行的平均现行价格水平或“市场主导者”（指在相关产品市场上占有率最高的企业）的价格为标准来确定本企业价格的方法。这种定价方法以竞争对手的价格为依据。在以下情况下往往可考虑采取这种定价方法：①产品难以估算成本；②企业打算与同行和平共处；③如果另行定价会很难了解消费者和竞争者对本企业的价格的反应。

具体地说，当企业产品或服务质量、服务等综合因素与同行业中大多数企业的相同因素比较，没有较大差异，即同质产品市场条件下，无论此时有较多的企业生产该类产品还是由于专利权、特许经营、政府政策限制导致只有少数几家企业允许生产该类产品情况下，企业按照同行业的平均价格水平为依据来确定该产品价格往往是惯常采用的定价方法，这就是所谓的随行就市定价法。此时，就可使该企业产品价格与大多数同行企业的产品价格保持一致，不致过高或过低，在和谐的气氛中获得平均报酬。

当某企业产品的质量或服务、销售条件等因素与同类企业的相同因素比较有较大差异时，即异质产品市场条件下，企业有较大的自由度决定其产品价格。产品的差异化会使购买者对产品价格差异的存在不堪敏感。企业相对于竞争对手总要确定自己的适当位置，或充当高价企业角色，或充当中价企业角色，或充当低价企业角色。总之，企业总要在定价方面有别于竞争者，此时，异质产品市场的企业产品价格确定可采用如下公式计算：

本企业产品价格＝用以比较的价格标准×（1＋差异率）

另外，如果某种产品市场是完全垄断市场，即在该市场中由于专利权、政府规定等原因导致只有一家企业可以生产该类产品的市场，由于没有竞争对手，此时该企业产品定价不能用竞争导向定价法。在这种情况下，垄断企业往往从自身的利润角度去确定价格。

(2) 投标定价法　这种方法一般是由买方公开招标，卖方竞争投标，密封递价，买方按物美价廉原则择优选取，到期当众开标，中标者与买方签约成交。这种方法往往是买方市场（即产品供大于求的市场）中由买方掌握主动权来运用。运用此种方法和拍卖定价法时，企业对产品的定价权实际上已在某种程度上转移到了买方。

从企业来讲，为了能够以合理、科学的价格中标，必须认真选择和确定投标价格：一是要分析招标条件和企业的主客观情况及能否适应招标项目的要求；二是计算直接成本，拟定报价方案；三是分析竞争对手的特点和可能报价，估计中标概率；四是计算每个方案的期望利润，并据此选择投标价格。一般来说，期望利润与报价成正比，而与中标概率成反比。

其计算公式：

期望利润＝（报价－估计成本）×中标概率

例：某企业参与某项投标，其投标分析如表 5-1 所示。

表 5-1　投标报价期望利润分析表

投标报价/万元	估计成本/万元	可获利润/万元	中标概率/%	期望利润/万元
(1)	(2)	(3)＝(1)－(2)	(4)	(5)＝(3)×(4)
800	800	0	95	0
900	800	100	80	80
1000	800	200	50	100
1100	800	300	10	30
1200	800	400	—	4

从表 5-1 中可见，较有利的标价是 1000 万元，期望利润为 100 万元，若报价 1200 万元，虽获利居多，但中标概率极低。

总之，在实际中企业定价的方法并不一定局限于所列举的这几种。随着管理科学的发展，企业管理方法经验丰富，信息技术和数量分析技术等日趋成熟，必然会产生更科学、更合理的定价方法。而且，在运用定价方法进行定价时，也不能刻板地认为采用了一种方法就不能吸取其他方法的精华去确定价格，不同的定价方法之间并不一定是相互排斥的，因此，要想制定出某种产品的科学、合理的价格，还须综合分析产品本身的相关因素、运用相应的方法去制定产品价格。

（三）物流企业产品定价技巧

前述定价方法是依据成本、需求和竞争等因素决定产品或劳务基础价格的方法。基础价格是单位产品在生产地点或者经销地点的价格，尚未计入折扣、折让、运费等对商品或劳务的影响。但在市场经济条件下，随着企业的增多，竞争的加剧，现实中的产品或劳务市场往往是处于动态变化之中的，为了适应市场的变化，在物流市场营销实践中，企业还需考虑或利用灵活多变的定价策略或技巧，修正或调整商品或劳务的基础价格。

1. 折扣、折让定价技巧

物流企业为了鼓励客户及早付清货款，大量购买、淡季购买，还可酌情降低其基本价格。价格调整包括价格折扣、折让。

（1）现金折扣　即对按约定日期或提前以现金付款的客户，根据其所购买产品原价给予一定的优惠。例如典型付款期限折扣按下式表达："2/10，净 30"。表示付款期限为 30 天，如客户在 10 天内付款，给予 2%的折扣。超过 10 天付款，不给折扣。超过 30 天付款，通常要加收较高的利息。

（2）数量折扣　是根据每次或某一时间段内的客户需要服务业务的数量或金额的大小，分别给予买家不同的价格待遇的定价技巧。通常它是以交易活动中最小数量的价格作为基础价格，凡超过数量起点的交易，卖方给予买方一定的价格折扣，数量越大，折扣越大，成交价格也越低。

数量折扣可分为累计折扣和非累计折扣。累计折扣就是规定在一定时间内购买总数达到一定数额时，按总量给予一定的折扣。采用这种技巧的目的在于鼓励顾客集中向一个企业多次进货，从而使其成为企业长期或固定客户。

非累计数量折扣规定顾客一次购买达到一定数量或购买多种产品达到一定金额的为一批量，并据此给予一定价格折扣。采用这种技巧能刺激客户大量购买，增加盈利，同时减少交易次数与时间，节约人力、物力等开支。

（3）季节折扣　是指企业在淡季给予客户一定的价格折扣，以刺激客户需要。例如客户对冷冻车的需求在冬天和夏天不一样，冬天可以给客户一定的折扣。

2. 心理定价技巧

心理定价技巧主要是通过分析和研究客户的消费心理，利用客户不同心理需求和对不同价格的感受，有意识地运用到产品或服务定价中去，以促进产品的销售。

（1）声望定价　企业利用客户仰慕企业的良好声望所产生的某种心理，制定商品价格，故意制定较高的价格。一般来说，高端服务的定价适宜采用此法，因为客户有崇尚名牌的心理，往往以价格判断质量，认为高价格代表高质量。

（2）招徕定价法　企业利用客户的求廉心理，将某些服务价格定得较低（低于正常价格，甚至低于成本）以吸引消费者。例如：大客户往往是物流公司争相合作的对象，所以提供给大客户的服务价格偏低，甚至不盈利。

3. 差别定价技巧

差别定价就是根据交易对象、交易时间和地点等方面的不同，制定出两种或多种不同价格以适应消费者的不同需求，从而扩大销售，增加收益。

（1）差别定价的主要形式

① 按不同的客户差别定价　即企业按照不同的价格把同一种商品或服务卖给不同的顾客。

如物流企业可针对客户是新客户还是老客户，是长期固定客户还是一次性客户，在运输、仓储、包装、配送、装卸搬运、流通加工等的劳务服务收费给予不同的价格。

② 按产品部位差别定价　即企业对于处在不同位置的产品或服务分别制定不同的价格，即使这些产品或服务的成本费用没有差别。例如物流企业可根据不同商品在保管时环境条件导致的位置差别收取有区别的费用，以使位置等条件较差仓库也能有货物存放并取得仓储费用收入。

（2）差别定价的适用条件

企业采取差别定价必须具备以下条件。

① 市场必须是可以细分的，而且各个市场部分须表现出不同的需求程度。例如物流市场可细分为运输市场、装卸搬运市场、包装市场、配送市场、流通加工市场、客户服务市场等，而且这些市场还可以细分，如运输市场又可分汽车、火车、轮船、飞机运输市场等。不同的物流企业可根据自身的实力及特点等，选择一个或多个细分市场作为目标市场开展业务。

② 以较低价格购买某种产品的客户没有可能以较高价格把这种产品倒卖给别人。

③ 竞争者没有可能在企业以较高价格销售产品的市场上以低价竞销。

④ 细分市场和控制市场的成本费用不得超过因实行价格歧视而得到的额外收入，这就是说，不能得不偿失。

⑤ 价格歧视不能引起客户反感而放弃使用企业服务，影响销售。如在物流企业中，不能因采取顾客差异定价后导致新老客户收费不同，而使从新客户处获得的额外收入反小于由此而导致的老客户流失所给企业带来的损失。

⑥ 采取的价格歧视形式不能违法。

4. 新产品定价技巧

新产品定价的合理与否，关系到新产品能否打开销路占领市场。对于物流企业来说，因其提供的产品主要是各种劳务服务，随着市场的日趋成熟和完善，是否能有产品创新以及创新产品质量的高低对物流企业的市场竞争力强弱有重要影响。对于创新产品的定价可采用撇脂定价（高价定价即将新产品或服务的价格定得较高，尽可能在产品市场生命初期赚取最大利润）、渗透定价（低价定价即将产品或服务定价低于预期价格以迅速打开市场销路）和温和定价技巧（满意定价即介于低于撇脂定价和渗透定价之间的君子定价）。具体采用哪一种，需根据创新产品的特点来决定。对一次性或临时性新产品，为较快收回成本，可采用撇脂定价技巧；而对于一些需长期生产的市场前景良好的产品则可考虑采用渗透定价或温和定价，以尽快占领市场，从而获得较长期的利润。

5. 产品组合定价技巧

如果某个产品（服务）只是某一产品（服务）组合的一部分时，企业必须制定一系列的价格，从而使产品组合取得最大的利润。例如，综合物流企业可将物流方案设计、产品运输、装卸搬运、包装、配送、流通加工、仓储中的全部或若干项捆绑成一组产品销售，且其定价比该组产品中的单项产品价格之和有较大让利，则此时可能就会吸引消费者购买该组产品，以便使企业获得更多的利润。由于物流业务涉及较多，物流企业可根据自身特点向客户提供多项服务产品，由顾客自由组合成一组产品系列，再在此基础上用产品系列定价法定出该组产品的价格。

四、技能训练

案例分析 1　K 物流流公司的定价

K 物流公司在某大城市对超市进行市内配送时，由于受到车辆进城作业的限制，转而寻求当地的搬家公司（M 公司）提供配送车辆支持。但是 M 公司开出的配送价格是半天（6 小时）或 200 公里以内为 200 元/车，大大超过了 K 物流公司可接受的 120 元/车的底线。

K 公司经过仔细调查分析后发现，M 搬家公司 90％的搬家作业均在上午进行并在中午左右结束，这就意味着 M 搬家公司大部分的车辆和人员在下午基本上处于空闲状态，其上午搬家作业的收益已经足够支持其成本的支出和期望得到的利润。而 K 公司的市内配送业务却基本在下午 2：00 以后进行，K 公司支付给 M 搬家公司的费用除去少量的燃油费作为额外成本外，其余的都应该是 M 搬家公司得到的额外利润。如果按每天下午一辆车行驶 200 公里计算，燃油费不应高于 50 元。从这个角度上看，K 物流公司的市内配送业务带给 M 搬家公司不仅是新增加的业务和实在的收益，也对其资源的合理应用。

最后的结果是，经过 K 物流公司与 M 搬家公司在价格和服务方面的仔细测算，双方达成了在 80～90 元/车价格成交的共识。

【思考题】

1. K 物流公司与 M 公司之间配送车辆支持服务价格的制定受到了哪些因素的影响？

2. K 物流公司与 M 公司制定最终价格时，双方可能采用哪些物流产品定价方法和定价技巧？

案例分析 2　宅急送的价格战

2012 年 9 月 7 日，在国家邮政局最新披露的首批通过 2012 年快递业务经营许可年度报告审核的企业名单中，联邦快递（中国）有限公司与优比速包裹运送（广东）有限公司如预料中上榜。至此，联邦快递、UPS 这两家外资巨头在中国国内快递业务正式粉墨登场。

据中国快运协会撰写的《2011～2012 中国快运发展报告》统计，2012 年中国快递企业业务量将达到 48 亿件，收入有望首次超过 1000 亿元人民币，其中网购快递每年以 80％的速度增长。在国内快递市场迅速膨胀的情况下，任何企业都不会小觑这块市场所带来的增值空间。UPS 和联邦快递对国内快递业务的涉足，会让长期处在低价恶性竞争生态环境里的国内快递企业，经历新一轮的“洗牌”吗？

果不其然，就在 2012 年年底电商行业掀起的网购促销大战前夕，物流快递业集体开始有些按捺不住了。EMS 在北京等城市，推出“1 公斤以内每票 8 元”降价活动，打破了其多年未变的 20 元起步的传统，价格基本上与五大民营快递公司“四通一达”持平。紧接着，宅急送宣布针对电商快递价格不高于“四通一达”（中通、圆通、申通、汇通以及韵达）。据媒体的公开报道，宅急送在北京、杭州、上海等全国 6 地召开推介会，在北京推介会现场，宅急送华北大区总经理任广乐表示，针对电商推出新价格策略，新价格绝不高于“四通一达”，无论是同城、省内还是全国。而今年“双十一”期间，中国邮政集团寄递业务将开展电子商务小包，实现和快递公司同等时效的直邮服务，首批推出福建、广东、浙江、上海、江苏等 6 省市上门揽收，全国派送服务，资费方面将和快递公司“四通一达”相近。

【思考题】

1. EMS、宅急送两家公司推出的一系列降价策略，考虑了哪些相关的因素？采用哪几种价格制定的方法和技巧？

2. 假设你是“四通一达”这些民营快递公司的相关负责人和管理者，在以上的背景下，请分析一下你企业将会面临哪些机遇和挑战，并提出相关的建议和对策。

工作任务三 物流企业分销渠道

一、情景设置

近年来，湖北省快递业发展迅猛，快递市场竞争也是相当激烈。既有 EMS 这类国有企业，也有顺丰快递、申通快递这类民营企业，还有联邦快递这些外资企业。现有一家刚刚进入湖北武汉的 MM 快递企业，在经过快速发展后，面临一个很大的挑战，如何进行快递业务分销渠道的扩展和管理。现在请你谈谈你的看法（可以从渠道的类型、服务渠道的特点、连锁和加盟等方面考虑）。

二、技能目标

1. 了解物流企业分销渠道的基本模式。

2. 掌握物流企业分销渠道设置的评价标准、评价及进行效益评价的公式。

3. 理解企业分销渠道的选择与管理。

三、相关理论知识

（一）物流企业分销渠道的基本模式

1. 物流企业分销渠道的含义

物流企业营销的产品是无形的服务，其内涵与有形产品的分销渠道有所不同。物流企业分销渠道是指物流服务从供应商向客户转移所经过的通道。

2. 物流企业的分销渠道的类型

物流企业的分销渠道主要根据渠道拥有成员的多少分为直接渠道和间接渠道。和实体产品的分销渠道相比，物流企业的分销渠道几乎总是直接的，物流企业如果不是直接将服务提供给客户，就是借助于中间商将服务出售给客户，但是由于服务不同与有形产品的一些特征，中间商的作用是有限的。

（1）直接渠道　是指物流企业直接将服务产品销售给客户，无需中间商参与。采用直接分销渠道有许多优越性：

① 物流企业可以对销售和促销服务过程进行有效控制；

② 可以减少佣金折扣，便于企业控制服务价格；

③ 可以直接了解客户需求及其变化趋势；

④ 便于企业开展提供个性化的服务。

由于具备以上的优点，直接分销渠道是目前绝大多数物流企业首选的渠道模式。物流企业通过推销人员、广告、电话及互联网等扩展业务。由于互联网的迅速发展，物流企业纷纷利用这一先进的媒介推广服务。例如，美国的联邦快递公司（FedEx）在 1995 年开通网站，可以使客户实时提交业务、跟踪运输公司、得知抵达时间等。

（2）间接分销渠道　是物流企业通过一些中间商来向客户销售物流服务的渠道模式。

物流业的特点决定了物流业无批发商与零售商，物流中间商即为代理商。代理商是直接受物流企业或客户的委托从事物流服务购销代理业务的中间商。代理商只在物流企业与客户之间起媒介作用，通过提供服务来促成交易并从中赚取佣金。尽管代理商的作用是有限的，但是对于物流企业而言，采用代理商仍然有以下优点：

① 比直接销售投资更少，风险更小；

② 代理商可以适应某一些地区或某一些细分市场的客户特殊要求；

③ 有利于物流企业扩大市场覆盖面；

④ 可以延伸信息触角，拓宽信息来源。

3. 物流企业分销渠道系统

物流企业分销渠道系统是渠道成员之间形成的相互联系的统一体系，这一体系的形成是物流运作一体化的产物。目前，物流企业的分销渠道系统大体有以下几种结构。

（1）垂直营销系统　是指由物流企业及其代理商所组成的一种统一的联合体。这一联合体由有实力的物流企业统一支配、集中管理，有利于控制渠道各方的行动，消除渠道成员为追求利益而造成的冲突，进而提高成员各方的效益。

① 公司式垂直营销系统　是在一家物流企业拥有属于自己的渠道成员，并进行统一管理和控制的营销渠道系统。在这个系统中，通过正规的组织进行渠道成员间的合作与冲突控制。中国储运总公司在推行现代企业制度过程中，建立了以资产为纽带的母子公司体制，理顺了产权关系，其所属 64 个仓库在全国各大经济圈中心和港口，形成了覆盖全国、紧密相连的庞大网络，成为其跻身物流服务市场的强大基础。由于同属一个资本系统，公司式的营销系统中渠道成员的结合最为紧密，物流企业对分销的控制程度也最高。

② 契约式垂直营销系统　是指为了取得单独经营时所不能得到的经济利益或销售效果，物流企业与其渠道成员之间以契约形式的营销系统。这一系统的紧密程度要逊与公司式。

③ 管理式垂直营销系统　是指不通过共同所有权或契约而是以渠道中规模大、实力强大的物流企业来统一协调物流服务销售过程中渠道成员各方利益的营销系统。

（2）横向营销系统　是通过本行业中各物流企业之间物流运作管理的合作，开拓新的营销机会，以提高物流效率，获得整体上规模效益。例如，上海集装箱船务有限公司是由中远集团共同组成的，它的成立使长江中下游干线与上海始发的国际干线相连，为中远集团加强其在国际航运市场上的竞争力起到较大的作用。

（3）网络化营销系统　是垂直营销系统与横向营销系统的综合体。当某一企业物流系统的某个环节同时又是其他物流系统的组成部分时，以物流为联系的企业关系就会形成一个网络关系，即为物流网络。这是一个开放的系统，企业可自由加入或退出，尤其在业务最忙的季节最有可能利用到这个系统。物流网络能发挥规模经济作用的条件就是物流运作的标准化、模块化。

（二）物流企业分销渠道的评价

1. 物流企业分销渠道设置的评价标准

假设物流企业已经制定了集中渠道方案，就要确定哪一个最能满足企业的长期发展目标。每一个渠道方案都要以经济性、可控性和适应性三个标准进行评价。

（1）经济性标准　即比较每一条渠道可能达到的销售额水平及费用水平。在物流企业分销渠道设置的评价标准中，经济性标准最为重要。因为企业是追求利润而不是仅仅追求对企业分销渠道的控制性。经济分析可以用许多企业经常遇到的一个决策问题来说明，即企业应使用自己的推销力量还是应使用代理商。这两种方案可导致不同的销售收入和销售成本。判别一个方案好坏的标准，不应是其能否导致较高的销售额和较低的成本费用，而是能否取得最大利润。

（2）可控性标准　即物流企业与中间商之间的配合度。一般认为，利用代理商会增加渠道的长度，物流企业对渠道的控制程度相应下降，因此，对这方面需要进行慎重的利弊比较和综合分析，由于代理商是一个独立的企业，它关心的是自己如何取得最大利润，又由于代理商不能完全有效地掌握物流企业服务产品的全部细节，这都给物流企业控制渠道带来难度。而且，不同代理商的可控制程度也有所不同，这些都有待于物流企业根据具体情况作出决策。

(3) 适应性标准 主要是指在每种渠道承担义务与经营灵活性之间的关系，包括承担义务的程度和期限。物流企业对渠道的选择必须兼顾短期和长期的阶段性策略，不但要考虑近期的最佳分销渠道的选择，也要考虑长期分销渠道的适应性和灵活性。每个分销渠道方案都会因某些固定期间的承诺而失去弹性。当某一物流企业决定利用销售代理商推销产品时，可能要签订5年的合同。这段时间内，即使采用其他销售方式会更有效，物流企业也不得任意取消销售代理商。所以，一个涉及长期承诺的分销渠道方案，只有在经济性和控制性方面都很优越的条件下，才可以给予考虑。

2. 对渠道成员绩效的评价

物流企业渠道成员即为物流企业推销服务产品的中间商。物流企业必须定期检查中间商的工作业绩，并对那些业绩良好的中间商采取响应的激励措施，对业绩不佳的中间商进行分析、诊断，直至淘汰掉较差的中间商。物流企业评价中间商的方法主要有历史比较法和区域内比较法。

(1) 历史比较法 将每一中间商的销售绩效与上期绩效进行比较，并以整个群体的升降百分比作为评价标准。对低于该群体平均水平以下的中间商，必须加强评估与激励措施。如果对后进中间商的环境因素加以调查，可能会发现一些可以原谅的因素，如当地经济衰退，某些顾客不可避免地失去，主力推销员的丧失或退休。其中某些因素可以在下一期补救过来。这样，物流企业就不应因这些因素而对经销商采取任何惩罚措施。

(2) 区域内比较评价法 将各中间商的绩效与该地区的销售潜量分析所设立的定额相比较。在销售期过后，根据中间商的实际销售额与潜在销售额的比率，将各中间商按先后名次进行排列。这样，企业的调查与激励措施可以集中于那些没有达到既定比例的中间商。具体而言，对分销商评估的标准主要有以下几点：

① 销售量；

② 开辟新的业务；

③ 承担责任的情况；

④ 销售金额；

⑤ 为推动销售而投入的资源；

⑥ 市场信息的反馈；

⑦ 向众介绍产品的情况；

⑧ 向客户提供服务的情况；

其中销售量、开辟新的业务、承担责任的情况是几个最重要的指标，他们反映了该经销商发展的能力、履行合同的情况。

3. 对企业销售人员的评价

对企业销售人员的评价是企业对其工作业绩考核与评估的反馈过程。它不仅是分配报酬的依据，而且是企业调整营销战略、促使销售人员更好为企业服务的基础。因此，加强对销售人员的评价，在企业人员分销网络决策中具有重要意义。

① 要掌握和分析有关的情报资料 情报资料的最重要来源是销售报告。销售报告分为两类：一是销售人员的工作计划；二是访问报告的记录。当然，情报资料的来源还有其他方面，

如销售经理个人观察所得、客户信件以及与其他销售人员交谈等。总之，企业管理部门应尽可能从多个方面了解销售人员的工作绩效。

② 要建立评价指标 评价指标要基本上能反映销售人员的销售绩效。主要有：销售量增长情况；毛利；每天平均访问次数及每次访问的平均时间；每次访问的平均费用；每次访问收到的定单的百分比；一定时期内新客户的增加数及失去的客户数目；销售费用占总成本的百分比。为了科学、客观地进行评估，在评估时还注意一些客观条件，如销售区域的潜力、区域形状的差异、地理状况、交通条件等。这些条件都会不同程度地影响销售效果。

③ 实施正式评估 企业在占有足够的资料、确立了科学的标准之后，就可以正式评估。大体上，评估有两种方式。一种方式是在各区域市场的销售潜力、工作量、竞争环境、企业促销组合大致相同的基础上将各个销售人员的绩效进行比较和排队；另一种方式是把销售人员目前的绩效与过去的绩效相比较。

4. 服务产品分配质量评价

服务产品分配质量即作为物流企业分销渠道成员的中间商对客户需要的满足的及时程度。目前，正处于速度经济的时代，而且从物流的角度看，时间是物流企业客户服务四个传统要素的首要要素。对客户需求的及时反映已经成为物流企业必不可少的能力甚至可以成为核心竞争力。这种速度不仅仅要快速完成谈判，进行合同的磋商，而且要及时根据客户的要求提供专业化的服务产品，建立 QR（quick response 快速反应）系统以便在客户的需要发生时提供客户所需的服务，消除客户的缺乏状态。许多大型公司在设计和管理渠道网络时，着重建立 QR 系统。快速反应关系到一个大厂商是否能及时满足顾客的服务要求的能力，而信息技术的广泛应用提高了在尽可能短的时间内完成物流作业、提供物流服务的能力。

物流企业对渠道服务分配质量进行评价可以着重考量印象时间因素的几个变量，其中包括订单、传送、处理及发送等。

5. 分销渠道的效益评价

(1) 效益评价的标准

① 计划标准 是评价效益的基本标准。以计划标准为尺度，就是将效益实际达到的水平同计划指标进行对比。这反映了效益计划的完成情况，并在一定程度上表明了第三方物流企业的经营管理水平。

② 历史标准 以历史标准为尺度，是将某项物流效益指标实际达到的水平同上年同期水平或历史最高水平进行对比，观察这种指标是否达到了最佳状态。这种纵向的对比，能够反映出效益指标的发展动态及其方向，为进一步提高物流管理效益的潜力提供依据。

③ 行业标准 将全球、全国或本地区同行业已达到的先进水平作为评价效益的尺度。这种横向的对比，便于观察和表明企业本身所处的位置，便于发现差距，并作为企业制定战略的基础。

④ 客户标准 用顾客对企业的反映和认可程度来衡量第三方物流企业的效益。第三方物流企业是联系供应方和需求方的桥梁和中介，供应方和需求方的反映是第三方物流企业服务水平和效果的直接体现，是第三方物流企业改进和提高物流服务水平的依据。

(2) 基本业务效益评价

① 业务完成额 是指在一定的时期内，第三方物流企业经营活动已经财务核算的、实际完成的各项业务额的总和。它包括两个部分：各项代理业务额和其他业务额，反映了第三方物流企业业务活动在一定的时期内生产和客户的需要程度。在保证服务质量的前提条件下，业务

实际完成额越多，表明第三方物流企业效益越好。业务完成额是衡量第三方物流企业效益的基本指标。

② 合同执行率　是指在一定时期内，第三方物流企业实际执行合同数的百分比，它是衡量第三方物流企业工作服务质量的指标之一。在第三方物流企业一定的人力、物力和财力的条件下，执行和完成的合同数占签订合同数的比例越高，表明企业的工作服务质量越好。合同执行率指标的作用主要是：防止第三方物流企业签订空口合同，树立企业的信誉。其计算公式为：

合同执行率＝合同实际执行数/签订合同数×100％

③ 差错事故率　是指一定的时期内，第三方物流企业在业务的经营过程中发生的差错事故项数与已执行业务总额项数的百分比。由于外部环境不确定的因素较多，造成事故的原因有主观的也有客观的，但事故差错率是对企业总体服务质量的反映。其计算公式为：

事故差错率＝事故差错项数/执行业务总额项数×100％

④ 费用率　是指在一定时期内，第三方物流企业全部业务经营活动支出的各项费用总额占各项业务收入总额的百分比。它是衡量第三方物流企业效益的一项综合性指标，其作用表现在：促进企业加强经营管理，提高效益。

⑤ 全员劳动效率　是指在一定时期内，第三方物流企业实际完成的业务总管与平均人数的比值。它是企业活劳动效益的反映，其作用表现在：促进企业加强劳动监管，提高劳动效率。

⑥ 定额流动资金周转天数　是第三方物流企业在一定时期内定额流动资金周转一次所需的时间，通常以天为单位。它表明第三方物流企业资金的利用效果，其计算公式为：

定额流动资金周转天数＝计划期定额流动资金/资金周转次数×100％

⑦ 利润指标　主要指利润总额，是指第三方物流企业在一定时期内组织物流过程中收入抵支出后的余额。它是衡量第三方物流企业经营管理水平和效益的综合性指标，即一个企业是否成功的标志。其计算公式为：

利润总额＝收入总额－（物流费用＋管理费用＋税金）

⑧ 资金利润率　是指在一定时期内，实现的利润总额占固定资金平均占用额和定额流动资金占用额的百分比。它是评价第三方物流企业效益的一项综合性指标，其计算公式是：

资金利润率＝利润总额/第三方物流企业资金占用总额×100％

(3) 总体效益评价　第三方物流企业关心总体物流活动，是为了让第三方物流企业的客户能够接受所提供的专业化、个性化的物流服务，并且愿意付出货币来购买这种专业化、个性化的物流服务。这是第三方物流企业的生存、发展之道。第三方物流企业的效益评价，其实质是第三方物流企业生存能力和发展能力的评价。因此，第三方物流企业应当站在物流服务客户的位置和基础上，对总体物流活动作出评价。总体物流活动的效益评价可以分成内部评价和外部评价两个部分。

① 内部评价　是指对企业本身的一种基础评价，根据内部评价可以确认对客户的服务水平、服务能力和满足服务客户要求的最大限度，做到既不失去客户，又不损害企业的利益。内部评价是建立在本业务分析的基础之上，将整个物流系统作为一个“暗箱”进行投入产生分析，从而可以确认系统总体的能力、水平和有效性。

② 外部评价　对第三方物流企业的外部评价应当具有客观性和真实性，采用的评价方法主要有两种。

a. 客户评价，一般采用调查问卷、专家咨询、顾客座谈会等方式进行评价。

b. 采取选择模拟的或者实际的“标杆”进行对照、对比的评价。随着现代科技的发展，采用计算机虚拟现实的方法，可以有效地对第三方物流企业的总体效益作出准确的评价。

（三）企业分销渠道的选择与管理

1. 影响物流企业分销渠道选择的因素

物流企业在销售服务过程中是采用直接渠道还是采用间接渠道，是渠道决策的一个重要内容，选择的是否合适，将对物流企业营销活动的成败产生重要影响。物流企业分销渠道的选择受多种因素的影响和制约，具体如下。

（1）物流企业自身因素　物流企业自身因素是进行分销渠道决策的内部制约因素。

① 物流企业的经营实力。经营实力包括企业的规模和财力状况。如果企业的规模较大并且财力雄厚，其选择分销渠道的余地较大，可依据具体情况进行选择。相反，实力较弱的企业则比较适合选择间接渠道，依靠代理商的力量开拓市场。

② 物流企业品牌的知名度。品牌知名度高的物流企业分销渠道可有多种选择，既可以利用品牌直接吸引客户，也可以利用品牌优势发展与代理商的合作；而不具备较高品牌知名度的企业则需要经验丰富的代理商来帮助其打开市场，采用间接渠道。

③ 物流的营销能力。物流企业的销售机构拥有经验丰富的销售人员，销售能力较强，就可以依靠自己的销售能力，采用直接渠道；反之，则采用间接渠道。

④ 物流企业控制渠道的愿望。如果物流企业希望有效地控制分销渠道就应建立直接渠道。但是，这样会使企业花费更多的人力、物力、财力来建立自己的销售网络；而无力控制渠道的企业则可以采用间接渠道。

（2）市场因素

① 目标市场的分布。目标市场的分布指目标市场规模的大小及潜在客户地理分布状况。如果目标市场规模大且客户分布集中则适宜采用直接渠道。相反，则采用间接渠道。

② 目标客户的购买习惯。目标客户的购买习惯直接影响物流企业分销渠道选择。如果客户需要的是方便、快捷的服务，则物流企业需要与代理商合作，广泛地设置自己的服务网点。

③ 销售季节。某些物流服务会随着产品生产和消费的季节性而存在淡季和旺季的差别，在销售旺季时，物流企业可以采用间接渠道，而在销售淡季则比较适宜采用直接渠道。

④ 竞争状况。物流企业在物流服务市场竞争激烈的情况下，应采取与竞争对手不同的渠道模式，或即使采取相同的渠道模式也要创造出服务的差异化，以便在留住老客户的同时吸引新客户。

影响物流企业渠道选择的因素除了企业及市场两个主要因素外，还可以有物流服务的种类及社会的政治、经济、科技等多方面因素，物流企业应综合分析本企业面临的实际情况来选择渠道模式，在竞争激烈的物流服务市场中占据一席之地。

2. 分销渠道管理

物流企业在对各种影响因素进行分析并选择了渠道模式后，就要对渠道实施管理。渠道管理工作包括对中间商的选择和后期监督和激励、评价。

（1）中间商的选择　中间商选择的是否得当会直接影响到物流企业的营销效果，因此，物流企业应根据自身的情况，慎重决定对中间商的选择。物流企业考察中间商可从以下几个方面进行。

① 中间商的销售能力。该中间商是否有一支训练有素的销售队伍？其市场渗透能力有多

强？销售地区有多广？还有哪些其他经营项目？能为顾客提供哪些服务？

② 中间商的财务能力。中间商的财务能力包括其财力大小、奖金融通情况、付款信誉如何等。

③ 中间商的经营管理能力。中间商的经营管理能力体现在其行政管理和业务管理水平上。

④ 中间商的信誉。该中间商在社会上是否得到信任和尊敬。

此外，还应该考虑中间商的地理位置、服务水平、运输和储存条件。

要了解中间商的上述情况，企业必须收集大量的有关信息。如果必要的话，企业还可以派人对被选中的中间商进行实地调查。

（2）激励分销渠道成员　中间商选定之后，还需要进行日常的监督和激励，使之不断提高业务经营水平。必须指出，由于中间商与生产商所处的地位不同，考虑问题的角度不同，因而必然会产生矛盾。如何处理好产销矛盾，是一个经常存在的问题。物流企业要善于从对方的角度考虑问题，要知道中间商不是受雇于自己，而是个独立的经营者，有它自己的目标、利益和策略。物流企业必须尽量避免激励过分和激励不足两种情况发生。一般来讲，对中间商的基本激励水平，应以交易关系组合为基础。如果对中间商激励不足，则生产商可采取两条措施：一是提高中间商的毛利率、放宽信用条件或改变交易关系组合，使之有利于中间商；二是采取人为的方法来刺激中间商，使之付出更大的努力。

处理好生产商和中间商的关系非常重要。通常根据不同情况可采取三种方案。

① 与中间商建立合作关系。物流企业一方面用促销因素给中间商以高利润、特殊优惠待遇、合作推销折让、销售竞赛等，以激励他们的推销热情和工作。另一方面，对表现不佳或工作消极的中间商则降低利润率，推迟装运或终止合作关系。但这些方法的缺点在于，物流企业在不了解中间商的需要、他们的长处和短处以及存在的问题的情况下，而试图以各种手段去激励他们的工作，自然难以收到预期的效果。

② 与中间商建立一种合伙关系，达成一种协议。物流企业明确自己应该为中间商做些什么，也让中间商明确自己的责任，如市场覆盖面和市场潜量，以及应提供的咨询服务和市场信息。企业根据协议的执行情况对中间商支付报酬。

③ 经销规划。这是一种最先进的办法，它是一种把物流企业和中间商的需要融为一体的、有计划的、有专门管理的纵向营销系统。物流企业在其市场营销部门中设立一个分部，专门负责管理同中间商关系的规划，其任务主要是了解中间商的需要和问题，并作出经营规划以帮助中间商实现最佳经营，双方可共同规划营销工作，如共同确定销售目标、存货水平、陈列计划、培训计划以及广告和营业推广的方案等。

总之，企业对中间商应当贯彻“利益均沾、风险分担”的原则，尽力使中间商与自己站在同一立场，作为分销渠道的一员来考虑问题，而不要使他们站在对立的买方市场。这样，就可减少与缓和产销之间的矛盾，双方密切合作，共同搞好营销工作。

（3）评价分销渠道成员　物流企业还须核定一定的标准来评价渠道成员的优劣。评价的内容包括：该中间商经营时间长短、增长记录、偿还能力、意愿及声望、销售密度及涵盖程度、平均存货水平、对企业促销及训练方案的合作、中间商为客户服务的范围等。对于达不到标准的，则应考虑造成的原因及补救的方法。物流企业有时需要让步，因为若断绝与该中间商的关系或有其他中间商取而代之，可能造成更严重的后果。但若存在着比使用该中间商更为有利的方案时，物流企业就应要求中间商在所规定的时间内达到一定的标准，否则，就要将从分销渠道中剔除。

3. 分销渠道的完善和发展分析

(1) 分销渠道调整的原因及步骤　物流企业在设计了一个良好的分销渠道后不能放任其自由运行而不采取任何纠正措施。为了适应企业营销环境等的变化，必须对分销渠道在评价的基础上加以修正和改进。

① 分销渠道调整的原因

a. 现有分销渠道未达到发展的总体要求。企业发展战略的实现必须借助于企业的分销能力，如果现有的分销渠道在设计上有误，中间商选择不当，在分销渠道管理上不足，均会促使企业对之进行调整。

b. 客观经济条件发生了变化。当初设计的分销渠道对当时的各种条件而言很科学，但现在各限制因素发生了某些重大变化，从而产生了调整分销渠道的必要。因此企业有必要定期地、经常地对影响分销渠道的各种因素进行监测、检查、分析。另外，企业若能准确预测和把握某些影响分销渠道的因素发生的变化，则应提前对分销渠道实施调整。

c. 企业的发展战略发生变化。任何分销渠道的设计均围绕着企业的发展战略，企业的发展战略发生变化，自然也会要求调整分销渠道。

② 分销渠道调整的步骤

a. 分析分销渠道调整的原因。这些原因是否是产生分销渠道调整的必然要求。

b. 重新界定分销渠道目标。在对分销渠道选择的限制因素重新研究的基础上重新界定分销渠道目标。

c. 进行现有分销渠道评价。如果通过加强管理能够达到新分销渠道目标，则无须建立新分销渠道；反之，则考虑建立新分销渠道的建立成本与收益，以保证经济上的合理性。

(2) 分销渠道调整的策略

① 增加或减少某些分销渠道成员　在调整时，既要考虑由于增加或减少某个中间商对企业盈利方面的直接影响，也要考虑可能引起的间接反应，即分销渠道中其他中间商的反应。比如当增加某一地区内的中间代理商时，会引起地区内原有中间商的反对。而当企业由于某一渠道成员业绩或很差而撤消其经营代理权时，虽然减少了企业的短期盈利，但也向其他中间商发出警告，督促其改善业绩或服务。

② 增加或减少某些分销渠道　市场环境各方面的变化常常使物流企业认识到，只变动分销网络成员是不够的，有时必须变动分销网络才能解决问题。企业可以根据市场变化，削减某条不再能发挥作用的分销渠道。企业增减分销渠道来调整分销网络是相对的，企业往往在增加新的分销渠道的同时，减少老的分销渠道。

③ 整体分销渠道系统调整　即重新设计分销渠道。由于企业自身条件、市场条件、商品条件的变化，分销渠道模式已经制约了企业的发展，就有必要对它作根本的实质性的调整。这种调整波及面广、影响大、执行困难，不仅要突破企业已有渠道本身惯性，而且由于涉及利益调整，会受到某些渠道成员的强烈抵制。对这类调整的政策，企业应谨慎从事，筹划周全。

(四) 物流服务企业渠道的新形式：连锁经营

1. 连锁经营概述

一般认为，一个企业集团以同样的方式、同样的价格，在多处同样命名（店铺的装修甚至商品的陈列也都差不多）的店铺里，出售某一种（或某一类、某一品牌）商品或提供某种服务，这些同时经营的店铺就被称为连锁店，这种经营模式则被称为连锁经营。

连锁经营作为一种里程碑式的交易模式，是核心竞争力和规模效益在连锁成员间的合作与共生，随之伴随的是市场制度上的演变，使连锁组织内的利益集团之间的关系发生结构性的变化，分工更明确，合作更密切，形成了连锁成员利益关系的良性互动，从而达致双赢。

连锁经营是当今世界许多国家普遍采用的一种现代化的商业经营模式，而连锁商店则是这种经营模式的存在方式。连锁商店指的是经营同类商品和服务的若干企业在核心企业（总部）的领导下采用规范化经营、实行等同的经营方针一致的营销行动，实行集中采购和分散销售的有机结合，实行规模化效益的联合体。

2. 连锁经营的优势

现在，连锁经营正风靡全球，在欧洲、美国、日本等经济发达地区和国家商业领域占据了主导地位。

（1）连锁经营把分散的经营主体组织起来，具有规模优势　当今世界零售业高峰的大公司都实行连锁经营，这绝不是巧合，而是现在商业流通规律的客观反映。连锁经营完善了专业化分工，科学合理地组织了商品物流，从而降低了商品的售价。连锁经营最大的特征是统一化，不仅要统一店名店貌，统一广告、信息等，最重要的是统一进货、统一核算、统一库存和统一管理。这诸多的“统一”，支撑着连锁经营的价格优势。价格优势首先来自于统一进货。由于连锁经营规模甚大，厂家自然愿意低价供应，大批量的订货确保了商品的最惠进价。

（2）连锁经营都要建立统一的配送中心，与生产企业或副食品生产基地直接挂钩　有了统一的配送中心，就意味着减少了中间环节，节省了流通费用，从而降低了成本。按照连锁店经营规范化的要求，各成员店或加盟店的商品价格必须统一，并且要将其“锁”定在低于同类商店2%～5%的水平上。

（3）连锁经营容易产生定向消费信任或依赖　从某种意义上讲，连锁店系统中的每家分店在本分店经营的同时，也分担着其他店实物广告的作用。如此一来，不仅做了活广告，而且无形中建立起了自家的顾客群，因为只要在一家分店得到了满意的服务，就等于为全系统的所有分店拉住了一位回头客。

（4）消费者在商品质量上可以得到保证　严格规范、统一管理的连锁店，能统一进货渠道、直接定向供应，有利于杜绝形形色色“歪货”入门，这也是连锁店蓬勃发展、广得民心的一大现实因素。

3. 连锁经营与传统商业经营方式的区别

由以上连锁经营的定义与特征我们可以看出，连锁经营与传统商业经营方式有显著区别。具体如表5-2所示。

表5-2　连锁经营与传统商业经营的区别

经营方式项目	连锁经营	传统商业经营
定义	即公司连锁，同一资本所有、经营同类商品和服务的组织化零售企业集团	商业企业集团下属企业独立经营模式，由总部投资扩建的分店较此种分店有较大的自主权
特点	1. 分店必须有统一的经营风格； 2. 分店不独立，与总部具有协作关系，特别强调总部与分店的互动关系	1. 分店都独立动作，没有形成统一的经营风格； 2. 偏重于差异化经营
经营范围	一般以流通业和服务业为主	涉及诸多行业

续表

经营方式项目	连锁经营	传统商业经营
运作方式	需足够的资金和合适的业名类型，同时需受总部约束，一般总部掌握分店的所有权，经营决策有较强自立性	
法律关系	依各种模式而定	分店属总部所有
发展方式	扩大规模只需有市场、有资金，总部必须有成熟的运行模式和专有技术	取决于企业集团的决策

4. 物流连锁经营的形式及优缺点

物流服务企业连锁经营目前主要包括三种形式：加盟型、直营型、混合型。各种连锁形式定义及优缺点如下：

(1) 加盟型（特许权经营模式）及其优缺点　加盟型（特许权经营模式）是指特许经营机构将自己拥有的商标、专利和专有技术等，以特许经营合同的形式授予被特许者使用，被特许者按合同规定在统一的业务模式下在特定区域从事经营活动并支付相应的费用。目前代表性的快递企业有申通快递、韵达快递等。

① 优点

a. 启动成本低　加盟型物流企业一般是由母公司发起，建立一个运营平台，将区域细分，每个细分块由加盟方投资经营。加盟方可以进一步将本区域进行分割承包，形成一级加盟、二级加盟、三级加盟甚至更多，最终由每个加盟企业或个人来分担启动成本。

b. 发展速度迅速　企业在发展过程中，通过加盟建立新网点，一般新网点公司熟悉当地市场，甚至有现成客户，这便于企业飞速扩张。

c. 利润高　以快递行业为例，从 2010 年企业经营情况看，民营物流快递企业继续保持很高的盈利水平，以南京地区为例，直营型的快递公司亏损严重，大幅裁减人员和收缩规模，而加盟型快递企业还在盈利，个别加盟型的企业盈利甚至在 1000 万元以上。

② 缺点

a. 加盟公司管理松散　加盟型物流企业从形式上是简单的结合，结合的黏合剂是经济利益，上级部门管理下级部门不是通过完善的制度，而是变化无常的经济罚款，加盟企业对公司没有完全认同感。

b. 服务水平不统一　一方面各加盟店经济实力、管理水平参差不齐，另一方面总店监管力度不够，使得各加盟店提供的服务水平不统一。以快递行业为例，目前的加盟型快递企业快件的延误、破损、丢失非常多，据江苏省快递协会每月的统计报告显示，客户投诉主要集中在这类快递企业。而实际运营中，由于公司对遗失的经济处罚很大，一旦出现遗失，一线承包业务员会直接与客户沟通赔偿，这部分比例不算小。

c. 加盟关系不稳定　加盟关系是建立在经济利益基础上的，一旦利益基础动摇，加盟关系也随即瓦解。另外，在加盟企业经营状况非常好的情况下，与公司的关系就会微妙起来，也会引起公司对其收购或者强取。

d. 市场定位低，不易开发双向客户　现在的企业跨区域经营很普遍，工厂与研发分离，售后与生产分处两地，而这种类型的客户不仅需要的是单向快件服务，是需要区域、全国范围内的双向快递服务，加盟性物流快递公司因为管理上、权属上的特殊性，很难为这类客户提供完整服务。

（2）直营型及其优缺点　直营型是指由公司总部直接经营、投资、管理各分子公司的经营模式。各分公司在总公司的管理下进行经营活动。宅急送就是典型的直营快递连锁企业。

① 优点

a. 经营管理统一化，易于发挥整体优势　公司统一制定经营战略，并分解到各分子公司，通过职能部门协调一致，统一开发市场，技术研发和运用整体性事业，可以统一调动资金，能快速响应，最终形成有效整体。

b. 服务水平高　直营物流公司由于统一管理，服务规范一致，由上而下的指令能很好执行，横向之间的配合也很默契，员工维护品牌的意识也很好。员工的着装标准统一、服务规范。

c. 员工队伍稳定　目前直营物流企业有非常规范的人力资源体系，员工待遇和福利比较好，稳定了员工队伍，同时，注重员工培训，对不同级别的员工进行分类培训，提高了员工素质，也给员工一个好的发展空间。

d. 信息化程度高　由于直营公司是全公司一盘棋，总公司的经营战略能统一实施，所以在一些技术引进和开发上要优于加盟类企业。

② 缺点

a. 需要拥有一定规模的自有资本，发展速度受到限制　与加盟型企业正好相反，这类企业在需要扩张，增加网点和生产设备等的时候都需要投入大量资金，如果没有一定规模的自有资金，就不能在第一时间完成决策，很难在信息万变的市场竞争中抢占先机。

b. 管理系统庞杂，容易产生官僚化经营，使企业的交易成本大大提高　以直营快递中的代表宅急送为例，宅急送被认为是“民营中的国有企业”，经过多年的经营，管理层变化不大，分公司主管对总公司的指令被动执行，不能真正结合当地经营实际情况，导致总公司的经营战略过于呆板，部分分公司的经营走向失败。

（3）混合型及其优缺点

① 传统混合型　是公司将一部分地区对外加盟，并授权加盟企业在这些地区享有市场经营权、管理权等，总公司不参与任何经营活动。传统混合型有两种原生态：一是直营为主，一般来说是在主要城市建立直营网点，而在市场未开发地区采取加盟，目的是为加快网点的建设而采取的做法；二是加盟为主，这类企业出现直营主要是因为出现经营不善、无人加盟的区域而由总公司直接经营，或者是总公司选择市场比较成熟的地区，采用购买经营权的方法回收，这些区域由总公司老板自行经营，但经营方式方法与总公司不一样。

② 现代混合型　由公司总部直接投资建立一个管理平台，在所有业务经营地区建立自己的管理公司，部分或绝大部分采取加盟的形式，通过管理公司对当地进行市场规范管理，监督加盟者或企业是否按照公司统一规范进行业务开发和市场经营。这类模式对加盟方只出让市场开发的权利，这是一种相对先进的混合方式。

这两类混合型都具备加盟型和直营型的部分优点，并弥补了单一模式的部分不足。但两者又有很大区别。

a. 给与加盟方的权利不一样。传统混合型是将整个地区的经营区出让，总公司不参与任何管理；现代混合型只是将地区的市场开发权利出让，经营管理权由各分公司所有，分公司会参与到所有加盟商的业务管理中去。

b. 回收的难度和风险不同。从整个总公司经营战略出发，需要对一部分地区进行回收，传统混合型的难度相对较大，有可能会失去整个地区的业务。现代混合型可以做到“人走业务留”，不会因为加盟者的变更，完全失去客户。

c. 现代混合型更类似直营模式，能够完全具备直营的优点，可以在所有网点间操作双向业务，而传统混合型却很难做到。

四、技能训练

案例分析1　国泰的市场营销战略

我国香港是国际自由港，其优越的地理位置和良好的经济商业氛围吸引了世界众多著名航空巨头纷纷在香港开展货运业务。比如大韩航空、极地货运航空、UPS、联邦快递、美西北航、汉莎航、英航、快达航，可以说世界五大洲的航空公司都有航班来往于香港，面临着激烈的市场竞争，国泰采取了以下营销战略。

1. 经营理念

国泰航空货运认为：作为基地航空公司，如果运价低于其他公司的话，就有可能造成市场混乱，给代理人造成负面影响。香港专门成立了由各航空公司组成的运价政策委员会，目前由国泰航空出任该委员会会长，主要任务就是协调各航空公司之间的运价。航空公司之间的竞争比较规范，因为各公司也不愿意看见市场出现无序竞争的混乱局面。香港97%的货运市场被代理人占据，而且代理人在航空货运市场行为规范，不乱杀价竞争。

2. 优质服务

国内航空也经常提及“优质服务”的营销概念，但是往往流于形式，国泰在优质服务方面则有不少创新，比如积极推行电子商务，代理人可以通过网络磨盘并且通过网络查询货物的流程，这种网络服务即节省人工成本，同时也让代理方便快捷地获得信息。国泰企业的宗旨之一service straight from the heart（服务发自内心），作为世界知名的航空企业，它并不是只简单地要求其一些表面的、形式化的东西，每年管理层都要对下属进行两次业绩考核，考核内容一共四个方面，其中一个方面就是服务改善方面。

3. 良好的产品组合

任何一家企业都需要依赖其产品组合去赢得市场的份额，国泰货运具有比较广泛的航空网络，在北美洲、欧洲和澳洲、东南亚、日本和韩国都具有每日定期航班，并且使用747、777、340等大型客货机运营，其频率、起降时间都占有优势地位。香港国际机场是世界第四大空港和第二大航空货运口岸。国泰货运在此有利的经营环境不断推出新产品。比如，国泰货运自己推出航空快递服务AAX，在限定时间内，将限定时间内确保货物安全运抵目的地，延迟收货时间并提供优质服务。在欧洲和北美，它和一些卡车公司达成合作协议，利用卡车服务继续提供延伸的货运服务。

4. 强强联手

国泰货运和汉莎货运联手，香港至法兰克福的货机航线上只有这两家公司运营，因而它们就采取类似联营的方式，保持运价的稳定。同时，国泰还和DHL敦豪国际这家世界快运合作，DHL利用国泰客运飞机运送其快件物品。在客机中，国泰限制旅客人数，将舱位让给快件货物。因为通过仔细核算，国泰发现承运快件的收入要高于满座情况下的机票收入。因此，国泰管理层同意和DHL的合作时“重货轻客”，并且这类航班都是夜航飞机。通常是在凌晨1～2点在香港国际机场运作。

5. 和代理人建立伙伴关系

国泰将代理人视为合作伙伴，以平等的地位对待大中小代理人，而且国泰一般不直接和真正货主打交道。国泰和代理人建立长期的合作关系。在客运方面，“常旅客俱乐部”的概念已经深入人心。国泰货运部根据此概念也建立了“常货主俱乐部”，他们取名为“Cargo Elite Club”。国泰根据代理人每年发货量的大小，确定30～50家公司，然后每家公司确定1～2人为俱乐部成员，成员可以享受一系列优惠政策，比如在乘机时，可以优先登机，可以免收逾重行李费。此俱乐部的目的主要是让代理人感受到一种被尊重的地位。国泰货运销售人员经常拜访代理人，而不是等着代理人上门，而且货运销售人员是专线专管，每人专门负责某一航线，并且负责和所有利用这条航线的代理人打交道。

【思考题】

面对着激烈的市场竞争，国泰采取的渠道战略体现在哪些方面？

案例分析 2　TNT 的分销渠道与促销策略

（一）TNT 独创分销渠道策略

TNT 创立于 1946 年，为全球快递和物流供应商，网络遍及全球 200 多个国家，共有 1000 多个转运中心和站点，2 万辆汽车和 40 余架飞机。2003 年总销售额为 119 亿欧元。公司在纽约、伦敦、法兰克福和阿姆斯特丹的股票交易所上市。

TNT 为了在渠道方面进一步独立发展，避免与国内物流公司传统的渠道正面冲突，敢于创新，尝试新的渠道策略，将品牌和服务整合一体，在中国市场上尝试开展特许加盟店的营运方式。TNT 加盟店的准入门槛不高，加盟金为 10 万元且为 5 年支付一次，支付加盟金后可以获得使用 TNT 的品牌，以后提取每月营业额的 6%上缴总部，作为特许权使用费。事实上，TNT 的目标是通过特许加盟的方式，尽快铺设快递业务的终端网点，目前该公司的快递业务转给了内地数十家代理商，一旦建立了完善的加盟网点，TNT 便拥有了打着自己品牌的庞大终端体系，这将大大提高 TNT 在中国市场的竞争力。

（二）TNT 促销策略

（1）人员推销　TNT Post Group 具有非常强大的投揽网，投揽员直接面向客户，直接迅速地将 TPG 的最新服务、最优服务传递给整个市场的客户，同时也迅速及时地将客户对使用 TPG 过程中出现的问题、建议反馈给 TPG 信息中心，经过集中整理为 TPG 发展提供市场依据。

（2）广告　TNT Post Group 广告是必不可少的，不仅是对外宣传 TNT Post Group、树立 TNT Post Group 品牌形象，促进销售、有利竞争的需要，也是消费者进行意识形态的引导，进行概念消费导向的要求，TNT 最初进入中国市场，借助的就是广告。

（3）公共关系　TNT 的公共关系可分为内部公共关系和外部公共关系。

① 内部公共关系主要是员工关系，即首先取得员工的信赖与支持，包括全部的人事关系，是 TNT 整个公共关系的起点。员工关系的目的，是培养员工对 TNT 的认同感、归宿感，要达到这一目的，要尊重个人价值，将企业发展与员工个人价值的体现结合起来，不仅是金钱和物质上刺激员工，更是精神上使其具有比较强的事业心、责任感和任劳任怨、奋勇拼搏的精神，把对工作的意识由自发提升到自觉的高度。

② TNT 外部公共关系主要借助于公益促销。TNT 在华的促销策略更着重于长远利益，在综合运用多种促销方式中，最主要的就是钟情于公关。为了更好地宣传其品牌，提高品牌知名度和美誉度，也为了更好地赢得社会公众的认可，除了加强和政府的公关之外，还加强了社会公益活动的赞助。

作为“企业社会责任项目”中的一部分，TNT 倡导“回馈社会”，并作出贡献。2004 年，TNT 集团举行了“行走天地间”步行筹款活动，中国区的活动于 2004 年 6 月 20 日在北京、上海、广州同时举行。通过此项活动，TNT 中国共筹得 60 万元人民币，用于资助在甘肃省开展的针对 4000 名儿童的“扶贫助学”项目。

在印度洋海啸灾难发生后，TNT 集团立即组织力量，帮助其长期合作伙伴联合国世界粮食计划署（WFP）以及其他人道主义组织实施救援行动，从 2005 年 1 月 17 日到 2 月 28 日，TNT 将从每一件由中国发出的快件中捐出 1 元人民币，用于印度洋海啸灾区的救助。与此同时，TNT 中国还将在全国范围内发动员工进行筹款活动，以救助印度洋海啸地区的受灾人民，并为灾区提供了价值 150 万欧元的人道援助。尽管这是每一个公民都应尽的责任和爱心，但 TNT 通过这次事件营销加大其在中国乃至世界的影响力，扩大了知名度，使品牌更加增值。

海啸之后，TNT 与世界粮食计划署建立了伙伴关系，与其分享知识与经验，帮助世粮署升级其物流基础设施。人道援助机构所作的最初估计是，使用这一系统后，它们每月能节省约 30 万欧元（合 39.5 万美元），这样整个流程总共能节省 600 万欧元。

(4) 营业推广　TNT在特定目标市场上，尤其是中国消费者特有的文化和节日氛围而进行了各种特殊的营业推广活动，主要有价格打折、有奖促销、尤其是在中秋节、元旦、春节节假日。

【分析】

1. TNT在中国独创特许加盟店这种渠道策略的背景以及原因是什么？这种策略能够成功吗？

2. TNT在中国的促销策略对跨国物流公司进军中国物流市场有什么启发？

工作任务四　制定促销策略

一、情景设置

近年来，湖北省快递业发展迅猛，快递市场竞争也是相当激烈。既有EMS这类国有企业，也有顺丰快递、申通快递这类民营企业，还有联邦快递这些外资企业。现在暑假市场来临，刚进入快递市场的MM快递公司为了争夺更多的快递市场份额，特面对大学生市场制定促销方案。谈谈如何制定促销方案（可从广告、人员推销、营业推广、公共关系几个方面考虑）。

二、技能训练目标

了解促销的四种形式，重点掌握人员推销、广告促销的优缺点及适用特点。

三、相关理论知识

物流服务企业在市场营销中，往往综合运用促销策略来达到沟通信息、吸引顾客、扩大销售的目的。

(一) 促销及促销组合

1. 促销及促销组合的概念

(1) 促销概念　促销即促进产品或者服务的销售。是指营销者以满足消费者需要为前提，将企业及其产品（服务）的信息通过各种促销方式传递给消费者或用户，促进顾客了解、信赖本企业的产品，进而唤起需求，采取购买行为的营销活动。

促销的实质是营销者与购买者或潜在购买者之间的信息沟通。为了有效地与购买者沟通信息，可以通过广告来传递有关企业及产品的信息；可以通过各种营业推广的方式来增加顾客对产品的兴趣，进而促使其购买产品；可以通过各种公共关系手段来树立企业在公众心目中的良好形象；还可以派遣推销员面对面地说服顾客购买产品。这种促销的信息沟通方式，一方面要把企业及产品的信息传递给消费者，另一方面又要将消费者对企业及其产品的意见、要求、需求动向等信息反馈给企业，由此组成了一个循环的、双向式的信息沟通系统。

(2) 促销组合的概念　促销组合指物流企业根据促销的需要，对各种促销方式进行的适当选择和综合编配。促销方式分为人员推销、公共关系、营业推广及广告，物流企业对四种促销方式进行适当选择，综合使用，以求达成最好的促销效果。

2. 促销的作用

在现代市场营销活动中，促销的作用已经不仅仅是单纯的推销产品了。归纳起来，促销主要有以下三方面作用。

(1) 传递信息　一种产品在进入市场之前，甚至在进入市场以后，企业为了让更多的消费者了解这种产品，需要通过适当的促销手段，向消费者和中间商传递有关企业及产品的信息，以引起他们的广泛注意。同时，中间商也要向顾客介绍商品，传递信息，以吸引更多的消费者。

(2) 突出特点　在同类商品竞争比较激烈的市场上，由于商品繁多，彼此之间差异细微，消费者的辨认和选择就显得很困难。企业通过适当的促销活动，可以突出宣传本企业产品区别于同类竞争产品的特点，展示产品能给顾客提供的满足程度及物超所值。使消费者加深对本企业产品的了解和信任，感受到购买其产品在满足需求的同时能够带来特殊利益。

(3) 扩大销售　由于市场竞争日益激烈和企业自身的各种因素，使得企业各期的销售量呈曲线式波动，有时甚至产生持续下滑的趋势。为了拓展市场规模，达到稳定和扩大销售的目的，企业仅有质量上乘的产品和通畅的流通渠道是不够的，还必须通过有效的促销活动建立起企业和产品的良好形象，使消费者产生偏爱，从而促进购买，起到扩大销售，提高企业市场占有率的作用。

(二) 促销组合：人员推销

所谓人员推销是指物流企业派出专职或兼职的推销人员通过与顾客（或潜在顾客）的人际接触来推动产品销售的促销方式。

1. 人员推销的特点

人员推销与广告、营业推广等非人员推销相比，具有无法比拟的优势，归纳起来，人员推销有如下特点。

(1) 信息传递的双向性　双向的信息沟通是区别于其他促销手段的重要标志。在推销过程中，一方面，推销人员与推销对象（顾客）直接对话，可以面对面地观察对方的态度，了解对方的需求，并及时采用适当的措施和语言来排除顾虑、解答疑难，达到促进产品销售的目的；另一方面，推销人员必须把从顾客那里了解到的有关产品和企业的信息，诸如顾客对产品的意见、要求，对企业的态度、信誉、产品市场占有率等反馈给企业，以便更好地满足需求，扩大销售，取得良好的营销效果。

(2) 推销过程的灵活性　在人员推销过程中，买卖双方直接联系、现场洽谈、互动灵活、反应迅速。推销人员要根据顾客的态度和反映，把握对方的心理，从顾客感兴趣的角度介绍商品以吸引其注意。要及时地发现问题，进行解释和协调，抓住有利时机促成顾客的购买行为。必须注意，即使未能成交，推销人员也应与顾客之间保持和建立起良好的人际关系。

(3) 推销目的的双重性　在人员推销活动中，推销人员不仅通过交往、鼓励、讨价还价，将商品卖出去，还要通过宣传、答疑、微笑、参谋、承诺来促使顾客愿意购买，并在购买中获得满意和满足。可见，人员推销不是单纯意义的买卖关系，它一方面要推介企业、推销产品；另一方面要满足顾客需要，建立同顾客的情感友谊和良好关系，以利于开展“关系营销”。人员推销的双重目的是相辅相成、相互联系的。

(4) 满足需求的多样性　人员推销满足顾客的需求是多种多样的。通过推销人员有针对性的宣传、介绍，满足顾客对商品信息的需求；通过直接销售方式，满足顾客方便购买的需求；通过为顾客提供售前、售中、售后服务，满足顾客在技术服务方面的需求；通过推销人员礼貌、真诚、热情的服务，满足顾客消费心理上的需求；最重要的还是通过产品的使用效能来满足顾客对商品使用价值的需求。

(5) 成本较高，人才难觅　由于推销人员的培训和报酬较高，与其他促销方式相比，人员推销的成本费用较大。且寻找一个理想的推销人员不是一件容易的事，因为一个成功的推销人员，必须具备较高的素质和较强的能力。

2. 人员推销的基本形式

（1）上门推销　所谓上门推销是指由推销人员携带商品的样品或图片、说明书和订货单等走访顾客，推销产品。这是一种主动出击式的“蜜蜂经营法”。犹如哪里有鲜花（消费者），哪里就有蜜蜂（推销员）一样。这种最为古老，最为熟悉的推销方式，被企业和公众广泛的认可和接受。

上门推销有两个主要特点：一是推销员积极主动地向顾客靠拢；二是增进了推销员和顾客之间的情感联系。

（2）柜台推销　所谓柜台推销是指营业员向光顾物流店面的顾客销售商品。这是一种非常普遍的“等客上门”式的推销方式。这里的营业员就是推销员，其职能都是与顾客直面接触，面对面交谈，介绍商品，解答疑问，促成销售。

3. 人员推销的基本过程

（1）明确人员推销的目的　人员推销是一种面对面的促销活动。人员推销不只是向目标消费者讲什么，一个好的推销员应该是一个好的听众，努力地从消费者的谈话中了解他们真正所需要的是什么，推销员不一定要回答，以免浪费消费者的时间和自己有限的推销时间。推销员所要思考的是如何去满足需求，从而使他们成为自己的顾客。

推销员也应该看到自己的推销工作不仅仅是销售产品，努力地去建立与顾客的长期信任关系同样是重要的。推销员不是一个单纯的促销人员，因为对于企业来说，他是企业与顾客联系的最直接纽带，而对于顾客来说，他又代表企业。由此，企业在顾客心目中的形象是由推销员的工作质量构成的。另外，推销员也是企业市场信息的主要来源之一。因此，人员推销的基本目的有三种。

① 发现可能的顾客　通过各种方式寻求本企业产品的可能用户，并鉴定其特点。

② 努力把可能的顾客变成现实的客户　可能的顾客只有购买了本企业的产品才是现实的顾客。

③ 确保顾客满意　推销员应该关心售后服务的满意程度，因为任何抱怨都会通过他们的人际关系而影响一片人。重复销售比第一次销售更重要。因此，保持良好的售后服务与经常联系是推销员的重要工作。

（2）人员推销的程序

① 寻找可能顾客　推销员首先要寻找出销售线索，有资格的销售线索一般有三个要求：一是能够从购买本企业产品中获得利益；二是有支付能力；三是有权决定购买与否。

② 准备工作　这是接触可能用户前的准备工作。推销员应该尽可能多地了解销售线索的情况和特征，了解他们的背景、产品需求、决策人和采购员的个人情况及在购买中的作用等。

③ 接近方式　推销员必须知道接近用户时的方式，如何问候、如何开场等对于建立一个良好的开端是十分重要的。同样，推销员的衣着、谈吐及仪表等也是接近方式的组成部分。用户的第一印象常常是推销成功的基础，良好的开场白将有助于用户提起兴趣，听完介绍。

④ 推销陈述与演示　在引起注意和兴趣后，推销员就可以向推销对象介绍产品的具体特点了，他可以利用多种手段，如图片、幻灯片、录像、小册子或直接演示等来强化沟通效果，以促成购买欲望的形成。

⑤ 处理异议　推销员在推销过程中几乎都要碰到异议与抵触，推销员应该知道异议是一种成交的障碍，但也是成交的前奏与信号，机会存在于克服障碍。如顾客说不进货了，仓库都

满着，推销员可以说这是你没有进畅销货，我们这些产品不仅畅销而且能带动其他产品的销售。

⑥ 成交 推销员要学会识别成交信号，例如当顾客谈及交货、包装、维修、还价时，或者要求再看看产品，提出一些小问题时；当顾客动作上由戒备到放松，由不以为然到认真听讲，由不在乎到不断地仔细观察产品时，推销人员应该紧紧抓住机会促成买卖。

⑦ 售后工作 这是保证顾客满意的重要方面，是让顾客继续订货，建立长期业务关系必不可少的一步。推销员应该确保交货时间与其他购买条件的严格实现，准备回访，及时提供指导与服务等。

4. 人员推销的基本策略

人员推销具有很强的灵活性。在推销过程中，有经验的推销人员善于审时度势，并巧妙地运用推销策略，促成交易。人员推销的策略主要有以下三种。

(1) 试探性策略 即“刺激-反应”策略，是推销人员利用刺激性的方法引发顾客的购买行为。推销人员通过事先设计好的能够引起顾客兴趣，刺激顾客购买欲望的推销语言，投石问路地对顾客进行试探，观察其反应，然后采取相应的措施。因此，运用试探性策略的关键是要引起顾客的积极反应，激发顾客的购买欲望。

(2) 针对性策略 即“配方-成交”策略，是通过推销人员利用针对性较强的说服方法，促成顾客购买行为的发生。针对性的前提必须是推销人员事先已基本掌握了顾客的需求状况和消费心理，这样才能够有效地设计好推销措施和语言，做到言辞恳切，实事求是，有目的地宣传、展示和介绍商品，说服顾客购买。让顾客感到推销员的确是真正为自己服务，从而愉快地成交。因此，运用针对性策略的关键是促使顾客产生强烈的信任感。

(3) 诱导性策略 即“诱发-满足”策略，是推销人员通过运用能激起顾客某种欲望的说服方法，唤起顾客的潜在需求，诱导顾客采取购买行为。运用诱导性策略的关键是推销人员要有较高的推销技巧和艺术，能够诱发顾客产生某方面的需求，然后抓住时要，向顾客介绍产品的功效，说明所推销的产品正好能满足顾客的需要，从而诱导顾客购买。

(三) 促销组合：广告促销

1. 广告的定义

“广告”二字，从中文字面上理解是“广而告之”，在西方“广告”一词则源于拉丁语(advertere)，作“诱导”“注意”解，后演化成为英语口语中的 advertising（广告活动）和 advertisement（广告宣传品或广告物）。

广告指法人、公民和其他经济组织，为推销商品、服务或观念，通过各种媒介和形式向公众发布的有关信息。大众传播媒介刊播的经济信息和各种服务信息，报道商品、服务的经营者、提供者，凡收取费用或报酬的，均视为广告。

2. 广告的作用

广告在促销中的作用是多方面的，归纳起来如下。

(1) 传递信息，诱导消费 传递信息是广告最基本的作用，广告可以帮助消费者了解商品的特点，诱导顾客的需求，影响他们的消费心理，刺激他们的购买行为，创造销售的机会。通过广告，可以有效地沟通企业与中间商及顾客三者之间的关系。

(2) 介绍商品，引导消费 在新产品层出不穷，消费者不易识别和难于选择的情况下，广告宣传能使新产品、新式样、新的消费意识迅速流行，并形成一种消费时尚。广告对商品的有效介绍，可以帮助消费者在众多的同类商品中比较和选择。优秀的广告是一种文化消费，可以引导消费走向文明健康。

（3）树立形象，促进销售　先声夺人的广告宣传和它潜移默化的作用，加深了顾客对企业和产品的记忆与好感。顾客在自觉与不自觉中常常参考广告来购买商品。广告可以在一定程度上展示企业的规模和知名度，在消费者心目中树立起良好的企业形象和品牌优势，以促进销售，巩固和扩大市场占有率。

3. 广告的种类

根据不同的需要和标准，可以将广告划分为不同的类别。按照广告的最终目的将广告分为商业广告和非商业广告；又如根据广告产品的生命周期划分，可以将广告分为产品投入期广告、产品成长期广告、产品成熟期广告、产品衰退期广告；或按照广告内容所涉及的领域将广告划分为经济广告、文化广告、社会广告等类别。不同的标准和角度有不同的分类方法，对广告类别的划分并没有绝对的界限，主要是为了提供一个切入的角度，以便更好地发挥广告的功效，更有效地制订广告策略，从而正确地选择和使用广告媒介。以下介绍一些较常运用到的广告类别。

（1）按照广告诉求方式分类　广告的诉求方式就是广告的表现策略，即解决广告的表达方式——“怎么说”的问题。它是广告所要传达的重点，包含着“对谁说”和“说什么”两个方面的内容。通过借用适当的广告表达方式来激发消费者的潜在需要，促使其产生相应的行为，以取得广告者所预期的效果。可以将广告分为理性诉求广告和感性诉求广告两大类。

① 理性诉求广告：广告通常采用摆事实、讲道理的方式，通过向广告受众提供信息，展示或介绍有关的广告物，有理有据地进行论证接受该广告信息能带给他们的好处，使受众理性思考、权衡利弊后能被说服而最终采取行动。如家庭耐用品广告、房地产广告较多采用理性诉求方式。

② 感性诉求广告：广告采用感性的表现形式，以人们的喜怒哀乐等情绪、亲情、友情、爱情以及道德感、群体感等情感为基础，对受众诉之以情、动之以情，激发人们对真善美的向往并使之移情于广告物，从而在受众的心智中占有一席之地，使受众对广告物产生好感，最终发生相应的行为变化。如日用品广告、食品广告、公益广告等常采用这种感性诉求的方法。

（2）按照广告媒介的使用分类　按广告媒介的物理性质进行分类是较常使用的一种广告分类方法。使用不同的媒介，广告就具有不同的特点。在实践中，选用何种媒介作为广告载体是制定广告媒介策略所要考虑的一个核心内容。传统的媒介划分是将传播性质、传播方式较接近的广告媒介归为一类。因此，一般有以下七类广告。

① 印刷媒介广告，也称为平面媒体广告，即刊登于报纸、杂志、招贴、海报、宣传单、包装等媒介上的广告。

② 电子媒介广告，是以电子媒介如广播、电视、电影等为传播载体的广告。

在电影《天下无贼》中，“植入式广告”带来的直接收入高达4000万元，其中包括宝马汽车、惠普笔记本电脑、佳能数码摄像机和便携打印机、诺基亚手机、长城润滑油等。

③ 户外媒介广告，是利用路牌、交通工具、霓虹灯等户外媒介所作的广告。还有利用热气球、飞艇甚至云层等作为媒介的空中广告。

④ 直邮广告，通过邮寄途径将传单、商品目录、订购单、产品信息等形式的广告直接传递给特定的组织或个人。

⑤ 销售现场广告，又称为售点广告或POP广告（point of purchase），就是在商场或展销会等场所，通过实物展示、演示等方式进行广告信息的传播。有橱窗展示、商品陈列、模特表

演、彩旗、条幅、展板等形式。

⑥ 数字互联媒介广告，是利用互联网作为传播载体的新兴广告形式之一，具有针对性、互动性强，传播范围广，反馈迅捷等特点，发展前景广阔。

⑦ 其他媒介广告，利用新闻发布会、体育活动、年历、各种文娱活动等形式而开展的广告。

以上这几种根据媒介来划分广告的方法较为传统。当今整合营销时代，以整合营销传播的观点，针对目标受众的活动区域和范围，将广告分为：家中媒介广告如报纸、电视、杂志、直邮等媒介形式的广告；途中媒介广告如路牌、交通、霓虹灯等媒介形式的广告；购买地点媒介广告等。

(3) 按照广告目的分类　制订广告计划的前提是必须首先明确广告目的，才能做到有的放矢。根据广告目的确定广告的内容和广告投放时机、广告所要采用的形式和媒介，可以将广告分为产品广告、企业广告、品牌广告、观念广告等类别。

① 产品广告，又称商品广告。是以促进产品的销售为目的，通过向目标受众介绍有关商品信息，突出商品的特性，以引起目标受众和潜在消费者的关注。力求产生直接和即时的广告效果，在他们的心目中留下美好的产品形象。从而为提高产品的市场占有率，最终实现企业的目标埋下伏笔。

② 企业广告，又称企业形象广告。是以树立企业形象，宣传企业理念，提高企业知名度为直接目的的广告。虽然企业广告的最终目的是为了实现利润，但它一般着眼于长远的营销目标和效果，侧重于传播企业的信念、宗旨或是企业的历史、发展状况、经营情况等信息，以改善和促进企业与公众的关系，增进企业的知名度和美誉度。它对产品的销售可能不会有立竿见影的效果。但由于企业声望的提高，使企业在公众心目中留下了较美好的印象，对加速企业的发展具有其他类别的广告所不可具备的优势，是一种战略意义上的广告。具体还可以分为企业声誉广告、售后服务广告等类别。

③ 品牌广告，是以树立产品的品牌形象，提高品牌的市场占有率为直接目的，突出传播品牌的个性以塑造品牌的良好形象。品牌广告不直接介绍产品，而是以品牌作为传播的重心，从而为铺设经销渠道、促进该品牌下的产品的销售起到很好的配合作用。

④ 观念广告，即企业对影响到自身生存与发展的，并且也与公众的根本利益息息相关的问题发表看法，以引起公众和舆论的关注，最终达到影响政府立法或制定有利于本行业发展的政策与法规，或者是指以建立、改变某种消费观念和消费习惯的广告。观念广告有助于企业获得长远利益。

(4) 按照广告传播区域分类　根据营销目标和市场区域的不同，广告传播的范围也就有很大的不同。按照广告媒介的信息传播区域，可以将广告分为国际性广告、全国性广告和地区性广告等几类。

① 国际性广告，又称为全球性广告，是广告主为实现国际营销目标，通过国际跨国传播媒介或者国外目标市场的传播媒介策划实施的广告活动。它在媒介选择和广告的制作技巧上都较能针对目标市场的受众心理特点和需求，是争取国外消费者，使产品迅速进入国际市场和开拓国际市场必不可少的手段。

② 全国性广告，即面向全国受众而选择全国性的大众传播媒介的广告。这种广告的覆盖区域大，受众人数多，影响范围广，广告媒介费用高。较适用于地区差异小、通用性强、销量大的产品。因全国性广告的受众地域跨度大，广告应注意不同地区受众的接受特点。

③ 地区性广告，多是为配合企业的市场营销策略而限定在某一地区传播的广告，可分为地方性广告和区域性广告。地方性广告又称零售广告，为了配合密集型市场营销策略的实施，广告多采用地方报纸、电台、电视台、路牌等地方性的传播媒介，来促使受众使用或购买其产品，常见于生活消费品的广告，以联合广告的形式，由企业和零售商店共同分担广告费用。其广告主一般为零售业、地产物业、服装业、地方工业等地方性企业。区域性广告是限定在国内一定区域如华南区、华北区或是在某个省份开展的广告活动。开展区域性广告的产品往往是地区选择性或是区域性需求较强的产品如加湿器、防滑用具、游泳器材等。它是差异性市场营销策略的一个组成部分。

(5) 按照广告的传播对象划分　各个不同的主体对象在商品的流通消费过程中所处的地位和发挥的作用是不同的。为配合企业的市场营销策略，广告信息的传播也就要针对不同的受众采用不同的策略。依据广告所指向的传播对象，可以将广告划分为工业企业广告、经销商广告、消费者广告、专业广告等类别。

① 工业企业广告，又可称为生产资料广告。主要是向工业企业传播有关原材料、机械器材、零配件等生产资料的信息，常在专业杂志或专用媒体上发布广告。

② 经销商广告，就是以经销商为传播对象的广告。它以获取大宗交易的定单为目的，向相关的进出口商、批发商、零售商、经销商提供样本、商品目录等商品信息，比较注重在专业贸易杂志上刊登广告。

③ 消费者广告，其传播对象直接指向商品的最终消费者，是由商品生产者或是经销商向消费者传播其商品的广告。

④ 专业广告，主要是针对职业团体或专业人士。他们由于专业身份、社会地位的特殊性和权威性，具有对社会消费行为的一定影响力，是购买决策的倡议者、影响者和鼓动者，如医生、美容师、建筑设计人员等。此类广告多介绍专业产品，选择专业媒介发布。

4. *广告决策的主要内容*

(1) 确定广告目标　制定广告计划的第一步就是确定广告目标，这些目标必须服从先前制定的有关目标市场、市场定位的营销组合诸决策。这些市场定位和组合战略限定了广告在整体营销规划中必须做的工作。

广告目标可分为通知性、说服性和提醒性三类。

① 通知性广告。这类广告的主要目的在于将有关商品或服务的信息告知顾客，以促发初级需求。

② 说服性广告。这类广告的主要目的在于建立对某一特定品牌的选择性需求。它通过对顾客的说服性宣传，促使顾客尽快采取购买产品的行动，以便迅速扩大企业产品的销售量。

③ 提醒性广告。这类广告的主要目的是保持顾客对本企业产品的记忆，提醒顾客想起某产品，也让购买本企业产品的顾客确信他们的购买决定是正确的，以便造就一批忠诚的顾客。

广告目标的选择应当建立在对当前市场营销情况透彻分析的基础上。企业希望花费实现销售目标所需要的金额。如果企业的广告开支过低，则收效甚微；如果企业在广告方面开支过多，那么有些钱本来可以派更好的用场。

(2) 制定广告预算　确定了广告目标后，企业可以着手为每一产品制定广告预算。

在制定广告预算时要考虑5个特定的因素。

① 产品生命周期阶段：新产品一般需花费大量广告预算以便建立知晓度和取得消费者的试用。已建立知晓度的品牌所需预算在销售额中所占的比例通常较低。

② 市场份额和消费者基础：市场份额高的品牌，只求维持其市场份额，因此其广告预算在销售额中所占的百分比通常较低。而通过增加市场销售或从竞争者手中夺取份额来提高市场份额，则需要大量的广告费用。

③ 竞争与干扰：在一个有很多竞争者和广告开支很大的市场上，一种品牌必须更加大力宣传，以便高过市场的干扰声使人们听见。即使市场上一般的广告干扰声不是直接对品牌竞争，也有必要大做广告。

④ 广告频率：把品牌信息传达到顾客需要的重复次数，也会决定广告预算的大小。

⑤ 产品替代性：在同一商品种类中的各种品牌需要做大量广告，以树立有差别的形象。如果品牌可提供独特的物质利益或特色时，广告也有重要的作用。

(3) 设计与选择广告信息内容　广告活动的有效性远比广告花费的金额更为重要。一个广告只有获得注意才能增加品牌的销售量。广告格言是"除非激发兴奋，否则没有销售"。

广告设计应达到以下一些要求。

① 概念明确。广告必须在文字和使用语言等方面能准确无误地表达产品、服务等信息。不可使用含义模糊、使人产生误解的表达方式。

② 给顾客深刻的印象。好的广告设计能给视听接受者深刻的印象。

③ 引起顾客的兴趣。广告要做到有可看性、趣味性，能激发起顾客的兴趣。

④ 广告信息内容必须充分。广告中的信息对顾客日后的购买行动有重要影响，信息量必须要满足顾客的要求，以便促成顾客尽快作出购买决策。

⑤ 吸引力强，良好的广告具有较强的吸引力和艺术感染力，使人百看不厌。

(4) 媒体决策与绩效衡量　各类广告媒体都有其不同的特点，适合不同的广告要求。因此，选择好广告媒体对取得良好的广告效果有重要的影响。这一步骤包括决定预期的接触面、频率和影响，选择主要的媒体类型等内容。

① 决定广告触及面、频率和影响

广告的触及面 (R)：指在一定时期内，某一特定媒体一次最少能触及的不同人数或家庭数目。

频率 (F)：指在一定时期内，平均每人或每个家庭收到广告信息的次数。

影响 (I)：指使用某一特定媒体展露质量价值。例如某类产品广告适合在其用途相关性强的杂志上刊登，口红广告刊登在美容杂志上就非常合适，而不适宜刊登在法律杂志上。

媒体选择就要寻找一条成本效益最佳的途径，向目标视听接受者传达预期次数的展露。

展露总数 (E)：是指触及面乘以平均次数，即 $E=RF$。它也被称为毛评点 (GRP)。因此，选择广告媒体时要决定展露多少次才能导致 A 品牌的视听接受者知晓该品牌，展露对于视听接受者知晓度的作用取决于它的接触面、频率和影响。例如某一广告希望触及 80% 的家庭，平均展露次数为 3，展露总数应该是 240 次 (80×3=240)。

企业还必须明确：在一定预算的前提下，所购买的触及面频率与影响的成本效益最佳组合是什么，并决定使视听接受者触及多少次，展露多少次。

② 主要媒体类型的选择　媒体计划者必须了解各类主要媒体在触及面、频率和影响等方面所具备的能力，了解各类主要媒体的优缺点。

a. 报纸

优点：灵活，及时，本地市场覆盖面大，能广泛地被接受，可信性强。

缺点：保存性差，复制质量低，传阅者少。

b. 电视

优点：综合视觉、听觉和动作，富有感染力，能引起高度注意，触及面广。

缺点：成本高，干扰多，瞬间即逝，观众选择性少。

c. 直接邮寄

优点：接受者有选择性，灵活，在同一媒体内没有广告竞争，人情味较重。

缺点：相对来说成本较高，可能造成滥寄“垃圾邮件”的印象。

d. 广播

优点：大众化宣传，地理和人口方面的选择性较强，成本低。

缺点：只有声音，不如电视那样引人注意，非规范化收费结构，展露瞬息即逝。

e. 杂志

优点：地理、人口可选性强，可信、有一定权威性，复制率高，保存期长，传阅者多。

缺点：有些发行数是无用的，版面无保证。

f. 户外广告

优点：灵活、广告展露时间长，费用低，竞争少。

缺点：观众没有选择，缺乏创新。

g. 网络广告

优点：技术先进，方式多样，不受时空限制，信息容量大，实现即时互动，便于双向沟通，成本低廉，计费灵活，便于检索，反馈直接。

缺点：覆盖率仍然偏低，效果评估困难，网页上可供选择的广告位置有限，创意有局限性。

（5）评价广告效果　一般企业常做两项广告效果评估。

① 广告沟通效果的评估　可以在播出前进行，主要是通过消费者的评估来分析。例如，把广告方案拿给消费者，让他们就吸引力、可读性、识别性及影响力等方面进行评估打分，也可以先让消费者观看不同的广告方案，然后让消费者回忆广告内容，从回忆的多少来评估广告的沟通有效性。

② 广告对销售的效果评估　销售效果的评估是比较困难的。一些企业采取统计的方法，把过去的广告支出与销售额进行相关分析，从而来指导当前的广告支出，或评价当前广告支出是否过低或过高。值得一提的是销售效果要受到其他许多因素的影响，如价格、产品质量、特色、可获得性和竞争对手的竞争行为，并非只受广告的影响。因此，在进行广告效果评估时应充分注意。

（四）营业推广策略

营业推广是指能够迅速刺激需求，吸引消费者购买而采用的特种促销手段，其短期效益比较明显。典型的营业推广一般用于有针对性的和额外的促销工作，其着眼点往往在于解决一些更为具体的促销问题。

1. 营业推广的基本特征

（1）非规则性和非周期性　典型的营业推广不像广告、人员推销、公共关系那样作为一种常规性的促销活动出现，而是用于短期的和额外的促销工作，其着眼点在于解决某些更为具体的促销问题，因而是非规则性、非周期性的使用和出现的。

（2）灵活多样性　营业推广的方式繁多，这些方式各有其长处与特点，可以根据企业经营的不同商品的特点和面临的不同市场营销环境灵活地加以选择和运用。

(3) 短期效益比较明显　一般来说，只要营业推广的方式选择运用得当，其效果可以很快地在经营活动中显示出来，而不像广告、公共关系那样需要一个较长的周期。因此，营业推广最适宜应用于完成短期的具体目标。

2. 营业推广的作用

(1) 营业推广可以有效地加速新产品进入市场的过程　当消费者对刚投放市场的新产品还未能有足够的了解和作出积极反应时，通过一些必要的推广措施可以在短期内迅速地为新产品开辟道路。

(2) 营业推广可以有效地抵御和击败竞争对手的促销活动　当竞争者大规模地发起促销活动时，如不及时地采取针锋相对的促销措施，往往会大面积地损失已享有的市场份额。对此，可采用减价赠券或减价包装的方式来增强企业经营的同类产品对顾客的吸引力，以此来稳定和扩大自己的顾客队伍。此外，还可采用购货累计折扣和优待的方式来促使顾客增加购货数量和提高购货频率等。

(3) 营业推广可以有效地刺激消费者购买和向消费者灌输对本企业有利的意见　当消费者在众多的同类商品中进行选择，尚未做出购买决策时，及时的推广手段的运用往往可以产生出人意料的效果。

(4) 营业推广可以有效地影响中间商，特别是零售商的交易行为　生产企业在销售产品中同中间商保持良好关系，取得其合作是至关重要的。因此，生产企业往往采用多种营业推广方式来促使中间商特别是零售商做出有利于自身的经营决策。

3. 营业推广的主要决策

(1) 确定促销目标

① 对消费者的营业推广目标。主要对消费者实施必要的刺激，使他们产生购买欲望与行为。

② 对中间商的营业推广目标。采取鼓励中间商经销本企业的产品的各种措施。

③ 对推销人员的营业推广目标。激励推销人员努力推销产品，增强他们的工作积极性与强度。

(2) 选择促销工具　可供选择的工具多种多样，企业应根据销售目标与销售对象分别采用不同的工具。

① 用于消费者市场的工具。

a. 赠送样品或试用品。首先让消费者无偿体验一下商品的功能、特点，激发出消费者对产品的好感。

b. 有奖销售。在销售商品的同时给消费者抽奖的机会，以提高销售活动的吸引力，或者给购买者一定奖励。

c. 折价券。消费者在购买某些商品时有折价优惠，或者在消费超过一定数额时给予优惠券。

d. 赠品。在消费者购买某种商品时附带赠送某些其他商品。如买 VCD 送话筒等。

e. 配套特价包装。将某些相互有配套关系的商品组合一起包装，比分散购买时价格低一些，使消费者感到实惠。

f. 现场表演，陈列展示。通过这种活动吸引消费者的注意，引起消费者的兴趣。让他们亲眼看见产品的功效。

② 用于中间商的工具

a. 购买折扣。鼓励中间商购买新产品或增加商品进货量，给予一定的价格折扣，多买价格折扣大。

b. 广告合作。供应商与中间商联合开展广告活动，增强宣传力度。供应商对中间商的广告费用给予必要的资助。

c. 陈列折扣。中间商多陈列展示本企业的产品，则本企业给中间商价格折扣。

d. 推销金。供应商给中间商一些推销产品的经费以增强推销产品的力度。

③ 用于推销人员的工具　企业开展推销竞赛、销售红利、发给奖金、奖品、增加提成等促销工具。

(3) 制定营业推广方案　在制定营业推广方案时要考虑以下几个因素。

第一，他们必须确定所提供刺激的大小。若要使促销获得成功，最低限度的刺激物必不可少。

第二，营销者还必须决定促销的持续时间。如果营业推广的时间太短，许多可能的顾客就可能尝不到甜头，因为他们可能来不及再次购买。如果持续的时间太长，交易优待则会失去其“当时发挥作用”的效力。据一位研究人员指出，理想的促销持续时间约为每季度使用3周时间，其时间长度即是平均购买周期的长度。当然，理想的促销周期长度要根据不同产品种类乃至不同的具体产品来确定。

第三，营销经理还要决定促销的时机，如品牌经理需要制订出全年促销活动的日程安排。

(4) 营业推广评估的结果　促销结果的评价是极为重要的，营销人员可用以下方法评估促销效果。

分析营业推广实施前、实施时、实施后产品销售量的变化情况，进行顾客调查，了解顾客的购买量、重复购买率、对本次营业推广活动的看法、意见等，以此分析此次活动的成果与缺陷。

(五) 公共关系策略

从市场营销的角度来谈公共关系，只是公共关系的一部分。美国营销大师菲利普·科特勒对公共关系作了如下定义：作为促销手段的公共关系是指这样一些活动，争取对企业有利的宣传报道，协助企业与有关的各界公众建立和保持良好关系，树立良好的企业形象，以及消除和处理对企业不利的谣言、传说和事件等。公共关系即指企业与其相关的社会公众之间的联系，这种联系是通过信息沟通实现的。

1. 公共关系的本质特征

(1) 企业的公共关系是指企业与其相关的社会公众的相互关系。这些社会公众主要包括：供应商、中间商、消费者、竞争者、金融保险机构、政府部门、科技界、新闻界等。可见，企业营销活动中存在着广泛的社会关系，不仅限于与顾客的关系，更不能局限于只有买卖关系。良好的社会关系是企业成功的保证之一，因此，建立和保持企业与社会公众的关系在企业营销活动中具有重要的作用。

(2) 企业形象是公共关系的核心。公共关系首要的任务是树立和保持企业的良好形象，争取广大消费者和社会公众的信任和支持。一个企业除了生产优质产品和搞好经营管理之外，还必须重视创建良好的形象和声誉。在现代社会经济生活中一旦企业拥有良好的形象和声誉，就等于拥有了可贵的资源，就能获得社会广泛的支持和合作。否则，就会产生相反的不良后果，使企业面临困境。可见，以创建良好企业形象为核心的公共关系这项管理职能，它涉及企业活动的各个方面，而且是长期地、不断地积累，不断地努力的结果。

(3) 企业公共关系的最终目的是促进产品销售。广告等其他活动的目的在于直接促进产品销售，而公共关系的目的在于互相沟通，互相理解，在企业行为与公众利益一致的基础上争取消费者对企业的信任和好感，使广告等促销活动产生更大的效果，从而最终扩大产品的销路。正因为如此，公共关系也属于一种促销方式。不过，它是通过推销企业本身，从而促进产品销售。

(4) 公共关系属于一种长效促销方式。公共关系比广告等活动成本少得多，有时甚至不需支付费用，而其效果却大得多，尤其是需要使消费者建立信任感的商品。因为消费者对广告存有戒心，使广告显得无能为力，而通过公共关系的活动却能消除疑义，获取信赖。

总之，公共关系着眼于企业长期效益，而广告则倾向于产品销售。

2. 公共关系的作用

公共关系活动是企业整体营销活动的重要组成部分，是一种“软推销术”。公共关系在企业市场营销活动中的作用主要体现在以下几个方面：

① 有利于树立企业形象和塑造产品品牌；

② 有利于建立企业与消费者之间双向的信息沟通；

③ 有利于企业消除公众误解和化解危机；

④ 有利于增强企业内部的凝聚力，协调与外界的关系。

3. 公共关系促销的目标

在通常情况下，企业开展公关活动的目标有以下几种。

① 配合新产品上市公关。新产品上市前，通过恰当的公关宣传，让消费者和中间商对企业的新产品有足够的了解，提高知名度，扩大声誉。

② 结合企业转产、改制公关。

③ 展示企业成果公关。

④ 消除不良影响公关。当企业的意图受到误解时，积极的公关活动，可以有效地让公众了解企业，密切同消费者的关系，消除他们的误解。当企业的产品或服务经营造成不良后果时，应立即向新闻媒体和有关部门通报情况，解释原因。向受损的消费者赔礼道歉，采取补救措施，积极地承担责任。

⑤ 改善企业环境公关。

⑥ 利用活动、庆典公关。配合企业组织的展销会、订货会以及开业、挂牌、纪念等庆典组织宣传报道，举办得体适宜的公关活动。企业对体育、教育、福利等公益事业的赞助，公关部门要大力组织宣传，以扩大企业影响，提高企业知名度。

4. 公共关系促销的方式

(1) 利用新闻媒介　由新闻媒介提供的宣传报道对企业来说是种免费广告，它能给企业带来许多好处。首先，它比广告创造更大的新闻价值，有时甚至是一种轰动效应，而且能鼓舞企业内部的士气和信心，一个企业或者产品能作为新闻报道而受到赞扬，无疑是一种有力的激励。其次，宣传报道比广告更具有可信性，使消费者在心理上感到客观和真实。

(2) 参与社会活动　企业在从事生产经营活动的同时，还应积极参与社会活动。在社会活动中体现自己的社会责任，赢得社会公众的理解和信任。充分表现企业作为社会的一个成员应尽的责任和义务。另一方面结交社会各界朋友，建立起广泛和良好的人际关系。

(3) 组织宣传展览　在公共关系活动中，企业可以印发各种宣传材料，如介绍企业的小册子、业务资讯、图片画册、音像资料等，还可以举办形式多样的展览会、报告会、纪念会及有奖竞赛等，通过这些活动使社会公众了解企业的历史、业绩、名优产品、优秀人物、发展的前景，而达到树立企业形象的目的。

(4) 进行咨询和游说　咨询主要是向管理人员提供有关公众意见。主要是企业定位与形象等方面的劝告和建议，也可包括回答和处理顾客的问题、抱怨和投诉。游说的对象主要是立法机构和政府官员。与他们打交道的目的是为了在一定范围内防止不利于本企业的法令、规定的颁布实施，或为了促使有利于本企业的法令、规定的颁布实施。

(5) 导入 CIS 战略　为了树立良好的企业形象，许多企业，取得了巨大成功。

所谓 CIS，即企业形象识别，是指通过改变企业形象，吸引外界的注意，从而改进业绩，达到预期目标的一种经营战略。

四、技能训练

顺丰武汉公司准备在武汉东湖新技术开发区组织一次营业推广活动。基本要求是活动结束后一个月，在该园区的快递销售量增长 20%。请你设计一个营业推广方案。主要内容应包括目标、对象、规模和水平、推广媒介和手段、时间安排、预算。

项目六

物流服务营销策划（二）

【内容简介】

物流服务是企业物流系统的产出，服务水平不同，物流的形式必将随之发生变化，物流服务水平是构筑物流系统的前提条件。良好的物流服务有助于发展和保持顾客的忠诚与持久的满意，物流服务的要素在顾客心目中的重要程度甚至高过产品价格、质量及其他有关的要素。对于市场组合四要素而言，产品和价格较容易被竞争对手模仿，促销的努力也可能被竞争者赶上。提供令顾客满意业务，或处理顾客抱怨的高明手法则是企业区别于竞争对手、吸引顾客的重要途径。本部分学习情景基于这种思想，先是通过对物流服务有形展示的定义、类型、效应，给出物流环境的设计策略以及需要关注的重点，接下来讨论了物流服务内部营销的定义、构成、目标，分析如何提高内部人员营销管理水平，最后阐述了物流营销策划书的编写。

1. 知识目标

(1) 了解物流服务有形展示的定义、类型

(2) 了解物流服务有形展示的效应、策略

(3) 了解物流环境的主要作用

(4) 了解物流服务内部营销的定义、构成

(5) 了解物流服务内部营销的目标、过程

(6) 掌握营销策划文集的内容

2. 技能目标

(1) 能清楚掌握物流环境的设计策略和方法

(2) 能清楚掌握物流服务环境的关注重点

(3) 能进行物流服务人员内部管理

(4) 能撰写营销策划书

【案例导入】

新加坡航空公司——保持优质的服务

新加坡航空公司（SIA）是一家获国际认可的、世界一流的航空公司之一。业界都一致认为新加坡航空公司是世界上盈利最高的航空公司之一。由于新加坡航空公司在提供优质服务方面享有国际声誉，这样就使得提供优质的服务成为新加坡航空公司所面临的一个持续性的挑战，“公司在服务领域享有很高的声誉，这就意味着，当一名乘客搭乘公司的飞机时，他对公司有很高的期望。同时公司也想让这位乘客说‘哇！这才是不同凡响的优质服务’”。

（一）提供优质的服务

“新航女郎是公司的标志，公司为她们感到骄傲，公司一直在提高她们的技能。公司希望提高她们品尝

酒和奶酪的能力。这种提高必须是连续的。然而，公司不只是集中在新航女郎上。航班的服务可以分为很多不同的部分。公司必须使任何一个部分都达到优质的标准，公司不仅仅只是在商务舱提供最好的座椅给乘客使用。公司希望提供最好的客舱服务，最好的食物，最好的地面服务，这些就和提供最好的座椅一样。

这就是“全面性”所要求的。这还要求公司的价格不能太高。例如，在往返新加坡和曼谷之间的短途航班上，公司要提供最好的食物，你可能会想到提供龙虾，这样的话，你可能会破产。最关键的是，在新加坡至曼谷的航线上，公司所提供的每一项服务都比公司的竞争对手所提供的要好，这就足够了。只要在每一项服务上好一点点就够了。这样就使公司能从这个航班上多赢得一点利润，也使公司有能力去创新，也不会使公司的定价比别的竞争对手高很多。公司希望提供优质的服务，而且是物美价廉。这样使公司的竞争对手很难赶超。新加坡航空公司希望，在任何时候，在任何方面，公司都比竞争对手好一点点。

（二）培训是提供优质服务的保障

新加坡航空深深知道，只有对员工进行全方位的培训，才能增强员工的满意度，只有这样才能使员工提供真正优质的服务给顾客。培训是必须的，而不是可选的。当经济情况不好时，它也不会被省去。每个人都要接受培训。从办公室助理，包裹处理员到首席执行官，都要接受培训。公司购买最好的软件和硬件设施用来培训员工，因为公司从长计议来看待培训。公司对员工发展的投资不会受经济波动的影响。

在新加坡航空公司，对待培训几乎到了虔诚的程度。公司相信，任何时候，不管你有多老，你都能学习。所以对于公司来说，包括高级副总裁，都要经常被送去培训。公司每个人都有一个培训的计划。“你经常能学习一点东西。假如你完成很多培训课程，你就可以去休息一段时间。你还可以去学习一门语言，做一点新的事情，使你精神振奋”。

在新加坡航空公司，人是一个很重要的因素，所以公司采用了全面的、整体的方法来发展它的人力资源。从本质上来讲，有两类培训：职能培训和一般管理培训。职能培训是训练员工具体工作的技能，让他们在技术方面有足够的能力和信心。新加坡航空集团有几个培训学校，专门提供几个核心的职能培训：机舱服务、飞行操作、商业培训、IT、安全、机场服务培训和工程。新加坡航空管理发展中心（MDC）负责提供一般管理培训。MDC 归属于人力资源部，主要关注软技能的培训。这种培训是集中进行的。这样，工程师、IT 专家和市场人员等都能聚在一起。他们一年能培训 9000 个员工，而且以动态和专注于培训而闻名。1999 新加坡航空公司获得了的“国家培训奖”（National Training Award）和为培训和人力发展而颁发的“国家生产力奖”（National Productivity Award）。

将近 70％的培训课程在内部完成，比如机舱服务和商业培训。有时会邀请乘客来分享他们的经历，帮助员工学习。对于一些服务方面的培训，还请了一些“培训员”。他们亲自到一线去观察实际情况，然后回来为员工做培训。对于一些一般的管理培训，请一些咨询顾问、大学教授等“来访师资资源”。

新加坡航空公司最近一次优质服务创新叫做客户服务转型（TCS），涉及了五个核心职能部门的员工，其中有机舱服务、工程、地面服务、飞行操作和销售支持。为了确保客户服务转型文化在全公司内发扬，公司还加入了管理培训的内容。管理发展中心把员工召集起来，进行了一次为期两天，题为“TCS 职能部门的战略协同”的培训课程。这个课程是关于如何在关键职能部门的员工中建立一种团队的精神，这样可以让团队充分合作，使整个为乘客服务的过程令人愉快，而且尽量衔接紧密。在服务过程中，不仅仅只是负责卖票或订票的员工和机组人员会接触客户，机师、机场经理和机场工程师在客户服务的过程中要扮演同样的角色，因为他们有时也会接触到乘客。对于内部客户，也是同样的要求。例如，作为机场经理来说，他的主要职责是确保飞机准时出发，同时，当飞机出发时，他是最后一个和机组人员接触的人；当飞机到达时，他是第一个和机组人员接触的人。但是 TCS 不仅仅和人有关。在 TCS 中，有一个 40-30-30 的原则，它是一个把人、程序和产品整合起来的方法。公司将 40％的资源用来培训和激励公司的员工，30％的资源来评价服务过程和程序，剩下的 30％用来创造新的产品和服务理念。

（三）帮助员工处理来自客户的压力

因为新加坡航空在优质服务方面享有盛誉，而且一直在努力不断地提高，其客户可能对新加坡航空有很高的期望而且要求很苛刻。这样就会给一线员工很大的压力。因此，公司要帮助他们处理因为给顾客提供服务，让他们满意而带来的情绪上的波动。同时，公司也要确保公司的员工不会产生被人利用的感觉。新加坡航空公司的挑战是如何帮助员工处理一些艰难的情况和一些贬责的话，“这将是公司下一步培训的重点”。

（四）沟通和激励

新加坡航空公司认为，要鼓励员工为乘客提供好的服务，就必须和员工有很好的沟通。公司定期举行全公司的大会和简会，告诉员工公司最近的情况。公司内部的时事通信和公告也加强了信息的传递。在定期的员工会议上，鼓励经理和员工之间相互交流。假如公司在机场换票处新添了一项服务，公司会在事前、事中和事后都告诉大家。公司还会和大家讨论这项新服务的重要性和它的价值，以确保每一个人都知道公司在做什么，为什么这样做。这也使员工在做事的时候有自豪感。

公司还利用非物质奖励来鼓励优秀的服务人员。时事通讯会和大家分享和表扬优秀的服务。公司设法去表扬那些做得很优秀的员工。每年，公司都颁发“副主席奖”（Deputy Chairman’s Award）。这也是高级管理层感谢那些优秀员工的一个方式。表扬是非常重要的。在背后轻轻地拍一下，在时事通讯上一个好的庆祝、相片和捧场文章都可以表示公司的表扬。公司会为那些赢得了很多乘客称赞的员工颁发一个特别的奖章，会表扬那些优秀员工所做出的贡献。

【分析】

1. 新加坡航空公司是如何使优质服务有形化？

2. 新加坡航空公司是如何实现内部员工满意度的？

3. 如果你是该公司的营销经理，该如何设计服务过程？

工作任务一　物流有形展示

一、情景设置

近年来，湖北省快递业发展迅猛，快递市场竞争也是相当激烈。既有 EMS 这类国有企业，也有顺丰快递、申通快递这类民营企业，还有联邦快递这些外资企业。为了更好地吸引客户，刚进入快递市场的 MM 快递公司，在物流服务产品有形展示方面应该有什么样的行动和策略，谈谈你的看法（可以从店面布置、人员形象、价格及各种信息展示方面考虑）。

二、技能训练目标

能够根据物流企业的战略目标、企业的状况、目标客户的特点来确定物流服务产品有形展示的方法。

三、相关理论知识

物流服务有形展示是物流服务营销组合策略的要素之一。企业要善于通过对物流服务工具、设备、员工、信息资料、其他顾客、价目表等有形物的服务线索的管理，增强顾客对物流服务的理解和认识，为顾客做出购买决定传递有关服务线索的信息。

（一）物流有形展示概述

物流服务有形展示是指在物流服务营销管理的范畴内，一切可传达服务特色及优点、暗示企业提供服务的能力、可让顾客产生期待或记忆的有形组成部分。具体而言就是物流企业中与提供物流服务有关的实体设施、人员及沟通工具等的展现。

（二）物流服务有形展示类型

1. 根据物流服务有形展示能否被顾客拥有

根据物流服务有形展示能否被顾客拥有可分为边缘展示和核心展示。边缘展示是指顾客在购买过程中能够实际拥有的展示，这些代表服务的物的设计，都是以顾客心中的需要为出发点，它们无疑是企业核心服务强有力的补充。核心展示与边缘展示不同，在购买和享用服务的过程中不能为顾客所拥有。但核心展示比边缘展示更重要，因为在大多数情况下，只有这些核心展示符合顾客需求时，顾客才会做出购买决定。

2. 根据物流服务有形展示的构成要素分类

（1）物质环境

① 环境因素：不能立即引起顾客注意的背景条件，包括温度、湿度、通风、气味、声音、色调、清洁度、有序性等环境要素。

例如整齐有序的商品摆放、暖色调的灯光、精致可爱的包装袋、洁净的工作台可能没有第一时间引起顾客的注意，但是没有它们，顾客的消费欲望将会大打折扣。

② 设计因素：顾客最容易察觉的环境刺激，包括建筑设计、氛围设计、陈列设计。例如，外部店面设计依据周围环境而不同，有欧式风格、有概念现代风格、有古典中式风格等；店庆节庆等时段商家营造节日氛围；卖场布局、顾客移动线。

③ 社会因素：服务中的人，包括服务人员形象、技能、顾客人数、有序性、服务人员与顾客互动都会影响顾客消费。

（2）信息沟通　是另一种物流服务展示形式，这些来自物流企业本身以及其他引人注意的沟通信息通过多种媒体传播，展示服务。

① 服务有形化：不断强调与服务相联系的有形物，这些有形物成了服务的载体，是企业进行信息沟通的重要工具。

② 信息有形化：主要体现在口碑传播和广告宣传。

例如，西南航空公司是美国盈利最多、定价最低的航空公司之一，1990 年，公司开辟了航线——勃班克至奥克兰航线。它的广告大字标题是：“西南飞至奥克兰，舱门退款 127 美元。”并说：“西南航空公司勃班克至奥克兰航班对高档舱座的定价 186 美元高得离谱，如果您付给我们这么多，在舱门口，我们将归还您 127 美元现金。”它的主要竞争对手西部美国航空公司嘲笑西南航空公司这种没有掩饰的服务方法，“西部美国”的电视广告刻画了乘客登上美国西南航空公司的飞机时，掩起面颊的形象。西南航空公司立即以商业性电视广告作出反应。广告中，公司总裁赫勃·克莱赫用一个袋子蒙住了头，克莱赫的易被感知的广告词是：“如果您认为乘坐西南航空公司的飞机让您尴尬，我们给您这个袋子蒙住头；如果您并不觉得难堪，就用这个袋子装您省下来的钱。”当然，在这则广告中，袋子中装满了现金。

（3）价格　与物质环境、信息沟通一样，价格也是对服务的展示。价格除了是构成收入的因素外，还有一个重要作用就是：顾客把价格看作有关物流服务的一个线索。

当服务价格定得过低就暗中贬低了提供给顾客的价值。顾客会怀疑廉价的服务不会带来更多的价值含量，这样低廉的服务意味着什么样的专长和技术？价格过高。犹如过低的价格会产生误导一样，过高的价格同样会导致这一结果。过高的价格给顾客以价值高估，不关心顾客，或者“宰客”的形象。

3. 根据有形展示的性质分类

（1）与服务工作有关的有形展示　在服务过程中使用的各种服务工具、服务设备和服务结果都会在一定程度上影响顾客对服务质量的感知。例如，快递公司的货车、公司的广告设计作品。

（2）与服务人员有关的有形展示　服务人员的一举一动、一言一行以及与服务人员有关的各种有形展示（外貌、服装、服务技能）都在无形间影响着企业的服务质量。

（三）物流服务有形展示效应

① 通过感官刺激，让顾客感受到物流服务给自己带来的利益。例如收费单、员工着装、宣传册、网页等。

② 引导顾客对物流服务产品产生合理的期望（如顾客通过专卖店的外部设计，感受到自己应该在这样的店铺里接受到什么样的服务）。

③ 影响顾客对物流服务产品的第一印象（因服务无形性，顾客购买服务多凭经验，因此有形展示对老主顾影响较小，它主要作用于新顾客）。

④ 促使顾客对物流服务质量产生“优质”的感觉。

⑤ 帮助顾客识别和改变对物流企业及其产品的形象。

⑥ 成为顾客回忆曾经接受过的服务的有形线索（质量：回忆服务质量想到的都是有形的因素，如食物的味道、餐厅的环境等；形象：服务企业通过有形展示生动的宣传自己的形象，例如麦当劳大叔和肯德基大叔的鲜活形象已深入人心）。

⑦ 协助培训物流服务员工。服务有形化后，更易被员工理解。使员工掌握服务知识和技能，指导员工的服务行为，为顾客提供优质的服务。

（四）物流服务环境设计策略

服务环境设计是有形展示策略的重点，它会在顾客接触服务之前对顾客产生影响。

1. 物流环境概念

物流服务环境是指企业向顾客提供服务的场所，它不仅包括影响物流服务过程的各种设施，而且还包括许多无形的要素。因此，凡是会影响物流服务表现水准和沟通的任何设施都包括在内。

环境既包括以空气、水、土地、植物、动物等为内容的物质因素，也包括以观念、制度、行为准则等为内容的非物质因素；既包括自然因素，也包括社会因素；既包括非生命体形式，也包括生命体形式。环境是相对于某个主体而言的，主体不同，环境的大小、内容等也就不同。物流服务环境包括微观环境和宏观环境，其主要特点如下。

① 环境是环绕、包括与容纳的。一个人不能成为环境的主体，只可以是环境的一个参与者。

② 环境对于各种感觉形成的影响并不是只有一种方式。

③ 边缘信息和核心信息总是同时出现，都同样是环境的一部分，即使是没有被集中注意的部分，人们还是能够感觉出来。

④ 环境的延伸所透露出来的信息总是比实际过程的更多。其中有些信息业可能是相互冲突的。

⑤ 各种环境都隐含有目的和行动以及种种不同角色。

⑥ 各种环境包含许多含义和许多动机性信息。

⑦ 各种环境都隐含种种美学的、社会性的和系统性的特征。

2. 物流服务环境的主要作用

(1) 包装作用　建立第一印象、建立顾客的期望。

例如，消费者对于营业厅中光线明亮，播放着柔和的音乐，大理石的台面会有一组期望；而对于采用水泥地面，乱七八糟摆放的桌椅，并把废纸、破纸箱扔在地板上的营业厅又会有另一组不同的期望。

（2）辅助作用　为服务过程提供方便。

例如，仓储企业在仓库中以不同颜色来确认货品的储存区域。例如，黄色的表示暂存处于检验过程中的商品储存区，白色的表示暂存不具备验收条件或者质量暂时不能确认的商品储存区，绿色的表示储存合格的商品储存区，红色的表示暂存质量不合格的商品储存区。为各类人员工作提供方便，减少各类服务员工因要四处查询盘点而浪费的宝贵服务时间，更避免因此等问题而产生的不必要的矛盾。

（3）交际作用　员工与顾客交流的平台，传递信息。

① 帮助识别公司的员工。例如，通过员工制服顾客可以判断出他所属的行业，甚至是公司的名称以及在公司的工种。

② 为每个员工的职位变化提供有形证据。

（4）区别作用　实施差异化的一种手段。

服务环境设计可将企业与其他竞争对手区分开来。例如，物流企业的外部招牌标志设计，使顾客能够在众多建筑物中轻易地区别出不同的物流机构。

3. 物流服务环境设计的关注重点

（1）顾客逗留的时间　服务环境直接影响顾客逗留时间的长短。通风不畅、卫生环境差、奇怪的气味等会缩短顾客逗留的时间。例如在法国，有个饭店的老板，把他饭店的墙壁全部粉刷成淡绿色，使客人感觉幽雅、舒适，为此招徕不少顾客。但由于人们留念这种舒适环境，就餐时间加长，而且进餐后久久不肯离去。这样，餐桌的利用率自然就降低了。于是，老板又把墙壁粉刷成了红色和橘黄色，这样热烈的色彩一方面能刺激人们的食欲，同时又不适于客人进餐后久留。因而，餐桌的利用率显著上升。

（2）员工逗留的时间　逗留时间越长，环境对员工的情绪、工作积极性、工作能力的影响越大。例如，昏暗的灯光会使员工产生压抑、不适感觉，也增加了工作的危险性。

（3）服务环境个性化　通过对服务环境的设计，专门吸引某一类型的顾客，突出服务环境的个性化。

（4）服务设施的水准　服务设施不仅影响员工的服务效率，也会影响顾客对服务质量的认知。

因为服务是无形的，顾客在选择服务企业的时候，会以服务设施作为选择的依据。

（5）方向指引性　因为服务的无形性，服务环境能起到让顾客较好理解服务过程的作用。企业通过开放式的服务环境，让顾客在经过服务系统时，能观察并学习服务过程。

设计理想的物流服务环境是一件很困难的事情，除了需要大量的资金花费外，一些不可控制的因素也会影响环境设计。一方面我们现有的关于环境因素及其影响的知识及理解程度还很不够；另一方面每个顾客都有不同的爱好和需求，他们对同一环境条件的认识和反应也各不相同。因此，设计满足各种各样类型顾客的服务环境等存在一定的难度。

4. 物流服务环境设计的关键因素

在高接触度的物流服务中，顾客参与意识、互动意识、体验意识强，因此物流服务系统的设计，必须考虑到顾客的反应和动机。物流服务有形展示的环境设计是物流企业营销的重点。影响物流服务环境形成的关键性因素主要有两点。

（1）实物属性　对服务企业形象的创造与支持有很大帮助，见表 6-1。

表 6-1 实物属性

外在环境	内在环境
建筑构造设计	陈设布局
橱窗、宣传栏设计	装饰、照明与色彩配合
招牌设计	使用材料与空气流通
停车场、库房设计	指示标记

(2) 气氛 是指一种用来影响买主行为的有意的空间设计。对顾客和员工都有重要影响。生理学认为人在接受信息的过程中，83%是靠眼睛获得，11%是靠听觉获得，3.5%靠触觉获得，其余的部分靠味觉和嗅觉获得。影响气氛的因素如下。

① 视觉 视觉向消费者所传达的信息比其他任何东西都要多得多，因此，它是服务公司、发展公司氛围时可利用的最重要手段。视觉因素通常包括：照明、陈设布局、员工仪容仪表、颜色等。例如，不同颜色代表多项联邦快递服务，橘色代表准时送达的全球快递服务、绿色代表准时送达的陆运服务、蓝色则代表全新的商业服务中心。三颜色汇集处则为紫色，象征联邦快递致力提供服务的紫色承诺精神。

表 6-2 对色彩的感受

暖色调			冷色调		
红色	黄色	橙色	蓝色	绿色	紫色
爱情 浪漫 热情 活力 温暖	阳光 温暖 明亮 注意 欢乐	阳光 温暖 开放 友好 欢乐	凉快 孤单 忠诚 平静 阳刚	凉快 宁静 和平 新鲜 成长	凉快 羞怯 尊贵 财富

一般地说，暖色调会唤起消费者舒服的感觉。研究表明，用于吸引顾客时选择暖色调，特别是红色和黄色，要比采用冷色调要好得多（见表 6-2）。

② 气味 气味会影响形象。花店的花香味、化妆品专柜的香水味、餐厅的食物香味等都会增加顾客的购买欲望。

③ 声音 声音往往是气氛营造的背景。研究表明背景音乐至少通过两种途径影响销售。

首先，背景音乐增强了顾客对店铺气氛的感受，这又反过来影响顾客的情绪。

其次，音乐经常影响顾客逗留在商店中的时间。舒缓的音乐会使人们停留的时间增长；快节奏的音乐，加快人们的购买行为。

④ 触觉 当消费者触摸产品的时候，产品销售的机会就明显地增加。不论任何情况，产品使用的材料和陈设展示的技巧都是重要的因素。

四、技能训练

西南航空公司：将人员、过程和有形展示进行整合

在美国空中旅行者的印象里，西南航空公司是一家可靠便捷、令人愉悦、低价位和没有附加服务的航空公司，这个牢固的定位如果换个角度看，则意味着很高的价值——一个由西南航空公司将其服务营销组合的所有因素强化了的定位。25 年来，西南航空一直稳稳地保持着这个形象，并且它每年都有盈利。美国的其他任何一家航空公司都没有达到或接近这个纪录。成功的原因来自方方面面。一是航空公司的低成本

结构。公司只运营一种飞机（波音 737），从而因飞机本身的燃油效益和维护、运作程序的标准化而降低成本。另外，航空公司还通过不提供食物、不预先指定座位、保持较低的员工流动率等方法降低成本。

西南航空的总裁赫伯·凯乐（Herb Kelleher）相信：员工第一，而不是顾客第一。他因这一信念而闻名。这家位于达拉斯的航空公司在享有很高的顾客满意度和顾客忠诚度的同时，已经成为一个低成本服务提供商和一家受欢迎的雇主。西南航空公司在航空业中有最佳的顾客服务记录，并因连续几年在行李处理、准点操作和最少的顾客投诉统计方面的卓越成就而获得三项冠军，这些荣誉其他任何一家航空公司都不曾拥有。

研究西南航空公司的成功经历，可以明显地看出：它的营销组合中的所有因素都与其非常成功的市场定位紧密结合，这 3 个新的营销组合因素都有力地加强了公司的价值形象。

1. 人员

西南航空通过非常有效地利用员工与顾客的沟通来稳固其市场定位。员工很团结，公司为使他们感到愉悦而进行了培训，让他们确定“愉悦”的含义，并授权他们做可以使航班轻松和舒适的事情。西南航空根据态度来招聘员工，并对员工进行了技术技能的培训，使他们成为美国航空业中劳动生产率最高的劳动力。顾客也被纳入到愉悦的气氛中，许多乘客通过和机组人员或者相互之间开玩笑，通过向航空公司发送表达他们满意的大量信件来创造愉悦的环境气氛。喜欢逗笑的航空公司总裁赫伯·凯乐，用他那拙劣的滑稽表演来鼓励员工和逗笑乘客。

2. 过程

西南航空公司的服务提供过程同样也强化了它的定位。飞机上不指定座位，所以乘客按排队顺序进入飞机并找到座位；公司不向其他航空公司的转乘航班交移行李；航班上不提供食品。总之，过程是很有效、标准化和低成本的，可以迅速地周转，而且费用低廉。顾客是服务过程的重要一环，并积极地发挥他们的作用。

3. 有形展示

与西南航空公司相关的一切有形展示都进一步强化了它的市场定位。西南航空的飞机为橘黄色或深棕色，突出了它们的独特性和低成本导向。员工着装随意，在炎热的夏季穿短裤，以增强“乐趣”并突出了公司对员工履行舒适的承诺。可重复使用的塑料登机卡，是低成本和对顾客没有花样的另一个有形证据。航班上不提供餐饮服务，这样通过没有食物这个有形展示的缺位就强化了低价格的形象。由于很多人都拿航班食品开玩笑，所以大多数人并未把缺乏食品当作一个价值减损因素。

应用服务营销组合的一致的市场定位强化了公司在顾客心目中的独特形象，给予西南航空公司一个高价值的定位，从而吸引了一大批满意、忠诚的顾客。

【案例思考题】

结合案例谈谈西南航空公司如何对有形展示进行有效地管理？

工作任务二 物流服务内部营销

一、情景设置

近年来，湖北省快递业发展迅猛，快递市场竞争也是相当激烈。既有 EMS 这类国有企业，也有顺丰快递、申通快递这类民营企业，还有联邦快递这些外资企业。我们知道，要扩大和留住客户必须提供良好的服务，而提供良好服务的基础是企业内部员工的满意和忠诚。现在为更好的扩大湖北快递市场占有率，刚进入快递市场的 MM 快递公司在物流服务内部营销方面应该有哪些行动和策略，谈谈你的看法（可以从人员招聘、员工绩效考核等内部营销方面考虑）。

二、技能训练目标

能够根据物流企业的战略目标、企业的状况、熟悉和掌握调动企业内部员工积极性的方法。

三、相关理论知识

物流内部营销是与物流外部营销相对应的概念，它的意思是使员工热爱公司的品牌，然后再让他们去说服客户热爱这一品牌。内部营销的实质是，在企业能够成功地达到有关外部市场的目标之前，必须有效地运作企业和员工间的内部交换，使员工认同企业的价值观，使企业为员工服务。

内部营销是一种把雇员当成消费者，取悦雇员的哲学，是指通过能够满足雇员需求的分批生产来吸引、发展、刺激、保留能够胜任的员工。它是一种通过形成分批生产来满足人类需求的策略。也就是说向内部人员提供良好的服务和加强与内部人员的互动关系，以便一致对外地开展外部的服务营销。这里所说的对员工的雇佣、训练和激励，包括的内容为服务人员的训练、服务人员的处置权、服务人员的义务和职责、服务人员的激励、服务人员的仪表、服务人员的交际能力、服务人员的服务态度等；内部营销过程实际上也就是对服务营销组合中各人员要素的管理过程。

（一）内部营销的内容构成

内部营销是一项管理战略，其核心是培养对员工的顾客服务意识，把产品和服务通过营销活动推向外部市场之前，应先将其对内部员工进行营销。任何一家企业事先都应该意识到，企业中存在着一个内部员工市场，内部营销作为一种管理过程，能以两种方式将企业的各种功能结合起来。首先，内部营销能保证公司所有级别的员工，理解并体验公司的业务及各种活动；其次，它能保证所有员工准备并得到足够的激励以服务导向的方式进行工作。内部营销强调的是公司在成功达到与外部市场有关的目标之前，必须有效地进行组织与其员工之间的内部交换过程。内部营销包括两个要点：一是服务企业的员工是内部顾客，企业的部门是内部供应商。当他们在内部受到最好服务和向外部提供最好服务时，企业的运行可以达到最优。二是所有员工一致地认同机构的任务、战略和目标。并在对顾客的服务中成为企业的忠实代理人。我们可以看到，一个有企业向心力的企业做任何事情都是迅速的，高效高质的。

（二）内部营销的目标

内部营销基于这样的假设：第一，组织中的每个人都有一个顾客；第二，在员工有效地为顾客服务之前，他们必须像对待最终顾客一样服务于内部顾客并以此为乐，即“只有拥有满意的员工才能拥有满意的顾客”。内部营销的核心目标是“激励雇员，使其具有顾客导向观念”，创造一种内部环境，强调在企业内部管理活动中使用类营销方法以使员工具有主动的销售意识，向员工推销服务、支援服务、宣传并激励营销工作，从而使得内部营销成为整合企业不同职能部门，促进企业战略有效实施的一种工具。

（三）内部营销的管理过程

内部营销的产生和发展的整个过程中，市场环境尚处于由卖方市场向买方市场的转变阶段。市场营销活动被看作企业产品或服务由生产部门向消费者转移的一个环节，内部营销仅被视作企业内部管理沟通的一种工具也就不足为怪了。同时，由于这种阶段局限性以及相关研究的零散和不系统性，内部营销活动的实施受到企业职能分隔的阻碍和限制，其威力不能得到充分发挥。随着企业赖以生存的经济环境发生了重大变化，尤其是买方市场的形成，企业本身已经事实上成为了一个“大的市场营销部门”，市场营销成为了企业的战略核心。企业只有构建以人为本的内部营销系统，才能真正发挥内部营销的强大威力。内部营销可以帮助你通过四种方法，打造一支干劲十足的员工队伍：调动积极性，协助员工更好地完成工作，充分授权，确保他们实现了工作目标并对他们取得的成就给予奖励。传统的营销理论与实践，都趋向于关注企业外部的客户和市场，强调吸引和留住客户以获取利益。但这种建立在客户满意基础上的吸引和维系，同时也依赖于企业内部因素的协同与配合。在有限的资源投入下，如何使营销措施发挥出更好的效率与效益，为企业创造更大的竞争优势，内部营销理论无疑提供了新的视角：没有积极的、持续的内部营销努力，交互营销对客户的作用将会下降，服务质量将会恶化，客户将会流失，对利润将产生消极的影响。从这个意义上讲，内部营销是外部营销成功的先决条件。内部营销的内容可以概括为两个层面：企业对员工的营销；企业各部门之间的营销。企业对员工的营销又包含两个方面：一是企业向员工营销自身的价值观，使员工对本企业的价值观形成共识，认同本企业的组织文化，认同本企业的组织目标，并使个人目标和组织目标达到更好的结合；二是向员工营销企业自身的产品和服务，借助营销理论在企业内部的应用来探索使员工满意的方法和手段。可以想象，连自己的员工都不愿意使用的产品和服务，是不大可能在外部市场取得成功的。企业各部门之间的营销。外部客户的满意，不仅是和客户接触的前台员工以及为他们提供支持、支撑的后台员工共同努力的结果，也是企业内部各部门密切合作、共同努力的结果。因此，部门之间的相互了解和高效、优质配合，是使最终客户感受到满意的重要前提。从这个意义上说，企业内部的各个部门，无论是职能部门还是业务部门、支撑部门，都必须积极地向其他部门营销自己，增进其他部门对自身的了解，增强部门之间合作与配合的效率、效果，降低发生部门冲突的可能性。只有企业组织结构的各个层级的每个部门都这样做，才能使组织真正成为一个高效运作的整体。

（四）内部营销的特点和作用

① 不是孤立进行的，而与服务质量的创新、改善服务的计划和扩大业务的战略结合起来进行的。

② 是有组织的行为，但也伴随着许多个别的、自发的创造性行为。

③ 成功的关键是沟通。

④ 对建立差异化竞争优势起到关键作用。

⑤ 对减少机构内各职能部门之间的矛盾有重要作用。

⑥ 是一个探索的过程，它引导员工形成自己的见解。

⑦ 是一种渐进的改革，它逐步地削减机构内部上下、左右之间的隔阂。它对营销与生产之间的平衡起到重要作用。

⑧ 有利于发扬创新精神。

⑨ 取得更大成功的条件是员工高度的责任感、合作精神和管理上比较开放。

（五）物流内部人员营销

内部营销措施可以是指那些为了取得某一特定目标而采取的短期、具有针对性的举措。这些短期内部营销举措可以帮助你完成这样的工作，如实施新方案，适应变化，克服困难，应对公司被购并后的生存问题等。更重要的是，内部营销是一个不断与员工分享信息，并且认可他们所做出贡献的过程。这一持续的过程是构建健康企业文化的基础，员工在这种文化氛围内遵循“我为人人，人人为客户”的理念。持续不断的内部营销也是创建世界一流公司的基石。

内部营销的对象不只是营销部门的营销人员和直接为外部客户提供服务的一线服务人员，它包括所有的企业员工。因为在为客户创造价值的过程中，任何一个环节的低质量和低效率，都会影响到客户感受的价值。

1. 服务人员的内部管理

无论是将员工视为内部客户，还是强调员工在客户满意中所起的中心作用，内部营销理论的实质是强调企业要将员工放在管理的中心地位，在企业能够成功地达到有关外部市场的目标之前，必须有效地运作企业和员工间的内部交换，使员工认同企业的价值观，接受企业的组织文化，通过为员工提供的、令其满意的服务，促使员工为企业更好地服务。因此，提高员工的满意度就成为了企业内部营销的核心。相关内部营销研究发现，影响员工满意度的内部条件按影响程度高低依次为：工作本身、培训、报酬、提升的公平性、在尊重和个人尊严方面所受到的待遇、团队工作、公司对员工生活福利的关心程度。有鉴于此，内部营销要围绕着了解员工的情感和需求，为吸引、培训、激励、沟通及保留员工而努力。

(1) 内部市场调研　员工满意是客户满意的必要条件。提高员工满意度的前提，是了解员工的情感和需求。只有真正了解员工的情感和需求，才能实施对员工的有效管理。可以借鉴外部营销调研的成熟方法和技巧应用于内部营销，如实地观察法、一对一访谈、专题讨论、问卷调查等，用于建立员工档案，了解员工的基本情况、技能特长及情绪、信仰、价值观等，对企业的态度、对管理者的评价和期望、对内部服务质量的要求、对企业产品和服务的看法及建议等。内部市场调研的目标市场，不仅包括现有在职员工，甚至可以包括潜在的员工和离职的员工，这样才能真正了解职业市场的劳动力供求趋势、人才分布结构、薪资福利水平、期望的工作类型、职业发展方向及人才流动趋势等总体情况。

(2) 内部市场细分　细分的前提是差异性和专业性，因为每位员工在受教育程度、人生经历上的不一致，导致了工作能力、心理和性格上存在着差别，需要把现代营销的市场细分理论应用于内部营销，把企业的内部市场像外部市场营销一样进行细分，认真了解员工的工作能力、心理类型和性格，根据员工不同的需要及情感特征，将其分为不同的群体，实施不同的管理方法、有针对性的激励方式和沟通策略，安排适合员工个性和专长的工作岗位，采取不同的营销组合，这样才能留住员工、保持员工满意、提升员工忠诚度并充分调动每位员工的主动性，使之为实现企业的目标而积极服务。

内部市场细分的变量较多，除员工个性、知识特点等心理、行为变量外，主要还有"员工在组织中所处的层次"及"员工与客户接触的程度"等。有两点需要特别指出：高层管理者既是内部营销的目标客户之一，也是内部营销的领导者和发起者，如果没有他们的认同，内部营销的理念很难得到全体员工的认同、接受，并融入企业文化且成为其中的一部分；同时，后台接触员工和支持性员工对创建、维护整个企业的"客户意识"和"服务文化"，也发挥着重要作用。

(3) 招聘、教育和培训　不同的企业组织需要招聘不同类型的人才。企业与员工之间的相互匹配，是开展内部营销的先决条件，包括：企业文化与员工价值观、人格特性的匹配，公司发展方向与员工个人职业生涯发展方向的匹配，公司职位与员工能力、兴趣的匹配等，其中最重要的是企业文化与员工价值观的匹配。对服务性企业而言，最重要的是具有服务意识和客户导向、头脑敏锐的人才。对业务的胜任和精通十分重要，客户导向甚至可能比业务上的精通更重要。因此，在聘用人才的时候，除了要考察其教育背景、技术技能等常规项目之外，应重点考察应聘人员的内在素质和客户导向的程度，以保证吸收的员工易于同企业核心价值观相融合，从而降低新员工与组织的磨合成本。

教育和培训是企业使员工愿意并有能力接受其所提供产品和服务的必经之路。员工进入企业，是为了谋求个人的发展和自我价值的实现，教育和培训作为员工增值、企业文化塑造的一种重要手段，越来越受到企业的重视。许多知名企业除了依靠良好的薪酬福利吸引人才外，完善的员工培训体系也是招揽人才的重要砝码。教育和培训除了要向员工传授相关技能外，更重要的还有职业道德、工作规范和标准化培训及向员工灌输企业倡导的核心价值观念，在员工掌握岗位技能的前提下，鼓励并引导他们了解其他部门所提供的服务及他们之间如何相互协调，逐步让员工树立起客户导向的思想。通过教育和培训，使员工更加具有价值，也更加具有竞争力。教育和培训应该在组织内部形成制度化和常规化，内容上应以内部调研的结果为依据，明确知道员工"对什么感兴趣"和"需要学什么"，再来制订培训计划；形式上可以采取课堂教学、在岗培训、外出观摩、自练自学、案例分析、角色扮演等灵活的方式；培训结束后，应该及时进行效果评估和项目调整，逐渐形成学习型组织。

(4) 激励与认同　激励是企业采用适当的刺激方式，鼓励员工以更高的水平、更大的主动性和自觉性从事工作，取得成就。

激励的方式有很多种。薪酬是使员工满意的基本平台，企业可运用定价策略中的方法和技巧，设计合适的薪酬福利计划，建立公平、公开和公正的晋升机制，发挥考核与奖励的杠杆作用，使薪酬制度对员工更有吸引力和对外的竞争性。企业应更多地使员工了解自己工作的意义和价值，自己努力的方向，根据员工对企业做出的贡献，及时做好实绩考核，明确、合理地奖励、表彰优秀员工；同时针对员工的不同特点，考虑不同员工群体的不同需求，区分工资和奖金，采取不同的激励方式，使企业中每个人都有获得激励的机会，让他们感受到自己的努力得到了企业的认同和重视，从而促使员工产生奋发向上的进取精神、努力工作的积极性和满足感。在方法上，应重视日常工作中一些非正式激励手段的应用，强调奖励团队而不仅仅奖励个人，把激励与企业的愿景和战略相联系，致力于塑造员工对企业长期的献身精神。

(5) 尊重　根据马斯洛的需求层次理论，人的需求有一个从低到高的发展层次。低层次的需要是生理需要，向上依次是安全的需要、社交的需要、被尊重的需要和自我实现的需要。员工是企业最重要的资产，企业对待员工，物质奖励只是最基本的奖励。随着社会的发展，人的要求会不断提高，会更多地朝求得社会认同和尊重这个方向努力。这些都会对员工的内心情感、工作态度产生很大的影响。不尊重，或者以高压姿态对待员工，必将影响企业和员工的沟通以及信息流的通畅，这对企业的发展是十分不利的。企业的经营理念到管理机制都要体现组织对员工的尊重和关怀，使员工能在企业中找到自己的心理支撑。在这样的环境下，每个人都能得到充分的尊重，很容易把一个企业凝聚起来，使员工心甘情愿地为企业奉献。

(6) 授权　是指通过赋予员工相应的权力和自主性，使其能控制与工作相关的情况和做决定的过程，这意味着可以让基层员工做出正确的决定。授权需要公司首先向员工明确企业的核心价值观是什么，让其知道企业最希望员工表现的行为特征是什么、在什么权限范围内可以自主做出决定。优质的服务，首先意味着能够快速、容易得到的服务。只有赋予员工现场做出决定的权力，才能确保服务过程的流畅和结果的质量。正确地运用授权，有助于减少员工的角色模糊和角色矛盾，增强员工的适应性和满意度。

(7) 沟通　是意义的传递与理解。很多企业在与外部客户的沟通中，不惜巨额费用发布广告、印刷画册、举办展览等，却忽视了内部沟通形式的重要性。对于企业内部来说，一般存在三种形式：向上沟通、向下沟通和横向沟通。有效的沟通可以实现员工对企业目标的高度理解、支持和拥护，有效沟通的关键取决于渠道的有效性和信息发送者与接收者之间的理解。内部刊物、内部网站、宣传栏、总经理信箱、企业论坛、合理化建议等，都是行之有效的沟通方式和渠道。企业必须选择员工能够接受的方式和渠道，使组织目标潜移默化地被员工理解和接受。

(8) 团队和流程　内部营销是一个整体的管理过程，它确保企业所有层级都能理解和亲身体验自己的工作，其目标不仅在于在员工之间，也在于在组织各层级之间创造、维护和强化良好的内部关系，形成各部门、层级间密切和高效的协作。团队工作的实质，是从原来面向功能的工作设计转向面向过程、面向产品、面向结果、面向客户的工作设计，员工和部门不再只从事单一的专业化工作，而是从事与最终产出、与整个过程有关的多项工作。团队工作对内部营销的作用，主要体现在使员工和部门抛弃以工作和任务为中心的思维方式，在组织中的各阶层之间建立良好的内部关系，加强各部门间的沟通合作，提高信息在整个企业内部的沟通速度，使整个企业都面向客户市场，提高团队成员的士气、满足感和成就感，有利于充分发挥各个层级的积极性和创造性。

内部营销在企业中的应用并不是全新的内容，但内部营销理论所倡导的、积极的市场导向的方法，却具有重要的实践意义。用于外部营销的一些活动，可以与内部营销活动结合起来，从而为外部客户提供更加优质的服务，为企业创造更大的利益。

2. 服务人员在物流营销中的作用

服务人员在物流服务中的重要性主要体现在如下关系上。

① 员工的满意程度与物流企业内部质量相关。

② 员工的忠诚度与员工的满意度相关。

③ 员工的生产效率与忠诚度相关。

④ 物流服务的价值与员工的生产效率相关。

3. 管理人员对员工的管理

如果企业缺少好的内部运作，不能在众人面前展示企业自身的文化特色，不能抱着一种良好的心态去面对工作。即使有再广阔的外部营销空间，也只不过是徒劳而已。

内部营销的最大作用在于让员工最大限度地为顾客提供服务，因此要想做好内部营销必须把好三道关：雇用、训练、激励。

(1) 雇用　企业在招聘员工时，一定要选好人。人力资源部门直接承担起营销的责任，如何做好招聘的宣传，对招聘人员的考核标准的要求，对应聘者学历、经历、资历及道德的要求，是否认同公司的文化和结构等都是选好人的关键。招聘时一定要设好岗位，做到人尽其才，让合适的人在合适的岗位工作，这样才能留住人，能更好地为客户服务。员工满意是客户满意的必要条件。提高员工满意度的前提，是了解员工的情感和需求。只有真正了解员工的情感和需求，才能实施对员工的有效管理。可以借鉴外部营销调研的成熟方法和技巧应用于内部营销，如实地观察法、一对一访谈、专题讨论、问卷调查等，用于建立员工档案，了解员工的基本情况、技能特长及情绪、信仰、价值观等，对企业的态度、对管理者的评价和期望、对内部服务质量的要求、对企业产品和服务的看法及建议等。内部市场调研的目标市场，不仅包括现有在职员工，甚至可以包括潜在的员工和离职的员工，这样才能真正了解职业市场的劳动力供求趋势、人才分布结构、薪资福利水平、期望的工作类型、职业发展方向及人才流动趋势等总体情况。因为每位员工在受教育程度、人生经历上的不一致，导致了工作能力、心理和性格上存在着差别，需要把现代营销的市场细分理论应用于内部营销，把企业的内部市场像外部市场营销一样进行细分，认真了解员工的工作能力、心理类型和性格，根据员工不同的需要及情感特征，将其分为不同的群体，实施不同的管理方法、有针对性的激励方式和沟通策略，安排适合员工个性和专长的工作岗位，采取不同的营销组合，这样才能留住员工、保持员工满意、提升员工忠诚度并充分调动每位员工的主动性，使之为实现企业的目标而积极服务。不同的企业组织需要招聘不同类型的人才。企业与员工之间的相互匹配，是开展内部营销的先决条件，包括企业文化与员工价值观、人格特性的匹配，公司发展方向与员工个人职业生涯发展方向的匹配，公司职位与员工能力、兴趣的匹配等，其中最重要的是企业文化与员工价值观的匹配。对服务性企业而言，最重要的是具有服务意识和客户导向、头脑敏锐的人才。对业务的胜任和精通十分重要，客户导向甚至可能比业务上的精通更重要。因此，在聘用人才的时候，除了要考察其教育背景、技术技能等常规项目之外，应重点考察应聘人员的内在素质和客户导向的程度，以保证吸收的员工易于同企业核心价值观相融合，从而降低新员工与组织的磨合成本。

(2) 训练　企业在招聘员工时，一定要对员工进行培训。企业的成功，基于所有员工的成功；员工的成功，基于不断学习与训练。如果我们发现员工的技术操作不标准，却不加以纠正，那么就意味着我们愿意接受较低的工作标准，顾客得到较低的服务质量，影响到消费者的心理，直接影响利润。培训能提高员工的技术能力、提高员工的操作熟练度，相应地提高了工作效率；培训是实现人才储备的重要手段；培训能促进公司各部门的协调合作，培养团队和整体作业精神。每一名员工都想成为一名优秀的员工，有些时候，员工之所以会犯错并不是员工的本意，而是员工根本不知道怎么做是正确的，正确的标准是什么？

对员工培训时要有明确的目标，不同岗位不同的要求，在进行培训时最好要有 SOP（标准的作业程序），有了 SOP 可以减少不必要的步骤，大大提高效率。培训方式要灵活，下面给出训练三招，各有优势。

① 座谈式　员工在培训负责人的主持下，坐在一起提议、讨论、解决的一种方式。此种方式可以就某一具体问题或某一制度进行提议、讨论，然后达到解决的目的。此种方式让每一位员工都能参与其中，并能发挥自己的独到见解。作为负责培训的人员，也可以集思广益。但此种方式并不是散乱无序，培训负责人一定要事先列好提纲和议题。座谈式培训不但可以教会员工许多知识或技能，达到培训的目的，还能提供内部员工交流的机会，并达到促进员工友好合作的效果。

② 课堂培训　是最普遍、最传统的培训方法。它是指培训负责人确定培训议题后，向培训部申请教材，或自己编写相应的培训教材（培训前要请培训部审定教材），再以课堂教学的形式培训员工的一种方法。此种方式范围很广，理论、实际操作、岗位技术专业知识都可以在课堂讲解、分析。

③ “师傅带徒弟”帮带培训　自己学习是爬楼梯，跟师傅学习是坐飞机。新进的员工与资深技术员工结成“师傅带徒弟”帮带小组，并给出培训清单（上面列出培训标准内容和要求等）此种培训方式，可以采取一带一或一带多，但最好采取一带一，此种方式考核要求将新员工与资深技术员工一起考核，这可以让资深技术员工有责任心。

在实际培训中，往往是将多种方法综合在一起。培训方式的结合才能让学员更快、更多地理解所学内容。通过培训我们可以让平凡的人胜任不平凡的工作。

(3) 激励　管理者都希望自己的员工认真地工作，为顾客提供满意的服务，为组织创造更多的效益。人都有很大的潜力没有被开发出来，要使员工积极自主的工作，管理者就必须对员工进行有效的激励，把员工的潜能焕发出来。激励的方法有很多，企业可以针对自己的情况，采用适当的方法，下面给出激励六法。

① 顺性激励　为员工安排的职务必须与其性格相匹配，每个人都有自己的性格特质。员工的个性各不相同，他们从事的工作也应当有所区别。与员工个性相匹配的工作才能让员工感到满意、舒适。

② 压力激励　为每个员工设定具体而恰当的目标，目标设定应当像树上的苹果那样，站在地下摘不到，但只要跳起来就能摘到。目标会使员工产生压力，从而激励他们更加努力地工作。在员工取得阶段性成果的时候，管理者还应当把成果反馈给员工。

③ 物质奖励激励　针对不同的员工进行不同的奖励，奖励机制一定要公平，管理者在设计薪酬体系的时候，员工的经验、能力、努力程度等应当在薪水中获得公平的评价。只有公平的奖励机制才能激发员工的工作热情。奖励要及时兑现，不能光说不做，这样会让员工对公司失去信心。公司要对员工诚信，说到就要做到，做不到的一定不要先说，给员工一定欺骗的感觉。员工大多都是“近视”的，他们不相信遥遥无期的奖励，所以对员工的奖励要经常不断，让员工看到希望。

④ 精神奖励激励　一句祝福的话语，一声亲切的问候，一次有力的握手都将使员工终生难忘，并甘愿为你效劳一辈子。当员工工作表现好时，不妨公开表扬一下；当员工过生日时，一封精美明信片，几句祝福问候语，一次简易生日 PARTY，将会给员工极大的心灵震撼。对下属员工提出的建议，你微笑着洗耳恭听，一一记录在册，即使对员工的不成熟意见，也一路听下去，并耐心解答，员工好的建议与构想，张榜公布。奖励一个人，激励上百人，把所有员工的干劲调动起来。

⑤ 友善激励　可以改善企业内部员工的人际关系。有相当一部分员工的离职原因是因为公司内部员工的人际关系不和引起的。员工都愿意在和谐融洽的气氛中工作。企业和职员之间要能达成共识，形成一种“军民鱼水情”。工作当中我们需要配合、协作、主动。企业要有良好经营理念和指导思想；员工就会有良好的工作态度和行为面对工作。

⑥ 环境激励　良好的办公环境能提高员工的工作效率，能确保员工们的身心健康。对办公桌椅是否符合“人性”和“健康”要进行严格检查，以期最大限度地满足员工们的要求。每天可以设立专门的休息时间，放点音乐调节身心，或者利用健身房、按摩椅“释放自己”。

四、技能训练

1. 简答题

(1) 什么是服务内部营销？内部营销的内容有哪些？

(2) 物流企业内部营销及其运作中应该注意哪些问题？

(3) 你认为如何打造一支热爱企业、干劲十足的员工队伍？

2. 案例分析

由于企业采购、供货的频繁，许多企业面向电子商务纷纷成立物料配送中心，它使各个子系统，如生产、运输、分配等都能协调一致，同时高效发挥各子系统独立运行时自身的最大效率。在电子商务环境下，传统的财务部门和新兴的信息中心将从企业的一般职能部门晋升到企业的战略决策层。信息技术的发展使传统的财务核算功能逐步由电子会计取代，而财务管理的负责人（CFO）将更多地在决策层从事企业投资、融资等分析与资本运作活动。信息管理负责人（CIO）则扮演愈来愈重要的角色，不但对外界信息进行收集、处理、分析、整合后提供给首席执行官（CEO）做决策参考，而且使决策信息畅通无阻地传达到各环节员工，包括 CTO（技术管理负责人）、CFO、CMO（市场营销负责人）等各部门主管的手中并保证各部门之间、具体部门的行为与 CEO、董事会的战略决策之间进行双向沟通，使信息这一战略资源发挥其应有的作用。请问物流系统作为适应营销组织变化的企业内部组织创新在内部营销中起到了哪些作用？

工作任务三　物流服务营销策划书编写

一、情景设置

近年来，湖北省快递业发展迅猛，快递市场竞争也是相当激烈。既有 EMS 这类国有企业，也有顺丰快递、申通快递这类民营企业，还有联邦快递这些外资企业。现在为了更好地吸引客户，扩大市场占有率，MM 快递公司特针对武汉大学生市场，准备开展一系列营销策划活动，需编写营销策划书。请谈谈如何编写一份合格的营销策划书（可以从环境分析、市场细分和定位、产品、价格、渠道、促销、有形展示等方面考虑）。

二、技能训练目标

了解物流营销策划书编写规则和步骤，掌握编写物流营销策划书的方法。

三、相关理论知识

(一) 拟订策划书的原则

1. 实事求是

由于策划案是一份执行手册，策划案就必须务实，使方案更符合企业条件的实际、员工操作能力的实际、环境变化和竞争格局的实际等。这就要求在设计策划案时一定要坚持实事求是的科学态度，在制定指标、选择方法、划分步骤的时候，要从主客观条件出发，尊重员工和他人的意见，克服设计中自以为是和先入为主的主观主义，用全面的、本质的、发展的观点观察认识事物。

2. 严肃规范

就是要求人们在设计策划案时一定要严格地按照策划书的意图和科学程序办事。策划案是为策划书的开发利用寻找方法、安排步骤、制订规划的。它的出台，是策划人依据策划的内在规律，遵循操作的必然程序，严肃认真，一丝不苟，精心编制而成的。严肃性原则还表现在，一个科学合理的策划案被采纳之后，在实际操作过程中，任何人不得违背或擅自更改。

3. 简单易行

就是要求人们在设计策划案时一定要做到简单明了、通俗易懂、便于推广、便于操作。任何一个方案的提出，都是为了能够在现实中能够容易操作，并通过操作过程达到预定的目的。为此，我们在策划案各要素的安排和操作程序的编制上，要依据主客观条件，尽量化繁为简、化难为易，做到既简便易行，又不失其效用。

4. 灵活弹性

就是要求人们在设计策划案时一定要留有回旋余地，不可定得太死。当今是高速发展的时代，策划案虽然具有科学预见性的特点，但它毕竟与现实和未来存有较大的差距，所以，它在实施过程中难免会遇到突如其来的矛盾、意想不到的困难。例如，资金未到位，人员没配齐，物资不齐全，时间更改，地点转移，环境变化等。这些因素我们必须估计到，提出应变措施，并能浸透到方案的各环节之中。一旦情况出现，便可及时对已定方案进行修改、调整。这样，既保证了原有意图在不同程度上得以实现，又避免了因策划案的夭折而造成重大损失。

5. 逻辑思维原则

商品企划目的在于解决企业行销中出现的问题，制定解决方案，按照逻辑性思维的构思来编制企划书。首先是了解企业的现实状况，描述进行该企划的背景，分析当前市场状况以及目标市场，再把企划中心目的全盘托出；其次详细阐述企划内容；再次明确提出解决问题的对策；最后预测实施该企划方案的效果。

6. 创意新颖原则

商品企划方案应该是一个“金点子”，也就是说要求企划的“点子”（创意）要与众不同、内容新颖别致，表现手段也要别出心裁，给人以全新的感受。新颖、奇特、与众不同的创意是商品企划书的核心内容。

（二）营销策划书的框架

由于行业的差异和策划专题的不同，营销策划书框架纲要并无规定格式或固定模式。但是，从营销策划活动的一般规律来看，其中有些要素是共同的。一份比较完整的营销策划书框架的基本结构如表 6-3 所示。

表 6-3 营销策划书的基本结构

策划书的构成		要素
1. 封面		策划书的脸
2. 前言		前景交代
3. 目录		一目了然
4. 概要提示		要点提示
正文	5. 环境分析	策划的依据和基础
	6. 机会分析	提出问题
	7. 战略及行动方案	对症下药
	8. 营销成本	计算准确
	9. 行动方案控制	容易实施
结束语		前后呼应
附录		提高可信度

综合性营销策划书是对企业营销活动的一个整体设计。核心内容应包括环境分析、机会分析、战略及行动方案、营销成本、行动方案控制等。这里重点介绍营销战略及行动方案。

所谓市场营销战略是企业市场营销部门根据战略规划，在综合考虑外部市场机会及内部资源状况等因素的基础上，确定目标市场，选择相应的市场营销策略组合，并予以有效实施和控制的过程。市场营销总战略包括：产品策略、价格策略、营销渠道策略、促销策略等。市场营销战略计划的制定是一个相互作用的过程，是一个创造和反复的过程。

（三）如何编制营销策划书

1. 封面的制作

封面是营销策划书的脸，如一本杂志的封面设计一样，阅读者首先看到的是封面，因而封面能起到强烈的视觉效果，给人留下深刻的第一印象，从而对策划内容的形象定位起到辅助作用。封面的设计原则是醒目、整洁、切忌花哨，至于字体、字号、颜色，则应根据视觉效果具体考虑。策划书的封面可提供以下信息：策划书的名称、被策划的客户、策划机构或策划人的名称、策划完成日期及本策划适用时间段。

封面制作的要点如下。

① 标出策划委托方。如果是受委托的营销策划，那么在策划书封面要把委托方的名称列出来，如××公司××策划书。

② 取一个简明扼要的标题。题目要准确又不累赘，使人一目了然。有时为了突出策划的

主题或者表现策划的目的，可以加一个副标题或小标题。

③ 标明日期。日期一般以正式提交为准。因为营销策划具有一定时间性，不同时间段上市场的状况不同，营销执行效果也不一样。

④ 标明策划者。一般要在封面的最下方标出策划者。如果策划者是公司，则须列出企业名称。

2. 前言撰写

前言一方面是对内容的高度概括性的表现，另一方面在于引起阅读者的注意和兴趣。当阅读者看过前言后，能使其产生急于看正文的强烈欲望。

前言的文字以不超过一页为宜，字数可以控制在1000字以内，其内容可以集中在以下几个方面。

① 简单交代接受营销策划委托的情况，例如，A营销策划公司接受B公司的委托，承担20××年度营销策划工作。

② 进行策划的原因，即把该营销策划的重要性和必要性表达清楚，这样就能吸引阅读者进一步去阅读正文。

③ 策划过程的概略介绍和策划实施后要达到的理想状态的简要说明。

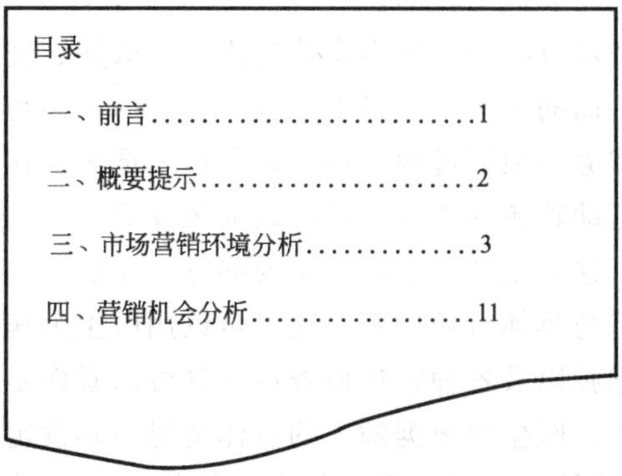
目录

3. 设计目录

目录的作用是使营销策划书的结构一目了然，同时也使阅读者能方便地查寻营销策划书的内容。因此，策划书中的目录不宜省略。

如果营销策划书的内容篇幅不是很多的话，目录可以和前言同列一页。列目录时要注意的是：目录中所标的页码不能和正文的页码有出入，否则会增加阅读者的麻烦。

因此，尽管目录位于策划书中的前列，但实际的操作往往是等策划书全部完成后，再根据策划书的内容与页码来编写目录的。

4. 概要提示

为了使阅读者对营销策划内容有一个非常清晰的概念，使阅读者立刻对策划者的意图与观点予以理解，作为总结性的概要提示是必不可少的。换句话说，阅读者通过概要提示，可以大致理解策划内容的要点。

概要提示的撰写同样要求简明扼要，篇幅不能过长，可以控制在一页以内。另外，概要提示不是简单地把策划内容予以列举，而是要单独成一个系统，因此，遣词造句等都要仔细斟酌，要起到一滴水见大海的效果。

概要提示的撰写一般有两种方法，即在制作营销策划书正文前事先确定和在营销策划书正文结束后事后确定。这两种方法各有利弊，一般来说，前者可以使策划内容的正文撰写有条不紊地进行，从而能有效地防止正文撰写的离题或无中心化；后者简单易行，只要把策划书内容归纳提炼就行。采用哪一种方法可由撰写者根据自己的情况来定。

5. 策划书正文的撰写

营销策划文案的具体内容如下。

（1）环境分析　这是营销策划的依据与基础，所有营销策划都是以环境分析为出发点。环境分析一般应在外部环境与内部环境中抓重点，描绘出环境变化的轨迹，形成令人信服的依据资料。

环境分析的整理要点是明了性和准确性。所谓明了性是指列举的数据和事实要有条理，使人能抓住重点。在具体做环境分析时，往往要收集大量的资料，但所收集的资料并不一定都要放到策划书的环境分析中去，因为过于庞大复杂的资料往往会减弱阅读者的阅读兴趣。如果确需列入大量资料，可以用“参考资料”的名义列在最后的附录里。因此，做到分析的明了性是策划者必须牢记的一个原则。

所谓准确性是指分析要符合客观实际，不能有太多的主观臆断。任何一个带有结论性的说明或观点都必须建立在客观事实基础上，这也是衡量策划者水平高低的标准之一。

（2）机会分析　可以把这一部分和前面的环境分析看作是一个整体。而实际上在很多场合，一些营销策划书也确实是如此处理的。

在这里，要从上面的环境分析中归纳出企业的机会与威胁、优势与劣势，然后找出企业存在的真正问题与潜力，为后面的方案制定打下基础。企业的机会与威胁一般通过外部环境的分析来把握；企业的优势与劣势一般通过内部环境的分析来把握。在确定了机会与威胁、优势与劣势之后，再根据对市场运动轨迹的预测，就可以大致找到企业问题所在了。

（3）战略及行动方案　这是策划书中的最主要部分。在撰写这部分内容时，必须非常清楚地提出营销目标、营销战略与具体行动方案。这里可以用医生为病人诊断的例子来说明。医生在询问病情、查看脸色、把脉以及各种常规检查后（这可以看作是进行环境分析和机会分析），必须对病人提出治疗的方案。医生要根据病人的具体情况为其设定理想的健康目标（如同营销目标），依据健康目标制定具体的治疗方案（如同营销战略与行动方案）。因此，“对症下药”及“因人制宜”是治疗的基本原则。所谓“因人制宜”是指要根据病人的健康状况即承受能力下药，药下得太猛，病人承受不了，则适得其反。

在制定营销战略及行动方案时，同样要遵循上述两个基本原则。常言道：“欲速则不达。”在这里特别要注意的是避免人为提高营销目标以及制定脱离实际难以施行的行动方案。可操作性是衡量此部分内容的主要标准。

在制定营销方案的同时，还必须制定出一个时间表作为补充，以使行动方案更具可操作性。此举还可提高策划的可信度。

（4）营销成本　营销费用的测算不能马虎，要有根据。像电台广告、报纸广告的费用等最好列出具体价目表，以示准确。如价目表过细，可作为附录列在最后。在列成本时要区分不同的项目费用，既不能太粗，又不能太细。用列表的方法标出营销费用也是经常被运用的，其优点是醒目。

（5）行动方案控制　此部分的内容不用写得太详细，只要写清楚对方案的实施过程的管理方法与措施即可。另外，由谁实施，也要在这里提出意见。总之，对行动方案控制的设计要有利于决策的组织与施行。

（6）结束语　主要起到与前言的呼应作用，使策划书有一个圆满的结束，而不致使人感到太突然。结束语中再重复一下主要观点并突出要点是常见的。

（7）附录　其作用在于提供策划客观性的证明。因此，凡是有助于阅读者对策划内容的理解、信任的资料都可以考虑列入附录。但是，为了突出重点，可列可不列的资料还是不列为宜。作为附录的另一种形式是提供原始资料，如消费者问卷的样本、座谈会原始照片等图像资料等。作为附录也要标明顺序，以便寻找。

（四）撰写营销策划书的注意事项

营销策划书和一般的报告文章有所不同，它对可信性、可操作性以及说服力的要求特别高，因此，运用撰写技巧提高可信性、可操作性以及说服力。这也是策划书撰写的追求目标。

（1）寻找一定的理论依据　欲提高策划内容的可信性，并使阅读者接受，就要为策划者的观点寻找理论依据。事实证明，这是一个事半功倍的有效办法。但是，理论依据要有对应关系，纯粹的理论堆砌不仅不能提高可信性，反而会给人脱离实际的感觉。

（2）适当举例　这里的举例是指通过正反两方面的例子来证明自己的观点。在策划报告书中，适当地加入成功与失败的例子既能起调节结构的作用，又能增强说服力，可谓一举两得。这里要指出的是，举例以多举成功的例子为宜，选择一些国外先进的经验与做法，以印证自己的观点是非常有效的。

（3）利用数字说明问题　策划报告书是一份指导企业实践的文件，其可靠程度如何是决策者首先要考虑的。报告书的内容不能留下查无凭据之嫌，任何一个论点均要有依据，而数字就是最好的依据。在报告书中利用各种绝对数和相对数来进行比照是绝对不可少的。要注意的是，数字需有出处，以证明其可靠性。

（4）运用图表帮助理解　运用图表能有助于阅读者理解策划的内容，同时，图表还能提高页面的美观性。图表的主要优点在于有着强烈的直观效果，因此，用其进行比较分析、概括归纳、辅助说明等非常有效。图表的另一优点是能调节阅读者的情绪，从而有利于对策划书的深刻理解。

（5）合理利用版面安排　策划书的视觉效果的优劣在一定程度上影响着策划效果的发挥。有效利用版面安排也是策划书撰写的技巧之一。版面安排包括打印的字体、字号、字距、行距以及插图和颜色等。如果整篇策划书的字体、字号完全一样，没有层次、主辅，那么这份策划书就会显得呆板，缺少生气。总之，良好的版面可以使策划书重点突出，层次分明。

应该说，随着文字处理的电脑化，这些工作是不难完成的。策划者可以先设计几种版面安排，通过比较分析，确定一种最好效果的设计，然后再正式打印。

（6）注意细节，消灭差错　细节往往会被人忽视，但是对于策划报告来说却是十分重要的。可以想象得出一份策划书中错字、漏字连续出现的话，读者怎么可能会对策划者抱有好的印象呢？因此，对打印好的策划书要反复仔细地检查，特别是对于企业的名称、专业术语等更应仔细检查。另外，纸张的好坏、打印的质量等都会对策划书本身产生影响，所以也绝不能掉以轻心。

（五）物流营销策划案例选

物流企业营销策划书

一、公司介绍

本公司位于江苏省徐州市，主要经营与物流企业相关的各项业务，如装卸、包装、运输、配送等。由于自身实力有限加上金融危机的影响，企业的营业额不断下降，实力与竞争力大不如前。为扭亏为盈，本企业通过对市场的调查及市场环境的分析，制定营销策划书，对企业资源进行重新整合与规划，重新出发，争取在市场中占有一席之地。

二、营销环境分析

传统运输、仓储企业向第三方物流企业转变的重要标志，是企业能否为客户提供一体化物流服务，是否拥有结成合作伙伴关系的核心客户。从目前情况看，我国大部分物流企业仍然主要在提供运输、仓储等功能性物流服务，通过比拼功能服务价格进行市场竞争，要改变这种状况，一个重要方面就是要超越传统物流服务模式，在服务理念、服务内容和服务方式上实现创新。首先，要认清一体化物流与功能性物流在服务性质、服务目标和客户关系上的本质区别，树立全新的服务理念；其次，要在运输、仓储、配送等功能性服务基础上不断创新服务内容，实现由基本服务向增值服务延伸，由物流功能服务向管理服务延伸，由实物流服务向信息流、资金流服务延伸，为客户提供差异化、个性化物流服务；同时，要根据客户需求，结合物流企业自身发展战略，与客户共同寻求最佳服务方式，实现从短期交易服务到长期合同服务，从完成客户指令到实行协同运作，从提供物流服务到进行物流合作。

（一）国内环境分析

我国的现代物流需求虽然存在，但还未达到由需求拉动产业发展的程度。不少企业不太了解我国物流市场需求状况就急于进入物流市场，势必会给物流企业带来巨大风险，使企业利益受损，同时也不利于中国物流产业的良性发展。虽然我国现有的物流服务还没有摆脱传统的以运输费、仓储费为指标的结算方式，但物流企业在开发一体化物流项目时，仍应避免与客户纠缠于就功能性服务收费进行讨价还价。要从客户物流运作的不足切入，与客户共商如何改进，让客户先认识到物流企业的服务能带来的好处，再商谈合理的服务价格。实际上，客户因为物流合理化而发展壮大，物流外包规模自然会相应扩大，双方合作的深度与广度也会随之增加，物流服务的收益和规模效益必然会提高，这就是双赢的合作伙伴关系。

（二）徐州市物流现状及发展思路与目标

1．现状

徐州铁路地处苏、鲁、豫、皖交汇区域，物流市场潜力巨大，有较大的市场机遇。辖区丰富的物流资源，由于一系列主客观原因，尚未有效开发创效。为此，必须认真研究，制定对策，把握机遇才能实现铁路物流业的发展。徐州铁路的物流企业是在铁路多元经营运输延伸服务项目的基础上发展起来的，从业务性质看主要开展了运输、仓储、装卸、配送、代理等项目。从组织结构看，一般有两种模式，一种是设立总公司，各车务段所在地设立分公司的统管形式，另一种是设立委托各车务段代管分公司的托管形式。从业务运作看，主要是依赖铁路垄断优势地位，依附铁路运输资源紧张，提供仓储、装卸、配送、代理等服务产品。

2．徐州物流发展的思路与目标

针对目前徐州物流发展的现状，应坚持“统筹规划、政府引导、市场运作”的原则，依托东部产业基地和消费市场，以提高物流效率和降低社会物流成本为中心，以公路、铁路、水路为基础，以信息技术为手段，重点建设物流集中发展区和扶持第三方物流企业，整合物流资源，实现物流的社会化、专业化、规模化、信息化、一体化，把徐州建设成为东部重要的现代物流中心。发展区域型综合物流基地、专业配送中心、保税物流中心，形成层次分明，运转有序的物流体系，培育徐州物流业的品牌优势和核心竞争力，形成规模化、专业化、一体化的现代物流群体，使物流业成为徐州经济的支持产业之一。同时放宽物流市场准入政策，探索沿海城市发展物流的新模式，构建连接国际国内经济发达地区的物流快速通道，启动公共物流信息平台建设，提高综合物流效率。

目前徐州市物流业缺少大规模、高起点、现代化新型物流配送中心，一般的运输企业和传统的物流企业很难满足当今经济快速发展、流通的市场需求。

三、公司的市场定位及目标

随着社会经济的发展，满足物流客户的个性化需求已经成为物流企业营销的重点。企业营销战略的制定要从客户开始，所以要进行市场细分，选择目标市场，确定公司的定位。

（一）公司定位

通过对我国物流市场及徐州物流市场的分析，公司定位于提供一体化的物流服务，在第三方物流的基础上结合现代电子商务，充分发挥电子商务的信息化、自动化、网络化、智能化、柔性化特点与功能，集采购、包装、装卸、运输、储存保管、流通加工、配送、物流情报等功能要素于一体，建立集物流、商流、资金流、信息流于一体的现代物流企业。

（二）公司的目标

公司的目标是：在传统物流的基础上，进一步推动现代物流的发展，以提高供应链管理水平为核心，以实现物流资源整合为出发点，引进信息技术，建立互联互通的信息网络平台，提供创新服务。

同时，通过信息交换平台，公司将为传统企业提供丰富多样的贸易整合机会，并使企业的采购和销售成本大大降低。任何有物流需求的企业，都可通过此平台提交服务诉求，通过平台进行低成本营销，拓展业务和市场，借助网络媒体的互动性，实现网上宣传和网上营销的一体化。从而，最大限度地满足市场需要。

四、营销组合策略

市场营销组合是指企业针对目标市场，综合运用各种可能的市场营销策略和手段，组成一个系统化的整体策略，已达到企业的经营目标，并取得最佳的经济效益。它是由产品策略、定价策略、销售渠道策略以及促销策略等组成的，每个策略又有其独立的结构。企业在分析市场，选择自己的目标市场以后，就要针对目标市场的需求，有效地利用本身的人力、物力、资源，趋利避害，扬长去短，设计企业的营销战略，制定最佳的综合营销方案，以便达到企业的预期目标。

（一）产品策略

产品策略是指做出与企业向市场提供的产品有关的策划与决策。产品与服务是营销组合中至关重要的因素。

① 增设采购、仓储、物流信息供应等产品线，实现一体化的管理。

② 提供增值服务，如在仓储服务中，建立高层的自动化仓库，利用巷道式堆垛起重机和激光引导无人驾驶小车完成物流任务，吸引大型企业，满足其要求。

③ 物流功能服务向管理服务延伸。

④ 实物流服务向信息流、资金流服务延伸。

⑤ 既要注重长途运输，又要发展短途运输、送货上门等低值的服务，吸引小企业。

⑥ 增加仓库、汽车等的数量，加强人员素质的培养等，通过这种有形商品的合理使用，可以有效地吸引客户。

⑦ 引进新技术，设计本企业的物流服务项目，实现物流服务的全面升级。

（二）定价策略

价格是市场营销组合因素中十分敏感而又难以控制的因素，它直接关系着客户对物流服务的接受程度，影响市场需求和企业的利润。物流服务的定价策略对物流系统及其所提供的服务具有重要作用，定价策略正确与否将影响物流活动的广度、深度及其顺畅性。

（三）分销渠道策略

在现代市场经济条件下，生产者与消费者之间在地点、时间、数量、品种、信息、产品估价和所有权等方面存在着差异与矛盾。企业生产出来的产品，只有通过一定的市场分销渠道，才能在适当的时间、地点，以恰当的价格供应给广大消费者和用户，从而克服生产者和消费者之间的差异和矛盾，满足市场需求，实现企业的市场营销目标。

① 采用广告、电话、电视直销等直接渠道，并利用互联网加强网络营销。

② 寻找采购代理商，采购对于本企业来说是新建立的产品线，所以还不够提供完善的采购服务，所以要寻找采购代理商进行代理。

③ 经纪商，与其建立长期的合作合同，把企业洽谈业务的环节交由经纪商负责，集中企业的精力进行物流服务。

（四）促销策略

物流企业的服务特性使其沟通与促销和产品的促销有一定的差别，因此为了进行有效的促销管理，物流服务促销必须遵循其特有的原则，进行周密的安排与计划。物流企业常使用的沟通与促销的工具包括人员推销、广告、营销推广、公共关系等。伴随着信息技术的发展和服务理念的演进，物流企业的促销将不断推出新的策略与方法。

① 加强企业推销人员素质的培养，增强其销售手段的技能。推销人员要熟悉本企业的发展历史、经营理念、企业文化、交货地点、企业规模、经营目标、企业的优势以及未来的发展等，取得客户的信任和支持；推销人员要向顾客详细介绍物流企业的服务项目、服务承诺、服务费用、交货方式、交货时间、交货地点、付款条件等，吸引采用本企业的服务；推销人员还要帮助企业收集和反馈市场信息，包括客户信息、市场供求信息和竞争对手的信息，从而使企业在竞争中立于不败之地。

② 在企业成本允许的情况下，加强广告方面的费用。通过在电台、电视广播等视听媒体做广告；通过报纸、期刊杂志、印刷品等传递广告；在街头、建筑物、车站、码头、体育场、旅游点等公共场所，或在允许的路牌、霓虹灯等地方张贴广告；通过邮政直接投递企业介绍、产品说明等函件等方式做广告使广大的企业了解本公司。

③ 营销推广：对选择本公司服务的企业予以价格折扣、赠送与企业相关的小礼品并向其提供服务促销和展示促销；对与企业进行合作的中间商予以现金折扣、特许经销、代销、试销和联合促销等策略；对于企业的推销人员推出推销员竞赛、红利提成和特别推销金等方式调动起积极性。

④ 公共关系：处理好与客户之间的关系，解决好产品的售后服务保护客户的利益；处理好与中间商的关系，实现互利互惠共同发展；处理好与新闻界的关系，真诚相待、主动联系、促进人际关系，理解尊重、积极配合新闻工作者的工作，虚心接受新闻界的批评；积极参与慈善事业捐献，提高社会声誉；处理好与竞争对手的关系，加强合作，促进物流业的发展。

五、公司在其他方面进行营销管理

① 信息共享：通过信息平台的建设，了解各个仓库以及供应商的货物状态，包括库存量的数据、销售量数据及货物的走势情况及企业的回馈信息。并使各个仓库了解各供应商的货物品类，价格情况以及新品的推出，及时了解第一手的产品信息。

② 建立企业自主的网站，将企业的各种产品服务的信息在网络上向顾客展示，让他们进一步了解产品服务，增大顾客使用该公司服务的欲望。同时也可以扩大企业的知名度，也就是广告效应，从而扩大营业额。

③ 通过信息网，使所有信息共享，增加了透明化，可以及时了解商品的各类信息，减少了不必要的开支。

④ 在信息平台的基础上使用条形码技术、全球卫星定位系统（GPS）、物流采购管理和企业资源管理等物流管理软件，并对其实施无缝链接和有效整合，以充分满足客户日益增长的信息化需求。

本企业在现代经济社会条件下，提出物流服务项目的营销，必将提升企业的竞争力，占据更多的市场份额，从而促进区域内物流企业的改革，促进各物流企业的发展，提升整个物流业的水平。

四、技能训练

1. 简答题

（1）综合性营销策划书一般应包括哪些主要内容？

（2）撰写营销策划书注有哪些注意点？

2. 实训题

每位同学收集一个物流营销策划案例（案例内容不限，案例篇幅不限），对该案例进行分析和评价或谈谈该案例对你的启示（字数要求 800 字以上）。

项目七

物流客户关系维护

【内容简介】

物流服务营销部门在对市场进行了调查、细分和定位以及制定了一系列的营销策略后，还有一个很重要工作就是对物流客户关系的管理和维护，物流客户关系维护的意义在于让物流企业最大程度地提高物流客户忠诚度，牢牢地把握能给企业带来最大价值的客户群。本部分学习情景基于这种思想，先是通过对物流客户的分析与细分，给出不同物流客户管理办法，接下来重点讨论了如何提高现有的、尤其是重要的物流客户的满意度及忠诚度，最后阐述了对物流流失客户进行分类管理以及补救的措施。

【教学目标】

1. 知识目标

(1) 了解物流客户服务定义

(2) 了解物流满意度含义及意义

(3) 了解物流忠诚和满意的区别，以及如何保持客户忠诚

(4) 掌握物流市场客户流失的原因

2. 技能目标

(1) 能清楚掌握物流客户服务的核心

(2) 能进行物流客户满意度市场问卷表设计

(3) 能进行物流客户满意度市场调研和实施

(4) 能区分物流忠诚和满意的不同

(5) 能区别物流客户流失原因及进行相应处理

【案例导入】

北欧航空公司是在20世纪80年代初期因业绩衰退而陷入赤字困境。当时任关系企业总经理的卡尔森临危受命，接任总公司的总经理一职，开始重建工作。

卡尔森没有像其他公司裁减员工、削减经费，而采取了完全不同的做法。他认为经营上最重要的不是这些，而是在全球各地的一线员工与客户的接触过程中。每天大约五万人次的接触中，能否使客户满意，是决定公司业绩的主要原因。

为使公司上下能够统一思想，卡尔森召集150名高级职员、经理，进行了长达三周的集中会议，然后由他们将会议精神灌输给所有的员工。对企业文化、员工价值观和行动习惯都进行了改革。

与此同时，另外还有一项改革就是新设立“欧洲级”座位，卡尔森针对那些从正规途径购买机票的商人特别开辟了商业人士专用的等级，受到了极佳的评价。每当出现飞机延误，卡尔森必定亲自打电话了解原因，以彻底实施准确的时刻管理。

除了服务的改革之外，卡尔森还努力排除公司内部阻碍，发掘内部组织、制度及手续上可能影响客户满意的问题，并加以解决。通过这些措施，顾客对北欧航空的印象果然改观，而且在很短的时间内即扭亏为盈，成功地完成了公司重建的任务。

【引导思路】

(1) 卡尔森为什么将着眼点置于员工与客户间的无数次接触过程中呢？

(2) 卡尔森是如何巩固和开发客户的？这样做有什么意义？

工作任务一　认识物流客户服务

一、情景设置

近年来，湖北省快递业发展迅猛，快递市场竞争也是相当激烈。既有 EMS 这类国有企业，也有顺丰快递、申通快递这类民营企业，还有联邦快递这些外资企业。现在为了更好地扩大和维护物流客户，MM 快递公司希望在物流客户服务管理方面有所作为。谈谈你在这方面的看法（可以到有关物流企业的客户服务部门进行调查，了解客户服务方面的相关资料，并以小组为单位组织研讨、分析，在充分讨论基础上，形成小组的课题报告）。

二、技能训练目标

了解客户服务的定义、重点明确客户服务的核心。

三、相关理论知识

随着市场经济的发展和竞争日趋激烈，企业力图在产品上寻求某种竞争优势的努力越来越困难，为客户尽可能地提供周到满意的服务逐渐成为企业竞争的焦点。

客服部不只是处理客户的抱怨与申诉，而且还需更积极扮演为客户服务的角色。其角色也由以往仅对客户所购买的不良品进行处理转换到主动了解客户的需求，为客户服务，妥善处理客户问题与抱怨，积极进行客户满意度调查，追求客户最大的满意度。所以，不论是制造业还是服务业，为了满足客户的需求、让客户满意，一定要做好“客户服务”。

1. 客户服务的几种理解

(1) 科特勒：服务是一方能够向另一方提供的基本上是无形的任何行为或绩效，并且不导致任何所有权的产生。它的生产可能与某种物质产品相联系，也可能毫无联系。

(2) 莱维特：能够使客户更加了解核心产品或服务的潜在价值的各种行为和信息。客户服务是以客户为对象，以产品或服务为依托的行为；客户服务的目标是挖掘和开发客户的潜在价值；客户服务的方式可以是具体行为，也可以是信息支持或者价值导向。

(3) 管理专家：客户服务是一种活动、绩效水平和管理理念。把客户服务看作是一种活动，意味着客户服务是企业与客户之间的一种互动，在这种互动中，企业要有管理控制能力；把客户服务看作是绩效水平，是指客户服务可以精确衡量，并且可以作为评价企业的一个标准；把客户服务看作是管理理念，则是强调营销以客户为核心的重要性和客户服务的战略性，其运行的基础就是供应链一体化。客户服务是一个过程，它以低廉的方法给供应链提供重大的增值利益。

(4) 我们的定义：真正的客户服务就是根据客户本人的喜好使他获得满足，而最终使客户感觉到他受到重视，把这种好感铭刻在他的心里，成为企业的忠实的客户。

2. 客户服务的重要性

在开发市场时，最有效且成本最低的途径之一就是提供优质的客户服务。在今天激烈的市场竞争环境中，商家只提供一种产品或是一项服务是不够的。今天的客户不同于以前的客户。他们很清楚应该怎样传递产品，也明白如果对自己得到的服务不满意，还有其他能提供更多更好服务的卖方可以选择。他们也知道如果把自己的不满表现出来，可能会得到更加积极的结果。具体来说，客户服务对现代企业的重要性表现在以下几个方面。

（1）全面满足客户的需求　服务能为购买者带来有形和无形的利益。从本质上来说，客户购买商品并不是为了商品本身，而是为了商品所带来的效用，即商品的使用价值。而服务就是效用的重要组成部分。由于生活水平的提高，人们对服务的要求越来越高，使得服务内容花样翻新，更加丰富。现代生活的节奏不断加快，也使人们越发需要服务提供更多的便利，以节约时间，提高效率。而且，伴随着科学技术的迅速发展及其在产品生产中的广泛应用，使得产品的技术含量越来越难以掌握，产品说明书、操作使用说明等难以满足客户的需求，故要求企业提供安装、调试、培训指导等方面的服务。因此，全面地满足客户的需求，这是以客户为导向的企业必然重视服务的原因之一。

（2）扩大产品销售　企业和销售人员可以通过提供各种服务来加强和客户的联系，更好地实现销售目标。企业和销售人员提供优质的全方位的服务，可以使客户获得更多的便利，满足客户的需求。这不但可以吸引客户，而且还有利于树立良好的企业形象，使客户增加购买本企业产品的信心，从而扩大产品的销售量。另外，企业和销售人员还可以在销售中为客户及时提供各种信息，使客户增长消费知识，了解市场信息和商品信息，掌握商品的使用方法，以便于客户购买商品。

（3）塑造企业品牌　靠什么才能使品牌在激烈竞争的市场上独树一帜呢？不同的企业可能有自己不同的答案。有的企业认为是产品质量。的确，产品质量是企业树立品牌的基础。但在今天，仅仅靠优良的产品质量已不能吸引更多的客户，因为，在商品日益丰富的今天，质量不是客户做出购买决策的唯一依据，况且各企业之间产品质量的差距正在逐步缩小、日趋一致，质量优势会随着科技的发展而逐渐减弱。

也有的企业认为是价格，于是让利促销的价格战此起彼伏，愈演愈烈。但是，价格竞争的手段只能奏效一时，而企业却要为此饱尝恶果。研究表明：假如某产品有40%的销售利润，如果为争取顾客而给予10%的折扣，那么销量必须增加33%，才能补偿失去的利润。若折扣为20%，则销量必须翻番，利润才能与原先持平。

那么，再没有别的办法了吗？如果市场上的所有企业都提供同样高质量的产品，又都向顾客提供同样的让利折扣，都是同样的广告投入，那么一家企业如何才能脱颖而出呢？

那就在于塑造一个强势品牌，并长久管理它。塑造并管理好一个品牌的最薄弱的环节在哪里呢？大量成功企业的实践证明，是客户服务，即增值销售。对于购买周期较长的产品来讲，更是如此。客户服务可以说是21世纪企业塑造强势品牌，从而获得竞争优势，保持长期发展的最有效手段。

（4）提高企业竞争力　客户光顾企业是为了得到满意的服务，不会在意那些一般的服务。

什么是一般的服务？就是他有你有我也有，这种服务只有一般的竞争力。譬如，别的企业搞“三包”服务，你也提出“三包”；别人有服务礼貌用语，你也有服务礼貌用语；别人通过了ISO9000认证，你也通过了认证。当你发现你的竞争对手和你是一样的时候，那你就没有了竞争优势。那什么才是具有竞争力的服务呢？就是你有别人没有，或者你的最好，别人的一般。企业如果能做到这一点，就获得了优于他人的超强竞争力。要让客户把企业的美名传播出去，就需要有非常出色的客户服务。

3. 物流客户服务定义

物流客户服务是指物流企业为促进其产品或服务的销售，发生在客户与物流企业之间的相互活动。

4. 物流客户服务的构成要素

物流客户服务的构成要素可分为三类：交易前要素、交易中要素和交易后要素，如图 7-1 所示。

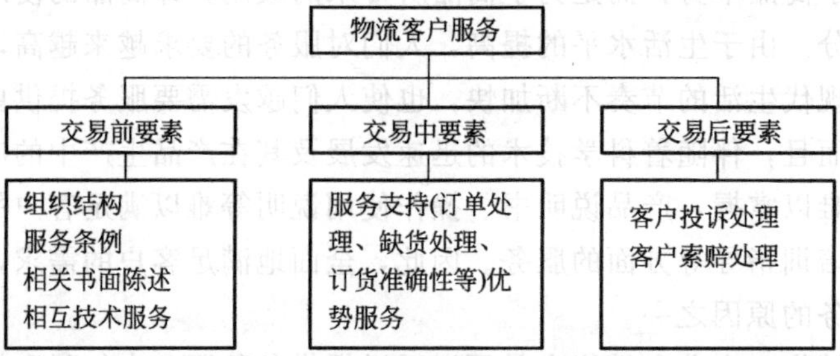

图 7-1 物流客户服务要素构成

(1) 交易前要素　交易前要素为物流企业开展良好的客户服务而创造适宜的环境，具体包括以下方面。

① 客户服务条例的书面说明　客户服务条例以正式文件的形式，反映客户的需要，阐明服务的标准，明确每个员工的责任和具体业务内容。

② 提供给客户的服务文本　通过该文本，客户了解到自己能够获得什么样的服务，客户也可以知道在没有得到应有的服务时该与谁以什么方式联系。

③ 组织结构　应当有一个较好的组织结构以保障和促进各职能部门之间的沟通与协作。

④ 系统柔性　物流系统在设计时要注意柔性和必要的应急措施，以便顺利地响应诸如原材料短缺、自然灾害、劳动力紧张等突发事件。

⑤ 管理服务　企业应当为客户（特别是中间商）提供购买、存储等方面的管理咨询服务。具体方式包括发放培训手册、举办培训班、面对面咨询等。

(2) 交易中要素　交易中要素主要指直接发生在交货过程中的物流客户服务活动，主要包括以下内容。

① 缺货水平　即对企业产品可得性的衡量尺度。当缺货发生时，物流企业要为客户提供合适的替代产品，或尽可能地从其他地方调运，或向客户承诺一旦有货立即安排运送。

② 订货信息　向客户快速准确地提供所购商品的库存信息、预计的运送日期。

③ 信息的准确性　客户不仅希望快速获得广泛的数据信息，同时也要求这些关于订货和库存的信息是准确无误的。

④ 订货周期的稳定性　订货周期是从客户下订单到收货为止所跨越的时间。订货周期包括下订单、订单汇总与处理、货物拣选、包装与配送。

⑤ 特殊货运　有些订单的送货不能通过常规的运送体系来进行，而要借助特殊的货运方式。企业提供特殊货运的成本要高于正常运送方式，但失去客户的代价可能更加高昂。

(3) 交易后要素　客户服务的交易后要素是物流企业对客户在接收到产品或服务之后继续提供的支持。

① 用户的抱怨、投诉和退货　为消除客户的抱怨，投诉和退货，需要一个准确的在线信息系统处理来自客户的信息，监控事态的发展，并向客户提供最新的信息。

② 客户的索赔处理　当客户托运和存储货物发生丢失、损坏，客户提出索赔时，客户服务部负责接收索赔案件，办理索赔申请。

③ 客户关系维护　指通过收集分析客户成交数据，对客户进行有效分类和管理，并针对优质客户进行有效维护，提高客户满意度和忠诚度，防止客户流失。

四、技能训练

1. 选择题

(1)（　　）是指在将产品从供应方向实际运送过程中的各项服务要素，这些服务与客户有着直接的关系，并且是制定客户服务项目的基础。

A. 交易前要素　B. 交易中要素　C. 交易后要素　D. 以上全部

(2)（　　）部门是企业的一个窗口，通过它企业可以获得客户的相关需求信息。其工作涉及整个企业，是多个部门通力合作的结果，它将企业整体作为一个受客户需求驱动的对象。

A. 营销　B. 客户服务　C. 维修　D. 运输

2. 简答题

(1) 如何理解物流客户服务？(2) 物流客户服务构成要素？(3) 物流客户服务售中构成要素？

3. 案例分析题

中国著名的家电企业海尔集团从1999年初年开始物流改革，将物流重组定位在增强企业的竞争优势的战略高度上来，希望通过物流重组有力地推动海尔的发展。因为零部件库的管理不太先进，库存资金占用比较大，甚至有些呆滞，所以海尔集团首先选择零部件作为首要的突破点。建立了现代化的立体库，开发了库存管理软件，使其达到最先进水平。之后，发现车间、分货方和经销商的管理水平跟不上，于是又向他们推荐先进的作业方法。立体库带动了机械化搬运和标准化包装，采用标准的托盘和塑料周转箱，都符合国际标准。因海尔生产的零部件种类繁多，所以就用标准的容器将其规范化，便于机械化搬运，便于管理。这些搞好后，又发现检验是一个薄弱环节。检验时间长，造成大量库存积压。于是又把检验集中起来，尽量分散到分供方和第三方仓库去检验。这样企业中的物流就没有检验这一环节，减少了大量的库存，目前只有3天的库存量，库存资金也大大减少。

海尔从1999年初开始实施物流发展计划，不到一年的时间，效果已非常明显。同时，海尔也利用第三方物流进行内部配送，企业物流把社会力量整合起来了。

当然，在实施物流的过程中，海尔也遇到了一些困难，其中最主要的是人们头脑中的习惯思维问题，观念还不适应整合起来后总的效果，只从自身是否方便来考虑问题。为解决这个问题，海尔成立了物流推进部，专业从事物流改革的推进工作，由集团见习总裁亲自负责。该事业部下属采购、配送、运输三个事业部，专业从事海尔全集团的物流活动，使得采购、生产支持、物资配送从战略上一体化。其次是国内研究物流的专业公司还不多，大部分从事的还只是物流中某个部分，可以借鉴的经验很少。因此，海尔计划在尽可能短的时间内，摸索出一套海尔独有的物流管理模式，创立海尔独特的物流体系。目前，海尔正努力建设企业内部的物流事业部门，并在为海尔集团服务的基础上，最终社会化，使海尔的企业物流最终成为海尔的物流企业。

问题：此案例中海尔集团进行物流改革有哪些具体措施？

工作任务二　提高物流客户满意度

一、情景设置

近年来，湖北省快递业发展迅猛，快递市场竞争也是相当激烈。既有EMS这类国有企业，也有顺丰快递、申通快递这类民营企业，还有联邦快递这些外资企业。为了更好合理利用企业有限资源，服务和管理物流客户，MM 快递公司需要对现有物流市场客户满意度进行调查和维护，现请你拟订维护和保持物流客户满意度方案。（可以从客户满意因素、满意度调查问卷表等方面考虑）

二、技能训练目标

能够根据物流企业的战略目标、企业的状况、目标客户的特点来确定维护和保持物流客户忠诚度、满意度的方法。

三、相关理论知识

1. 客户满意的概念

客户满意（Customer Satisfaction）是 20 世纪 80 年代中后期出现的一种经营思想，其基本内容是：企业的整个经营活动要以客户满意度为指针，要从客户的角度、用客户的观点而不是企业自身的利益和观点来分析客户的需求，尽可能全面尊重和维护客户的利益。

客户满意是客户对某种产品或服务可感知的实际体验与他们对产品或服务的期望值之间的比较。满意度是客户满意的程度的度量。由此可见，客户的满意度是由客户对产品或服务的期望值与客户对购买的产品或服务所感知的实际体验两个因素决定的。

从上面的定义可以看出，客户满意是指客户通过对一个产品或服务的可感知的效果，与他的期望值相比较后形成的愉悦或失望的感觉状态。它是一种客户心理反应，而不是一种客户行为。

从理论上说，客户满意可分为三种类型：不满意、一般满意和高度满意。如果可感知效果低于期望值，客户就会不满意；如果可感知效果与期望值相等，客户就会感到一般满意；如果可感知效果远远超过期望值，客户就会感到高度满意。可以用图 7-2来表示这种关系，假设客户对产品或服务的期望值为 Q_0，客户对产品或服务所感知的实际体验为 Q_1，则客户可感知效果与期望值比较的结果为不满意、一般满意或者高度满意。

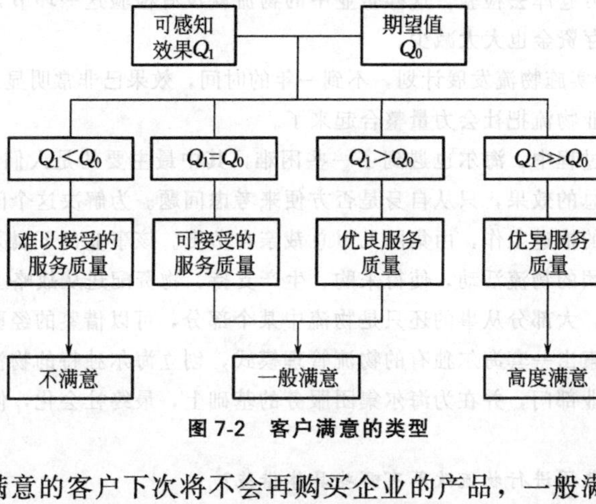

图 7-2　客户满意的类型

对企业来说，不满意的客户下次将不会再购买企业的产品，一般满意的客户一旦发现有更好或更便宜的产品后也会很快地更换品牌，只有高度满意的客户才有可能成为企业的忠诚客户。因此，现代企业把追求客户的高度满意作为自己的经营目标，以培养客户对品牌的高度忠诚度。

客户满意度不仅决定了客户行为，客户还会将自己的感受向其他人传播，从而影响到他人的行为。研究表明，如果客户不满意，他会将其不满意告诉 22 个人，除非独家经营，否则他不会重复购买；如果客户满意，他会将满意告诉 8 个人，但该客户未必会重复购买，因为竞争者有更好更便宜的产品；如果客户高度满意，他会将高度满意告诉10个人以上，并肯定会重复购买，即使该产品与竞争者相比并没有什么优势。随着客户满意度的增加和时间的推移，客户推荐将给企业带来更多的利润，同时因宣传、推销方面的成本的减少也将带来利润的增加。而这二者加起来要远远超出其给企业创造的基本利润。因此，有人形容“一个满意的客户胜过十个推销员”。

2. 影响物流客户满意的因素分析

影响客户满意的因素是多方面的，涉及企业形象、产品、营销与服务体系、企业与客户的沟通以及客户关怀等各种因素。其中任何一个方面给客户创造了更多的价值，都有可能增加客户的满意度；反之，上述任何一个方面客户价值的减少或缺乏，都将降低客户的满意度。影响客户满意的因素可归结为以下五个方面。

(1) 企业因素　企业是产品与服务的提供者，其规模、效益、形象、品牌和公众舆论等在内部或外部表现的东西都影响消费者的判断。如果企业给消费者一个很恶劣的影响，很难想象消费者会考虑选择其产品。

(2) 物流产品因素　物流产品因素包含三个层次的内容。首先是物流产品与竞争者同类物流产品在功能、质量、价格方面的比较。如果有明显优势或个性化较强，则容易获得客户满意。其次，物流产品包含服务的多少。如果物流产品包含服务较多，则容易获得客户满意。如果其产品与其他厂家差不多，客户很容易转向他处。最后，产品的外观因素，比如包装、运输、配件等，如果产品设计得细致，有利于客户使用并能体现其地位，会使客户满意。

(3) 营销与服务体系　物流企业的营销与服务体系是否有效、简洁，是否能为客户带来方便，售后服务时间长短，服务人员的态度、响应时间，投诉与咨询的便捷性等都会影响客户满意度。同时，经营商作为中间客户，有其自身的特殊利益与处境。企业通过分销政策、良好服务赢得经销商的信赖，提高其满意度，能使经销商主动向消费者推荐产品，解决消费者一般性的问题。

(4) 沟通因素　物流企业与客户的良好沟通是提高客户满意度的重要因素。很多情况下，客户对产品性能的不了解，造成使用不当，需要厂家提供咨询服务；客户因为质量、服务中存在的问题要向厂家投诉，与厂家联系如果缺乏必要的渠道或渠道不畅，容易使客户不满意。

(5) 客户关怀　是指不论客户是否咨询、投诉，企业都主动与客户联系，对产品、服务等方面可能存在的问题主动向客户征求意见，帮助客户解决以前并未提出的问题，倾听客户的抱怨、建议。通常客户关怀能大幅度提高客户满意度，增加客户满意度。但客户关怀不能太频繁，否则会造成客户反感，适得其反。

3. 物流客户满意度调研方案及问卷设计

(1) 制定调研方案　在确认调查对象和建立评价指标后，就需要制定详细的调研方案。方案包括调研目的、调研内容、调研对象、样本规模和配额、研究方法、调研频率、调研执行时间、调研费用预算以及报告的撰写和提交时间等。

在确定研究方式上，定量调研可以采取的方式包括书面的（现场发放、邮寄、网上下载打印、发传真等）和电子的（网上调查、电子邮件、电话调查等）调研方式，填写人员可以是客户，也可以是企业营销人员或专业调查公司。根据客户数量的多少，可以选择适合的问卷调查形式，最常采用的调查方法如下。

① 现场发放问卷调查。在客户比较集中的场合，如展览会、新闻发布会、客户座谈会等，向客户发放问卷，现场回收。这种方式快速，如果辅之以小礼品，问卷回收比例会较高，同时

具有宣传效果。但是要注意识别客户和潜在客户，调查信息的准确性不高。

② 邮寄问卷调查。采用邮寄式调查将比个人拦截更有机会使被调查者填完篇幅较长的问卷。人们发现在家或办公室里更有时间，如果客户对你的企业感兴趣，就肯花时间协助你完成调查。向客户邮寄问卷的同时可以配合慰问信、感谢信或小礼品。邮寄问卷调查数据比较准确，但费用较高，周期长，一般一年最多进行1～2次。

③ 电话调查。电话调查适合于客户群比较固定、重复购买率高的产品，其好处是企业可以直接倾听客户的问题，速度快，能体现客户关怀，效果较好。其不利之处在于可能干扰客户工作或生活，造成反感。因此，电话调查一定要简洁明了，问题的形式有利于回答。如果客户数量较少，可以由企业营销人员直接联系客户；如果客户数量多，可以采用抽样方式，委托专业调查公司，或双方合作进行。

④ 网上问卷调查。网上问卷调查具有节省费用、快速等特点，特别是在门户网站上开展的调查很容易引起公众对企业的关注。网上调查只对网民客户有效，结论有失偏颇。

(2) 设计问卷　在问卷调查中，牵扯到测量指标的量化过程。客户满意度测评的本质是一个定量分析的过程，即用数字去反映客户对测量对象的态度。客户满意度测评了解的是客户对产品、服务或企业的看法和态度等，对这类问题的测量一般采用"李克特量表"。李克特量表(Likert scale)是评分加总式量表最常用的一种，指同一构念的这些项目用加总方式来计分，单独或个别项目是无意义的。它是由美国社会心理学家李克特于1932年在原有的总加量表基础上改进而成的。

物流客户满意度量表的设计包括两步。第一步是"赋值"，根据设定的规则，对不同的态度特性赋予不同的数值。第二步是"定位"，将这些数字排列或组成一个序列，根据受访者的不同态度，将其在这一序列上进行定位。之所以将测量指标量化（数字化），一是因为数字便于统计分析，二是数字使态度测量活动本身变得容易。表7-1为客户对某产品质量满意度的测评表。

表7-1　物流客户对某物流产品质量满意度的测评表

测评指数	满意	较满意	一般	较不满意	非常不满意
准时性	□	□	□	□	□
货物完好性	□	□	□	□	□
安全性	□	□	□	□	□
附加服务	□	□	□	□	□

为了获取更多更全面的信息，问卷可采用结构式和非结构式相结合的方法，即调研问卷中同时使用开放题和封闭题。

问卷一般包括三部分。第一部分是有关客户的基本情况，如性别、年龄、教育水平、职业、家庭月收入等有关社会人口特征的问题，以了解消费者特征。第二部分是有关客户购买行为特征的问题，如何时购买、何地购买、购买何物、如何购买等问题。第三部分为主体问题，以指标评价体系为基础设计不同类型的态度测量问题。被访者在5级李克特量表上表明他们的赞同程度，从"满意"到"非常不满意"。主体问题部分还可以设计相应的开放题以期更深入地了解客户对行业的评价，以弥补封闭题不详细的缺陷。

4. 客户满意度调查方案的实施

在此阶段，企业可以通过本企业的营销人员或者专业的调研公司按照调研方案中的时间进度、调查方式来实施调研。当调研现场执行结束后，经过数据的录入处理，最后由调研公司的研究员撰写调研报告。调研报告包括技术报告、数据报告、分析报告及附件。

(1) 技术报告。抽样是保证客户满意度研究结果具有代表性的关键。此部分将详述如何定义调查对象、其代表性如何、样本框如何构成、采用何种抽样方法、具体的抽样步骤以及抽样中可能存在的偏差等。访问是保证结果真实性的关键。此部分还将详述访员的遴选、培训、督导中遇到的问题、实施进程，并向客户说明如何对调查进行复核。

(2) 数据报告。将通过频数和百分比列表、图形、简单文字等说明本次调查的主要结果。

(3) 分析报告。将通过显著性分析、相关分析、聚类分析等统计方法对调查结果中的内在关系进行分析，用文字和图形来说明分析结果，采取的研究模型有因素贡献度分析模型、提高满意度行动原则模型和满意度比较模型等。分析报告还应包含结论与建议，研究人员根据数据报告、数据分析、文案研究、个人经验给出本次满意度研究的结论与建议，这些可能会对决策者有直接的意义。

(4) 分析报告附件。包括项目计划书、问卷、开放题统计结果、二手资料及其他对调查报告中的观点有说明意义的材料。

调研内容确定要有依据、要准确。

四、技能训练

1. 单项选择题

(1) 在客户满意度公式：$c=b/a$ 中，b 代表的含义是________。

A. 客户满意度

B. 客户对产品或服务所感知的实际体验

C. 客户忠诚度

D. 客户对产品或服务的期望值

(2) 最快速，成本最低的调查方法是：(　　)。

A. 电话调查　　B. 邮寄调查

C. 网上问卷调查　　D. 手机短信调查

(3) 下列哪个选项不能作为客户不满意调查的信息获取渠道：(　　)。

A. 现有客户　　B. 潜在客户

C. 已失去客户　　D. 竞争者客户

2. 简答题

(1) 如何进行物流客户满意度调查？

(2) 如何提高物流客户满意度？

(3) 影响物流客户满意度的主要因素有哪些？

3. 案例分析题

资料：呼叫中心是企业与客户直接接触的界面，客户的满意程度将直接反映在呼叫中心的运营中。因此联想的呼叫中心采用了多种调查方式获取客户满意度，并把客户满意度作为指导联想呼叫中心工作的重要导向。每次调研都会严格按照满意度调查（Survey）、结果分析（Analysis）、调整完善（Promote）、实施改进（Action）四个步骤去做。下面看一下联想呼叫中心是如何运用 SAPA 法进行客户满意度调查的。

① 定期的第三方调查。满意度调查是由中立的、第三方调研公司进行的。针对某段时间接受过联想咨询服务的最终客户进行抽样的、全方位的满意度调查。调研内容涉及总体满意度、总体不足、对服务影响因素，如接通及时性、工作态度、服务规范性等的重要性评价、对服务中各项因素的满意度评价等。第三方

满意度调查公正、全面，可以从宏观上了解呼叫中心的动作质量，保证最终客户的满意。同时，通过调研结果的分析也可以发现一些我们在流程规范中的不足，调整完善这些、规范并跟进实施是每次调研后的工作。

② 及时的通话后调查。定期的第三方调查虽然客观、全面，但却无法保证及时性，这是因为客户拨入呼叫中心后所产生的感觉记忆会逐渐淡忘，而在电话后立即完成才能捕捉到客户那一时刻的真实感受。而联想呼叫中心则设有话后 IVR 主课调查功能，每次咨询电话结束后，用户都可以立即通过语音选择评判此次咨询的满意度。客户的这些选择都将被记录在数据库中便于后期的分析和落实改进。同时，所有选择不满意的客户电话，都会由更高一级的咨询人员很快进行回呼，了解客户不满意的原因，并为客户及时解决问题。总之，在呼叫中心的质量管理体系中，建立客户满意调查及反馈机制是非常关键的环节。可以客观的提供客户对于服务的评价，是不断提高服务品质的一个不可缺少的组成部分；客观评价过去及现在的运营效果，是企业长期重要的度量指标；可以建立、培养忠诚可靠的客户群体，并树立良好的企业形象。

阅读上述资料思考下列问题：

(1) 联想呼叫中心是如何运用 SAPA 法进行客户满意度调查的？

(2) 这个案例给你什么什么启示？

工作任务三　维护物流客户忠诚度

一、情景设置

近年来，湖北省快递业发展迅猛，快递市场竞争也是相当激烈。既有 EMS 这类国有企业，也有顺丰快递、申通快递这类民营企业，还有联邦快递这些外资企业。为了更好合理利用企业有限资源，服务和管理物流客户，MM 快递公司需要对现有物流市场客户忠诚度进行调查和维护，现请你拟订维护和保持物流客户忠诚度方案。(可以从客户满意因素、满意度调查问卷表等方面考虑)

二、技能训练目标

能够根据物流企业的战略目标、企业的状况、目标客户的特点来确定维护和保持物流客户忠诚度、满意度的方法。

三、相关理论知识

1. 客户忠诚的概念

客户忠诚是指客户对某一特定产品或服务产生了好感，形成了偏好，进而重复购买的一种趋向，客户忠诚实际上是一种客户行为的持续性。

2. 客户满意与客户忠诚的区别与联系

满意与忠诚是两个完全不同的概念，满意度不断增加并不代表顾客对你的忠诚度也在增加，调查显示，65%～85%表示满意的顾客会毫不犹豫地选择竞争对手的产品。

所以物流客户服务的最高目标是提升顾客的忠诚度，而不是满意度。

两者的区别在于：物流企业提供的可使顾客满意的物流产品/服务质量标准是在顾客的期望范围之内，顾客认为你是应该或者可以提供的，英文中用 desired（渴望的）表示；而可提高顾客忠诚度的产品/服务质量标准是超出顾客想象范围的、令顾客感到吃惊的、兴奋的服务，英文用 excited（兴奋的）表示。

3. 如何判断客户忠诚

客户忠诚度可以采用多种指标进行评价，客户忠诚度可以从以下几个方面进行衡量。

(1) 客户重复购买的次数　在一段时间之内，客户对某一种产品（服务）重复购买的次数越多，说明客户对该产品（服务）的忠诚度越高；反之，则越低。对于产品（服务）多元化的企业而言，客户重复性地购买同一企业品牌的不同产品（服务），也是一种忠诚度高的表现。

(2) 客户购买量占其对该产品（服务）总需求的比例。这个比例越高，表明客户的忠诚度越高。

(3) 客户对企业产品或品牌的关心程度。客户通过购买或非购买的形式，对企业的商品和品牌予以关注的次数、渠道和信息越多，其忠诚度也就越高。必须指出的是，客户的关心程度与购买次数并不完全相同，例如一些品牌的专卖店，客户可能经常会光顾，但是并不一定每次都会买。

(4) 客户购买时的挑选时间。一般而言，客户挑选产品所用的时间越短，表明其忠诚度越高。

(5) 客户对产品价格的敏感程度。客户对价格的敏感程度越低，忠诚度越高。客户对产品价格的敏感程度可以通过侧面来了解，例如公司在价格调整以后，客户的购买量的变化，其他的反映等。此外，在运用这一标准的时候，需要结合产品的供求状况、产品对于人们的必需程度，以及产品市场的竞争程度等因素综合考察。

(6) 客户对竞争产品的态度。人们对某一品牌的态度的变化，大多是通过与竞争产品的比较而产生的，如果客户对竞争产品表现出越来越多的偏好，表明客户对本企业的忠诚度下降。

(7) 客户对产品质量事故的承受能力。客户对产品或品牌的忠诚度越高，对出现的质量事故也就越宽容。

(8) 客户对产品的认同度。客户对产品的认同度是通过向身边的人士推荐产品，或间接地评价产品表现出来的。如果客户经常向身边的人士推荐产品，或在间接地评价中表示认同，则表明忠诚度较高。

客户忠诚度的衡量标准非常丰富，这里无法穷举，上面列举的各种因素其重要程度也不一样，企业可以根据实际情况选择适合的因素给以不同的权值，设计适合自己的指标体系，采取相应的客户忠诚度的解决方案。

4. 物流客户忠诚的建立

忠诚客户所带来的收益是长期并具有累计效果的。一个物流企业的忠诚客户越多，客户对企业保持忠诚的时间越久，客户为企业创造的价值就越大，企业所获得的利益也就越多。因此，现代企业不仅要使客户满意，还要努力培养客户的忠诚度，使更多的满意客户进一步升级为忠诚客户。

(1) 选择培养目标。并不是所有的客户都能发展为忠诚客户，因此企业在培养忠诚客户之前，必须首先确定自己培养的对象，通过对客户资料的分析，寻找那些最具有潜力成为忠诚客户的客户群。

(2) 提供特色服务。客户的忠诚主要是建立在非常满意因素的基础上的，因此，企业除了要提供高质量的产品和无可挑剔的基本服务，还要选择最吸引客户的方式，提供与众不同的特色服务，以增加客户的价值。

(3) 加强与客户的沟通。企业要保证畅通的沟通渠道，让客户发表自己的意见和建议，在客户需要的时候随时与之交流，以及时了解客户的需求，不断增进与客户的情感。通过与客户进行交流而获得的信息将成为企业宝贵的资产，为企业的经营注入活力。

(4) 妥善处理客户抱怨。任何企业都难免出现不尽如人意的地方，因此客户抱怨随时都有可能发生。客户的抱怨会使企业产生负面影响，因而要尽力避免客户抱怨的发生。但在客户抱怨已经发生的情况下，企业应当认真听取客户的抱怨，真诚地接受客户的批评，并全力帮助客户解决所遇到的问题。实践证明，客户的抱怨如果能够得到妥善的处理，反而更容易使其成为忠诚客户。因此，企业应该把客户抱怨的妥善处理作为企业建立客户忠诚的一个重要途径。

四、技能训练

1. 判断题

（1）忠诚客户所带来的收获是长期且具有累积效果的。一个顾客能保持忠诚度越久，物流企业从他那儿得到的利益越多（　）

（2）忠诚的客户来源于满意的客户，满意的客户一定是忠诚的客户（　　）

（3）向顾客传送超凡的价值无疑可以带来经营上的成功，因此只要实现“所有客户100％的满意”就一定能为企业带来利润（　　）

2. 简答题

（1）简述客户满意度和客户忠诚度的关系。

（2）什么是客户忠诚度？

（3）如何培养客户忠诚度？

3. 案例分析题

佛山物流是佛山第一家物流企业，每年以50％的速度发展，目前，年营业收入达1.2亿元，管理的资产总额达4亿元，成为佛山物流业的旗帜企业。多年来，佛山物流都锁定食品物流这一块来经营，为多家企事业提供了先进一流的物流一体化服务，积累了丰富的经验。其中最为成功的一个案例，就是为海天调味公司提供的仓储配送业务。佛山物流是海天调味为其提供物流一体化服务的合作伙伴。海天调味公司的产成品从生产线下来，直接通过大型拖车进入佛山物流仓库。海天公司通过信息系统跟踪货物库存信息、出入库管理、业务过程管理、运输监控，并能自动生成各种数据报表，与海天调味品公司实行实时信息共享，满足了海天调味品公司“安全、及时、准确”的配送要求。确保产品最优流入、保管、流出仓库。通过佛山物流仓储配送服务海天可以集中发展主业，将精力集中于生产上，增强了企业在该行业中的核心竞争力。通过佛山物流先进的物流信息管理系统，海天调味品公司可以快速、正确、简便地下单，确保配送计划、库存计划等的顺利完成。佛山物流公司，在产品逐渐趋向无差异化的情形下，最佳做法就是突显服务的差异。物流服务对于物流公司来说至关重要，也正是佛山物流安身立命之所在。2001年佛山物流通过ISO9001质量管理体系认证，这是对佛山优质服务的一种肯定。“优质的管理，优质的服务，优质的服务态度，这是佛山物流公司对客户的承诺。”该公司有一套很完整的管理细则和操作规范，并根据每一个客户个性化的要求，制定服务方针。有时候因客户原因造成的责任，他们也会主动去解决问题，不会去推卸，不会去找理由。他们不但关注直接客户的服务，而且也关注客户的客户，这对直接客户的业务会起到很关键的作用，也因为这一点客户都对佛山物流非常满意，很多客户也成为佛山物流的忠诚客户，他们的业务量也就越来越多起来。

要求：阅读上述资料思考下列问题：

（1）佛山物流公司是如何为海天调味提供一体化物流服务的？

（2）佛山物流公司培养客户忠诚的法宝是什么？

工作任务四　处理物流客户流失

一、情景设置

近年来，湖北省快递业发展迅猛，快递市场竞争也是相当激烈。既有EMS这类国有企业，也有顺丰快递、申通快递这类民营企业，还有联邦快递这些外资企业。为了更好合理利用企业有限资源，服务和管理物流客户，MM 快递公司需要对现有物流市场客户流失进行分析和挽留，现请你拟订维护和挽留物流客户流失方案（可以从流失原因、流失对策等方面考虑）。

二、技能训练目标

能够根据物流企业的战略目标、企业的状况、目标客户的特点来确定物流客户流失解决内容。

三、相关理论知识

1. 客户流失概述

在激烈的市场竞争中，即使是满意的客户，也有可能随时“背叛”你，而“投靠”你的竞争对手。所以，绝对不能满足于能够吸引多少客户，更重要的是能够留住多少客户。很多的企业都做着“一锤子买卖”，他们在产品投放市场初期很注重吸引客户，千方百计地让客户对自己的产品感兴趣，购买自己的产品；但在售后服务方面却做得很差，容易让客户溜走，而且也使这种购买变成了一次性的交易。因此，很多企业都面临着客户流失问题，企业花费了大量力气吸引来的客户很轻易地就流向了竞争对手。

客户流失一般包括两种情况：当客户主动选择转移到另外一个供应商使用他们的产品和服务，我们称为主动流失的客户。而那些由于恶意欠款等原因被企业解除服务合同的客户则是被动流失客户。下面将详细描述这两类流失客户的具体模式和情况。

（1）主动客户流失　现在的用户最关心的已经不是单纯的产品和服务的价格了，而是相应的产品和服务是否能够满足他们的需求。只有在一切都能符合其需求时，他们才可能会考虑价格。据调查，有些用户主动流失的原因是因为他们不能充分理解供应商所提供的产品和服务的特性，比如电信业的各种通话方式及多样组合的收款方式和服务等。他们的疑惑和迷茫造就了他们去选择竞争对手。如果供应商的产品服务说明更加贴切客户，服务更加周到，并且帮助客户从通话质量、覆盖率、售后服务、产品特性等多方面了解产品服务的优势，客户也许会改变主意。

还有些客户选择主动流失因为他们没有被告知企业新的产品和服务，或者给予明晰的关于采用新技术的产品的功能和特性方面的介绍。这使客户无法了解现有供应商的所能够提供的产品和服务的最新背景，转而选择其认为技术创新强的竞争对手。

可以说，随着新的服务、应用的增长，用户有了比以往更多的选择空间。这使现有供应商不得不面临更加大的挑战。

（2）被动客户流失　由于恶意欠款或者累计债务等原因导致供应商被迫终止其业务的用户被称为被动流失的客户。这些问题的经常发生其实是由于供应商未能有效地监控到那些具有信用风险的客户，并且没有适时采取措施。我们能够发现那些被动流失的用户相对于其他正常用户有着不同的服务使用模式，这都需要供应商采取各种的分析和跟踪手段来加以解决。

2. 客户流失的原因及对策

有关机构对公司的调查表明，客户之所以离开你的公司，有 60%～70%的原因是对你公司的服务不满意。图 7-3 是根据两家公司的调查结果制作的柱形图。

从这两个图中我们可以清楚地看到：虽然客户流失的原因不尽相同，各个原因所占的比例也不一致，但是很突出的一点是，在这两个调查中，客户对企业的不满是造成其流失的最大原因。如果将“对商品不满意”“价格高”“未能处理好投诉”等因素也考虑进来，那么由于企业自身原因造成的客户流失基本上占了绝大部分，而因为竞争对手的原因造成的客户流失量是很

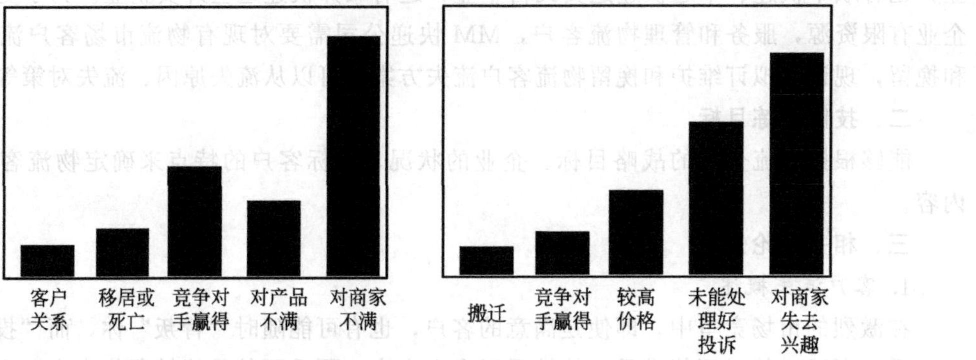

图 7-3　客户流失的影响因素分析图

少的。下面我们具体来看一下客户流失的原因。

(1) 客户主动流失的原因。

主动客户流失的原因主要有以下 3 种类型。

① 自然流失　这种类型的客户流失不是人为因素造成的，比如客户的搬迁和死亡等。自然流失所占的比例很小。企业可以通过广泛建立连锁服务网点和经营分公司，或者提供网上服务等方式，让客户在任何地方、任何时候都能方便快捷地使用企业的产品和服务，减少自然流失的发生。

② 竞争流失　由于企业竞争对手的影响而造成的流失称为竞争流失。市场上的竞争突出表现在价格战和服务战上。在当前日益激烈的市场竞争中，企业首先要考虑的是保留住自己现有的客户，在此基础上再去吸引和争取新的客户。

通过市场竞争分析，包括市场占有率分析、竞争对手发展情况分析、供应商行为分析、合作商行为分析等，可以防止部分流失的发生。市场占有率分析使市场人员能够了解不同时间段内、不同业务品牌的产品或服务的市场占有率情况，了解市场中最有价值产品或服务，了解不同产品的主要竞争对手是谁，从而为市场经营提供指导。从竞争对手客户发展情况、竞争对手客户收入情况、竞争对手客户呼叫行为、竞争对手营销策略、竞争对手服务质量五个方面，对竞争对手发展情况进行分析预测。

面对激烈的市场竞争，企业一般可以采取 3 种策略。

a. 进攻策略：集中力量，发挥自身优势，主动发起攻势，改进产品和服务质量，提高产品声誉，加强品牌优势。

b. 防守策略：如果企业自身能力有限，就应当努力提高服务水平和质量，实行优惠价格，尽量保持和巩固现有市场。

c. 撤退策略：企业通过市场分析或前景预测，如果感到前景对自己不利，就干脆放弃这种产品或服务品种，以节约资源开发新产品、占领新市场。

③ 过失流失　上述两种情况之外的客户流失称为过失流失。这些流失都是由于企业自身工作中的过失引起客户的不满意而造成的，比如企业形象不佳、产品性能不好、服务态度恶劣等。过失流失在客户流失总量中所占的比例最高，但同时也是企业可以通过采取一些有效手段来防止的。导致过失流失的因素主要有以下几种。

a. 产品质量与价格　产品的质量与价格是导致客户流失的主要因素之一。为客户提供品质优良的产品是企业必须尽到的义务。粗制滥造或性能不达标的产品必然导致客户的流失。所以，企业开展其他商业活动必须以产品的高质量为根基。产品和服务的个性化也可以有效地降低企业的客户流失率。

b. 对客户不闻不问　客户的抱怨和询问不能得到妥善的处理会造成他们的离去。企业应当认真倾听客户的意见，给予及时妥善的解决，并将处理的结果反馈给客户，让他们感觉到自己受到了尊重。这样做不仅可以提高客户的满意度和忠诚度，而且还能从客户那里收集到免费的建议，以便于不断改善企业的产品和服务。通过多种渠道建立有效的反馈机制能帮助企业有效地与客户进行沟通和交流。

c. 对员工置之不理　为了保持客户，企业必须首先赢得自己的员工，特别是那些直接与客户打交道的人员。企业员工的流失，可能导致和他长期保持联系的重要客户的流失。频繁的员工流动不仅增加了企业员工培训的成本，还会使客户不得不重新认识和熟悉新的接触对象，这可能增加了他们的不适而导致流失发生。为了减少客户流失率，要求企业必须拥有高素质的、稳定的员工群体。

d. 不注重企业形象　良好的企业形象会增加客户的信赖感。企业应该在各方面尽量避免产生负面的社会影响，以优质的产品和服务、良好的企业文化、完善的售后服务机制和积极进取的企业目标来赢得客户的信赖，从而减少流失的发生。

e. 思想消极、故步自封　客户的需求是不断变化的。企业如果不能了解客户需求的变化，及时更新产品和服务，让客户有更多的选择余地，而是固步自封，满足于现状，就会造成客户的流失。

(2) 被动客户流失的原因。

被动流失产生的原因主要有以下几个方面。

① 非恶意性被动流失　比较容易避免，而且出现这种情况的可能性本身就不多。一个有效的避免方法就是为客户提供业务提醒服务。电信部门可以在交纳电话费的限定日期对客户进行语音提醒，以防止客户忘记交费的情况发生。此外，还应当给客户提供多种方便交纳电话费的途径，例如可以通过电话支付、银行支付和网络支付等。

② 报复性被动流失　指客户因对企业的产品和服务不满而实施的流失行为。从根源上讲，报复性被动流失的责任不全在客户。要防止和减少这类流失，企业必须及时妥善地处理客户的抱怨和投诉，整顿企业的管理机制，不断改善产品性能和功能。

③ 恶意被动流失　一般是由于客户的信用度低或客户故意诈骗等原因导致的。对此类客户没有保留的必要。可以采取以下措施预防和避免客户的恶意被动流失行为。

a. 建立完善的客户资料库　在与客户合作初期就要求客户填写详细的有关信息并验证其有效性，以便能够在客户"失踪"之后找到他们。同时，在日常的合作中，也要与客户保持紧密的联系。

b. 对客户信誉度进行评估　详细记录客户交易活动的历史数据，建立客户信誉度评估机制，对客户的欺诈行为进行预测。

c. 采用预付费方式　比如通过预付电话费可以有效防止客户欠费后流失的流失行为。

d. 通过法律措施　随着各项法律、措施的完善，企业可以运用法律的手段来解决客户的恶意欺诈行为。电信企业可以加强对用户的认证监管，并与公安、司法部门联合打击用户的恶意被动流失。

四、技能训练

1. 选择题

(1) 在客户流失分类中，如果客户主动选择转移到另外一个供应商使用他们的产品和服务，我们称为（　）的客户。

A. 被动流失　　B. 主动流失

C. 恶意流失　　D. 经常性流失

(2) 有关机构对公司的调查表明，客户之所以离开你的公司，有60%～70%的原因是对你公司的（　）不满意。

A. 产品　　B. 价格

C. 服务　　D. 员工

(3) 面对激烈的市场竞争，企业一般可以采取那3种策略：（　）。

①进攻策略　②防守策略　③撤退策略　④反击策略

A. ①②③　　B. ②③④

C. ①③④　　D. ①②④

(4) 由于企业自身工作中的问题引起客户的不满意而造成的客户流失被称为：（　）。

A. 被动流失　　B. 过失流失

C. 恶意流失　　D. 主动流失

2. 简答题

(1) 物流客户流失原因分析？

(2) 论述进行物流客户流失管理有什么意义？

(3) 对流失大客户如何进行补救？

3. 案例分析题

客户流失管理——企业的新课题

目前，国内电信竞争正趋向于制度化、程序化和规范化，同时，竞争也日趋白热化。市场竞争势必导致客户流失，从而使客户保持成为电信企业面临的重要课题之一。

一、客户保持的理论分析

(一) 客户保持的必要性分析

从电信运营商自身的角度来看，客户保持是企业生存发展的需要。一组数据可以很好地说明问题：发展一位新客户的成本是挽留一个老客户的4倍；客户忠诚度下降5%，则企业利润下降25%；向新客户推销产品的成功率是15%，而向现有客户推销产品的成功率是50%；如果将每年的客户关系保持率增加5个百分点，可能使利润增长85%；向新客户进行推销的花费是向现有客户推销花费的6倍；如果公司对服务过失给予快速关注，70%对服务不满的客户还会继续与其进行商业合作；60%的新客户来自现有客户的推荐；一个对服务不满的客户会将他的不满经历告诉其他8～10个人，而一位满意的客户则会将他的满意经历告诉2～3人。可见，客户保持，即忠诚客户的价值体现在增加企业的盈利、降低企业的成本以及提高企业的信誉度、美誉度等方面。

(二) 电信企业客户流失的表现形式及流失的原因

要研究客户保持，必然要先分析客户流失。调研发现，电信企业客户流失有三种表现形式，即公司内客户转移、客户被动流失、客户主动流失。

客户被动流失表现为电信运营商由于客户欺诈或恶意欠费等行为而主动终止客户使用网络和业务。这是电信运营商在客户开发的过程中忽视了客户质量造成的。

客户主动流失分为两种情况，一种是客户不再使用任何一家电信运营商的电信业务，另一种是客户选择了另一家运营商，即所谓的“客户跳网”。

从以上分析可以看出，只要在开发客户的过程中注意保证客户质量，客户的被动流失是可以避免的。但电信公司客户转移和客户主动流失是无法完全避免的。

二、国外电信企业客户保持策略

他山之石，可以攻玉。借鉴国外电信运营商的客户保持对策，对我国电信企业客户保持工作大有裨益。

（一）培育客户的忠诚度

国外电信运营商主要从三个方面来培育客户的忠诚度：一是提高客户的满意度，二是加大客户的流失成本，三是留住有核心客户的员工。

提高客户的满意度是最基本的。要对核心客户进行更进一步的细分，然后针对不同类型的客户采取不同的市场策略。据统计，有65%～85%的流失客户说他们对原来的供应商是满意的。因此，还须同时采取其他两方面的办法来建立客户忠诚度。

（二）建立合理的业务流程，为客户建立真正的“绿色通道”

目前服务中存在后台支撑体系不完善、效率低下等问题的症结在于企业内部尚未健全流畅的业务流程，影响了客户服务的质量。因而有必要建立由客户部牵头、为客户提供最合理的一揽子解决方案的系统流程。如何针对客户需求，结合自身网络特点，设计出最为合理的一揽子解决方案，是客户保持工作中的重要课题。客户部可以在各相关业务部门的紧密配合下，客观地为客户设计一个科学合理的技术方案。后台支撑部门应以高质量、高效率为目标，围绕客户部开展维护、运营工作。

（三）建立客户档案和客户关系管理（CRM）系统

客户档案是对客户有效服务的基础。建立客户档案就是要及时了解客户的网络结构、设备配置、网点组成、技术负责人、客户背景资料、使用电信业务的基本情况及动态变化等，特别是要对大客户进行跟踪并及时反馈。为了随时掌握大客户的情况，国外电信运营公司都特别重视对大客户的统计分析，定期对所服务的客户结构进行调查，统计分析大客户的消费量、消费模式等基本情况，对大客户进行动态管理和预警监管。

（四）服务补救———挽回客户的最后一招

服务补救是指对已流失的客户采取“超满意服务”措施，最大限度地使客户由不满意变为满意，由不信任至信任，最终赢回客户。服务补救是事后修正的重要手段。由于新的电信运营商不断抢占市场，所以要让那些抛弃老公司的客户做回头客就更加困难。运营商还须跟踪那些值得赢回的核心客户，在市场时机适当的时候，适时地推出赢回客户计划。要注意的是，由于认识到每家公司都无法避免客户流失，在分析时就有可能因为信息不完备而误将潜在的价值客户认作必然流失的客户，而放弃赢回的努力。要想避免这种情况，不仅要分析客户当前的数据，还要对客户的历史数据进行分析。从市场细分的角度而言，客户是可以被挑选的，对于非目标群体，实在不能挽留的就只能放弃。

【案例分析】

（1）电信企业客户流失的原因有哪些？物流企业客户流失原因？

（2）国外企业客户保持策略对物流企业客户管理的启示？

参考文献

[1] 董千里．物流市场营销学．北京：电子工业出版社，2005.

[2] 杨明．物流市场营销学．北京：高等教育出版社，2005.

[3] 袁炎清．物流市场营销．北京：机械工业出版社，2004.